JN415250

상해보험의 운영실태 및 관련 법제도 정비에 관한 연구

– 비교법적 연구를 바탕으로 –

장 덕 조

法　文　社

이 저서는 2014년 정부(교육부)의 재원으로 한국연구재단의 지원을 받아 수행된 연구임
(NRF-2014S1A5B1016330)

Review on the Personal Accident Insurance System and Suggestion of Improvement

— Based on the Comparative Legal Study —

Deok Jo Jang

2021
Bobmunsa
Pajubookcity, Korea

This work was supported by the National Research Foundation of Korea Grant funded by the Korean Government (NRF-2014S1A5B1016330)

머 리 말

이 책은 상해보험에 관한 다양한 쟁점들을 객관적이면서도 공정한 시각에서 연구하고, 그 종합적인 검토를 기반으로, 상법과 약관의 개선안을 제시하고자 한다. 상해보험은 현대 보험시장에서 대단히 중요한 보험이고 그 판매액 또한 상당함에도 불구하고, 관련된 법리의 정립이 명확하지 못하고 연구성과 또한 부족하다. 상해보험계약은 신체의 상해에 관한 보험사고가 생길 경우 보험자가 보험금액 기타의 급여를 하는 보험이지만, 현재 상해보험에 관한 상법 조문은 3개에 불과하고, 그나마 생명보험에 관한 준용 규정이 거의 전부이다. 최근 상해보험에 관한 많은 분쟁사례가 급증하고 있음에도 불구하고 명확히 정립된 법리가 없다는 점은 시급히 극복해야 할 과제이다. 따라서 상해보험에 관한 활발한 연구를 통하여 입법의 현대화가 요구되고 있는 시점이다.

그리고 그 출발점은 상해보험의 법적 성질에 대한 규명이 된다. 최근 상해보험의 손해보험성이 강조되는 추세이기는 하나, 어느 한 편에 치우치지 않는 공정한 시각에서의 정확한 법적 성질의 탐구가 필요하다. 보험회사는 상해보험에 대하여 손해보험의 성질을 강조하면서 그에 따른 다양한 결론을 주장하고자 하나, 그 타당성에 대하여는 심도 있는 검토가 필요하다. 상해보험은 기본적으로 인보험과 같이 금전으로 가치를 산정하기 어려운 사람의 신체나 인격을 목적으로 하는 것이지, 그 치료비나 일실이익 등만을 계산하여 지급하고자 생겨난 것은 아니라는 점을 주목하여야 한다.

이러한 관점에서 이 책은 인보험과 상해보험의 법체계와 그 법적 성질, 그리고 운영 현황에 대한 연구 및 검토부터 시작하였다. 생명보험의 준용과 관련하여서는 타인의 사망보험에 있어 엄격성에 대한 완화의 문제, 그 동의방식의 문제 등을 살핀다. 그리고 입법론에 있어 무엇보다 상해보험에 관하여 생명보험 규정을 준용하는 제739조의 규정은 개선이 필요하다는 점을 다양한 각도에서 논증하였다. 타인의 생명보험에 관한 제731조의 경우 타인의 상해 '사망'을 보험사고로 하는 경우에는 이 규정이 준용될 것에는 의문이 없다는 점, 그리고 타인의 생명보험에서 타인의 동의를 얻어 보험계약을 체결한 경우에도 기초관계가 변경된 경우 피보험자에 의한 해지를 인정하여야 한다는 점 등도 논리적으로 검증하였다. 또한 친족 관계의 종료나 동의의 기초였던 사정이 현저히 변경된 경우, 피보험자에 의한 해지가 가능하도록 한다는 점도 연구의 성과이다.

이 책의 연구 방법론으로는 영국, 독일, 미국, 일본, 호주 등 보험법 관련 선진 주요국에서의 입법례를 비교법적으로 정밀하게 분석하여 연구하고자 하였다. 또한 현행 표준약관과 분쟁사례의 검토와 분석을 시도하였다. 표준약관과 함께 현재 각 보험회사들이 사용하는 상해보험의 약관들을 수집하여 분석하였으며, 그 분석들을 통하여 비교법적 연구에서의 결론과 그 정합성을 살핀다. 상해보험의 법적 성질과 법제도 정비방안을 연구한 이 책이 우리나라 상해보험의 운영과 법제도 발전에 기여하였으면 하는 바람이다. 끝으로, 이 책의 출간에 애써주신 법문사 사장님과 편집부 김제원 이사님, 그리고 영업부 권혁기 과장님 및 관계자 여러분들께 감사드린다.

2021년 3월 10일
저자 장덕조 드림

차 례

제 1 장 상해보험의 의의 및 법적 성질

제 2 장 상해보험계약의 체결

제1장

상해보험의 의의 및 법적 성질

제1장

상해보험의 의의 및 법적 성질

제1절 상해보험의 의의

Ⅰ. 상해보험의 의의

1. 의 의

상해보험은 보험자가 피보험자의 신체에 상해에 관한 보험사고가 생길 경우에 보험금액 기타의 급여를 할 책임을 지는 인보험이다(상법 제737조). 상법은 보험을 손해보험과 인보험으로 분류하고, 인보험을 다시 생명보험, 상해보험, 질병보험으로 분류한다. 보험업법을 보면, 보험업법 제2조 및 제4조는 보험업의 종류를 생명보험업, 손해보험업, 제3보험업으로 분류하고, 제3보험업의 보험종목에 상해보험, 질병보험, 간병보험 등을 규정한다. 제3보험업이라 함은 제3보험상품의 취급과 관련하여 발생하는 보험의 인수, 보험료 수수 및 보험금 지급 등을 영업으로 하는 것을 말한다고 정의하며, 보험업감독규정은[1] 상해보험계약을 사람의 신체에 입은 상해에 대하여 치료에 소요되는 비용 및 상해의 결과에 따른 사망 등의 위험에 관하여 금전 및 그 밖의 급여를 지급할 것을 약속하고 대가를 수수하는 보험계약으로 정의하고 있다. 또한, 질병·상해보험(손해보험회사용) 표준약관(이하 "약관"이라 한다)에는 상해란 "보험기간 중에 발생한 급격하고도 우연한 외래의 사고로 신체(의수, 의족, 의안, 의치 등 신체보조장구는 제외하나, 인공장기나 부분 의치 등 신체에 이식되어 그 기능을 대신할 경우는 포함한다)에 입은 상해를 말한다"고 정의하고 있다. 따라서 상해의 직접 결과로써 보험사고가 발생한 경우를 보험금 지급사유로 하는 상해보험에서 상해는 급격하고도 우연한 외래의 사고이어야 하고 질병이나

1) 보험업법, 보험업법 시행령, 보험업법시행규칙, 금융위원회의 설치 등에 관한 법률, 금융위원회의 설치 등에 관한 법률 시행령 등 그 밖의 관련 법령에서 금융위원회에 위임한 사항과 그 시행에 필요한 사항을 금융위원회가 정한다.

신체 내부적인 원인으로 인한 사고는 제외된다.[2)]

2. 정 의

상해보험계약은 보험자가 피보험자 신체의 상해에 관한 보험사고가 생길 경우에 보험금액 기타의 급여를 할 책임을 지기로 하는 인보험계약이다(상법 제737조). 기타의 급여라 함은 치료 또는 의약품의 급여와 같은 현금 이외의 급여를 말한다.[3)] 현대사회에서 교통수단의 확대와 해외여행, 각종의 여가활동 등의 발달로 사람의 신체상의 상해를 일으키는 사고발생 위험이 증대되고 있어 상해보험의 수요도 증가하고 있다.

(1) 인보험

상해보험은 보험의 객체가 자연인이라는 점에서 생명보험과 함께 인보험계약에 속한다. 또한 상해보험에 관하여는 제732조를 제외하고 생명보험에 관한 규정을 준용하고 있어(상법 제739조) 이 점을 분명히 한다. 그런데 생명보험과는 여러 점에서 차이가 있다. 상해보험과 생명보험의 차이점은 다음과 같다.

첫째, 생명보험의 보험사고는 생존과 사망으로 그 발생시기만이 불확정한 것이나, 상해보험의 보험사고는 급격하고도 우연한 외래의 사고로 인한 신체상해라는 점에서 발생자체도 불확정이다.

둘째, 15세미만자, 심신상실자 또는 심신박약자의 사망을 보험사고로 한 보험계약은 무효로 하고, 다만 심신박약자가 보험계약을 체결하거나 제735조의3에 따른 단체보험의 피보험자가 될 때에 의사능력이 있는 경우에는 그러하지 아니하다(상법 제732조). 그러나 상해보험은 제732조를 준용하지 않고 있어(상법 제739조), 그들의 사망을 보험사고로 하는 상해보험계약도 유효하다.

셋째, 생명보험에서는 청구권대위가 허용되지 않음에 반하여, 상해보험에서는 당사자간에 약정이 있는 때에 한하여 보험자는 피보험자의 권리를 해하지 아니하는 범위 안에서 그 권리를 대위하여 행사할 수 있다(상법 제729조 단서).

넷째, 생명보험은 정액보험임에 반하여 상해보험은 손해보험처럼 상해로 인한 실제 손해만을 보상하는 부정액보험의 성격을 함께 가지고 있다.

---

2) 대법원 2001. 8. 21. 선고 2001다27579 판결도 같은 취지이다.
3) 정찬형, 「상법강의(하)」, 박영사, 2018, 775면.

(2) 질병보험과의 구별

질병보험은 상해보험과 구별된다. 질병보험은 보험사고가 질병인 점에서 급격성·우연성·외래성의 세 가지를 요건으로 하는 상해가 보험사고인 상해보험과 구별된다. 상해보험의 보험사고는 외래성이 있어야 하고, 이때 외래성은 피보험자의 신체적 결함 즉 질병이나 체질적 요인 등에 기인한 것이 아니어야 하는 까닭에, 질병은 상해보험으로 보상받지 못함이 원칙이다.[4] 그러나 상해보험과 질병보험은 모두 인보험에 포함된다.

(3) 상해보험과 국민건강보험

① **건강관련보험**: 공공건강보험 + 민영건강보험 + 질병보험 + 상해보험 + 생명보험
② **건강보험**: 공공건강보험 + 민영건강보험
③ **건강관련 민영보험**: 민영건강보험 + 질병보험 + 상해보험(생명보험)

---

4) 대법원 2014. 4. 10. 선고 2013다18929 판결(상해보험에서 담보되는 위험으로서 상해란 외부로부터의 우연한 돌발적인 사고로 인한 신체의 손상을 뜻하므로, 그 사고의 원인이 피보험자의 신체의 외부로부터 작용하는 것을 말하고, 신체의 질병 등과 같은 내부적 원인에 기한 것은 상해보험에서 제외되고 질병보험 등의 대상이 된다); 대법원 2001. 8. 21. 선고 2001다27579 판결; 대법원 2003. 7. 25. 선고 2002다57287 판결 등.

3. 상해보험의 요소

(1) 보험증권

상해보험증권에는 상법 제666조(손해보험증권의 기재사항)와 제728조(인보험증권의 기재사항)에 규정한 사항을 기재하는 이외에 다음의 특칙이 있다. 즉 상해보험의 경우에 피보험자와 보험계약자가 동일인이 아닐 때에는 그 보험증권 기재사항 중 제728조 제2호에 게기한 사항인 '피보험자의 주소, 성명 및 생년월일'에 갈음하여 피보험자의 직무 또는 직위만을 기재할 수 있다(상법 제738조). 이는 타인의 상해보험계약에서 일정한 직무 또는 직위에 있는 자를 그 사람의 교체를 문제삼지 않고 피보험자로 할 수 있도록 한 것이다.[5]

(2) 피보험자

1) 사 람

상해보험계약의 피보험자는 보험사고의 객체가 되는 사람이다. 상해보험에서는 제732조가 적용되지 아니하므로 15세미만자, 심신박약자, 심신상실자 등도 피보험자가 될 수 있다. 하지만 상해사망을 보험사고로 하는 경우에는 해석상 피보험자가 될 수 없는 것으로 봄이 옳다. 또한 심신상실자의 경우에도 상해보험계약의 피보험자가 되는 것은 제한할 필요가 있다.

2) 태아의 피보험자 적격성

상해보험은 피보험자가 보험기간 중에 급격하고 우연한 외래의 사고로 인하여 신체에 손상을 입는 것을 보험사고로 하는 인보험이므로, 피보험자는 신체를 가진 사람임을 전제로 한다(상법 제737조). 그렇다면 태아가 상해보험의 피보험자가 될 수 있을까?

첫째, 부정설로서 태아의 피보험자 적격을 부정하는 견해가 있을 수 있다. 상해보험의 피보험자는 사람으로 국한되고 태아는 사람이 아니기 때문에 피보험자가 될 수 없다는 견해이다. 민법 제3조는 사람은 생존한 동안 권리와 의무의 주체가 된다고 규정하여 출생과 더불어 권리능력을 취득하는 것으로 한다. 이에 따르면 태아는 출생 이전의 단계에 있어 원칙적으로 권리능력이 없으나, 민법은 예외적으로 불법행위로 인한 손해배상청구권(민법 제762조) 및 상속권(민법 제1000조), 유증

---

5) 양승규, 「보험법」, 삼지원, 2005, 488면.

을 받을 권리(민법 제1064조) 등, 특정 권리와 관련하여 태아를 출생한 것으로 본다는 개별 규정을 두고 있으므로, 태아 보호에 관한 개별주의 입법을 취한 것으로 본다. 따라서 피보험자가 될 수 있는 지위를 보험보호를 받을 수 있는 일종의 권리로 보게 되면 태아에 대한 예외적 권리의 인정시 관련 법적 근거가 있어야만 할 것인데, 법률에 태아가 피보험자가 될 수 있다는 명시적 근거규정이 없으므로 태아의 피보험자 적격을 인정할 수 없다는 주장이다.

둘째, 긍정설로서 태아의 피보험자 적격성을 인정하는 견해이다.[6] 그 근거로는 상법상 태아의 피보험자 적격이 명시적으로 금지되어 있지 않고, 상해보험 객체인 피보험자는 보험보호의 대상이 되는 것이기는 하나 보험계약상 나타나는 구체적 권리는 보험금청구권이고 그 권리는 태아의 출생 이후에야 취득하는 것이고 보면, 태아인 상태에서의 피보험자 적격을 부정할 이유가 없다는 것이다. 또한 태아를 상해보험의 피보험자로 정하는 약관이 상법 제663조에 반하지 않고, 민법 제103조 공서양속 등에 반하는 것도 아니다. 오히려 태아의 잠재적 생명과 신체를 상해와 질병으로부터 적극적으로 보호하는 것이 공공의 이익에 부합한다고 본다.

판례는 태아의 피보험자 적격성을 인정하였다.[7] 판례는 헌법상 생명권의 주체가 되는 태아의 형성 중인 신체도 그 자체로 보호해야 할 법익이 존재하고 보호의 필요성도 본질적으로 사람과 다르지 않다는 점에서 보험보호의 대상이 될 수 있다고 하면서, 태아의 신체에 대한 상해를 보험의 담보범위에 포함하는 것이 보험제도의 목적과 취지에 부합하고, 보험계약자나 피보험자에게 불리하지 않으므로 상법 제663조에 반하지 아니하고 민법 제103조의 공서양속에도 반하지 않는다고 하였다. 따라서 출생 전이라도 태아가 보험계약에서 정한 보험기간 중 우연한 사고로 상해를 입었다면 보험사고에 해당한다는 것이다.

(3) 보험사고

상해보험의 보험사고는 피보험자의 신체의 상해이고 상해를 원인으로 하는 사망도 이에 포함된다. 상해보험에서 담보하는 위험으로서 상해란 외부로부터의 우연한 돌발적 사고로 인한 신체의 손상이다. 따라서 질병이나 그 밖의 내부적 원인으로 인한 것은 제외된다.[8] 상해보험의 보험사고에 관하여 우리나라 상해보험

---

6) 장덕조, “태아의 피보험자 적격성”, 「상사법연구」 제38권 제1호, 2019, 221－257면.
7) 대법원 2019. 3. 28. 선고 2016다211224 판결.
8) 대법원 2001. 8. 21. 선고 2001다27579 판결(상해보험에서 담보되는 위험으로서 상해란 외부로부터의 우연한 돌발적인 사고로 인한 신체의 손상을 말하는 것이므로, 그 사고의 원인이 피보험자의 신

약관은 "피보험자가 보험기간 중에 급격하고도 우연한 외래의 사고로 신체에 상해를 입었을 때"라고 규정한다. 이는 일본의 상해보험약관과 같고 독일의 것과도 유사하다.[9] 여기서 상해보험의 보험사고에 해당하기 위하여는 급격성, 우연성, 그리고 외래성의 세 가지 요건을 구비하여야 한다.[10]

Ⅱ. 상해보험의 연혁 및 상품 등

1. 연 혁

상해보험은 철도사고로 인한 승객의 사망과 상해에 대한 피해보상을 목적으로 영국에서 1846년 처음으로 판매되기 시작하였고, 우리나라에서는 1963. 11. 당시 안국화재와 대한화재가 처음으로 상해보험을 영위하기 시작하였다.[11] 그 후 1980년대에 들어 생·손보업계의 영역다툼이 발생하자, 당시 주무관청이던 재무부는 손보업계의 기득권을 인정하여 손보업계는 주계약[12]으로 영위하고, 생보업계는 특약의 형식으로만 상해보험을 취급하도록 조정하였다(1981. 11. 18. 보험예규 1203-D6-2).[13]

이후 1997. 7. 생·손보 상품관리규정이 개정(재경원, 보험41264-267)되면서 제3보험(질병, 상해, 간병보험)을 생·손보사가 겸영할 수 있도록 규제가 완화되었다. 이전에는 생보사의 상해보험과 손보사의 질병보험은 각각 특약으로만 부가하였는데 생·손보사 모두 주계약으로 상해, 질병보험을 취급할 수 있도록 허용되었다[14]. 그리고 2003. 5. 29. 보험업법 개정시 제2조 제4호에 제3보험업이라 함은 '사람의 질병·상해 또는 이로 인한 간병에 관하여 약정한 급여를 제공하거나 손

체의 외부로부터 작용하는 것을 말하고 신체의 질병 등과 같은 내부적 원인에 기한 것은 제외되며, 이러한 사고의 외래성 및 상해 또는 사망이라는 결과와 사이의 인과관계에 관해서는 보험금청구자에게 그 입증책임이 있다).

9) 독일의 상해보험보통약관은 '급격히(plötzlich)', '외래로부터(von aussen)', '우연히(unfreiwillig)' 등을 보험사고의 개념요소로 규정하고 있어 우리나라의 약관 규정과 거의 유사하나, 영미의 상해보험약관은 accident와 external을 요건으로 하여 차이가 있다.

10) 대법원 1980. 11. 25. 선고 80다1109 판결(상해보험은 피보험자가 급격한 외부적인 우연의 사고로 인하여 신체에 손상을 입는 것을 보험사고로 하는 것이므로 피보험자가 겨드랑 밑의 악취제거를 위한 수술 중에 급성심부전증으로 사망한 경우에는 상해보험사고에 해당되지 아니한다).

11) 양승규, "상해보험계약에 관한 특칙", 「월간손해보험」 제84호, 1975, 9면.

12) 보험업감독규정 제1-2조(정의) 이 규정에서 사용하는 용어의 뜻은 다음과 같다. "주계약"이란 독립적으로 판매할 수 있는 보험을 말하며, 특별약관(이하 "특약"이라 한다)이란 주계약에 부가하여 보장을 추가하거나 보험계약자 등의 편의를 도모하기 위한 제도 등을 추가하는 보험을 말한다.

13) 이현열, "상해보험에서 실손보상의 의미", 「월간생명보험」 제312호, 2005, 58면.

14) 보험연구원, 「보험상품 변천과 개발방향」, 2018. 12, 30면.

해의 보상을 약속하고 금전을 수수하는 것을 업으로 행하는 것'이라고 신설함으로써 제3보험업에 해당하는 상해, 질병, 간병보험은 정액과 실손방식으로 보험금을 지급할 수 있게 되었고, 제4조 제2항에 생명보험업 또는 손해보험업에 해당하는 보험종목의 전부에 관하여 허가를 받은 자는 제3보험업에 해당하는 보험종목에 관하여 허가를 받은 것으로 본다고 규정하여 제3보험업은 생명보험과 손해보험의 공통영역으로 상호진출을 법으로 보장함으로써 생보사도 상해보험을 실손으로 보상할 수 있게 되었다.[15] 따라서 현재는 생·손보사 모두 상해담보를 주계약이나 특약으로 부가할 수 있고 정액 또는 실손으로도 보상할 수 있다.

2. 상해보험의 종류 및 담보범위

(1) 상해보험의 보험금 종류

일반적으로 상해보험의 보험금 종류에는 보험기간 중에 상해의 직접 결과로써 사망한 경우에 지급하는 '사망보험금', 장해분류표에 정한 각 장해지급률에 해당하는 장해상태가 되었을 때 지급하는 '후유장해보험금', 입원하는 경우 입원일수에 비례하여 지급하는 '입원보험금', 진단·수술 등의 경우 지급하는 '진단비', '수술비', 상해를 입고 병원에 입원·통원치료하는 경우 지급하는 '실손의료비', 특약의 형태로 기타 상해로 인한 비용손해 등을 담보하는 것이 있다.

(2) 손보사의 일반·장기[16]상해보험상품

일반·장기상해보험상품은 주계약에서 상해사망보험금을 담보하거나 또는 상해사망보험금과 상해후유장해보험금을 담보하고, 입원비, 의료비, 각종 비용손해, 재물손해, 배상책임 등 다양한 위험을 특약으로 담보하고 있다. 손해보험에서는 상해에 해당하는 위험을 구체적으로 열거하지 않고 포괄적으로 담보하는 포괄위험담보방식이며, 상해의 직접 결과로써 보험사고가 발생하였을 경우에 해당보험금을 지급하고 있어 개별 사고별로 상해의 요건, 즉 급격하고 우연한 외래사고인지 여부를 판단하여야 한다.

일반상해보험상품과 장기상해보험상품의 차이는 담보위험에서는 차이가 없으나 일반상해보험상품은 보험기간이 1년 이하로서 보험료 산출시 순보험료가 위험보

15) 국회재정경제위원회, 「보험업법개정법률안(정부제출) 검토보고」, 2003. 4, 25면.

16) 보험업감독규정 제1-2조(정의) 11. "일반손해보험"이란 보험료를 산출시에 할인율을 적용하지 아니하고 순보험료가 위험보험료로만 구성된 손해보험을 말한다. 12. "장기손해보험"이란 일반손해보험을 제외한 손해보험을 말한다.

험료만으로 구성되어 보험사고시 보장하고, 장기손해보험상품은 보험기간이 3년 이상으로서 보험료 산출시 이자율도 반영하여 보험료가 보장보험료와 적립보험료로 구성되며, 적립보험료 중 순보험료에 해당하는 보험료에 회사가 정한 이율을 부가하여 만기시에 만기환급금으로 보험수익자에게 지급하는 차이가 있다.[17]

(3) 손보사의 운전자보험상품

손보사의 상해보험상품에는 담보범위가 포괄적인 상해를 담보하는 상품도 있고, 운전 중 상해, 탑승 중 상해와 보행 중 상해 등 교통상해를 담보하는 상품도 있으며, 교통상해에 해당되는 상해 중에서 운전 중[18] 상해만을 담보하는 운전자보험상품도 있다. 운전자보험상품은 운전 중 상해를 주로 담보하는 상품이나 실제 상품구성을 보면, 일반·장기상해보험상품과 같이 상해사망이나 교통상해사망 등을 주계약에서 담보하고, 특약에 운전자 교통상해사망, 운전자 교통상해후유장해, 운전 중 교통상해사망, 운전 중 교통후유장해, 부상치료비, 교통사고처리지원금, 교통사고 변호사 선임비용 등을 매우 다양하게 담보하도록 구성하고 보험계약자가 선택할 수 있게 한다.

(4) 생·손보사의 실손의료보험상품

생·손보사가 판매하는 실손의료보험상품은 상해만을 담보하는 것은 아니며 질병도 같이 담보한다. 즉, 상해입원, 상해통원, 질병입원, 질병통원 등 4가지를 담보하며, 보험계약자가 모든 담보에 가입할 수도 있고 일부만 선택하여 가입할 수도 있다. 실손의료보험에서 담보하는 상해는 피보험자가 상해로 인하여 병원에 입원하여 치료를 받은 경우에 국민건강보험법상 요양급여 중 본인부담금과 비급여를 합한 금액에서 자기부담금(예, 10%, 20%)을 공제한 금액을 입원의료비로 지급하고, 상해로 인하여 병원에 통원하여 치료를 받거나 처방조제를 받은 경우에는 요양급여 중 본인부담금과 비급여를 합한 금액에서 공제금액을 뺀 금액을 통원의료비로 지급한다. 국민건강보험은 국민건강보험법을 근거로 의료비의 일부를 국민건강보험공단이 지원하는 국가의 사회보장제도이고, 실손의료보험은 국민건강보험에서 보장되지 않아 환자 본인이 부담해야 하는 의료비를 보장하는 민영 생·손

17) 1969년 손해보험 최초로 저축기능을 부여한 장기손해보험상품인 "가계장기보험"상품을 인가했으며, 이 상품은 보험기간이 5년 또는 10년이었고, 화재, 상해, 풍수해 등의 손해를 담보하였다.

18) A손보사의 운전자보험 상품약관에는 '자동차를 운전하던 중'이라 함은 도로여부, 주정차여부, 엔진의 시동여부를 불문하고 피보험자가 자동차 운전석에 탑승하는 핸들을 조작하거나 조작 가능한 상태에 있는 것을 말한다고 용어풀이하고 있다.

보사의 보험상품이다.

1963년 손보사가 실손보상형 상해보험을 판매하면서 처음으로 실손의료보험상품이 시작되었다고 볼 수 있는데, 현재와 같은 국민건강보험에서 부담하지 않는 의료비를 지급하는 실손의료보험상품은 2003. 10.부터이다. 이때 손보사는 개인, 단체 모든 보험계약자에게 판매하였는데, 생보사는 단체에게 먼저 판매하고 2008. 5.부터 개인[19]에게 판매하였다. 그 후 2009. 10. 1. 실손의료보험 표준약관을 제정하면서 생・손보 실손의료보험 상품을 표준화[20]하였는데 입원비 연간 한도를 5천만원으로 하고 의료비 본인부담금의 90%를 보장[21]하였다. 2014. 8.부터는 고령층에게 특화된 노인실손의료보험상품을 출시하였는데 이 상품의 가입가능연령은 75세까지로 기존상품에 비하여 10년이 늘어났다. 2018. 4.부터는 경증 만성질환자도 의료실손보장을 받을 수 있도록 유병자 실손의료보험[22]을 판매 중이다. 실손의료보험상품은 패키지상품의 특약으로 부가되어 판매되기도 하고, 2013. 1. 1.부터는 다른 담보 가입에 따른 추가보험료 부담없이 순수하게 의료실손만 보장하는 단독형 상품으로도 판매되고 있다.

(5) 생보사의 재해담보상품

생보사의 재해담보는 교통재해 이외의 일반재해와 교통재해를 구분하여 보장하는 상품이 많다. 즉, 일반재해로 사망하는 경우 재해사망보험금, 교통재해로 사망하는 경우 교통재해사망보험금, 일반재해로 장해분류표에서 정한 장해지급률에 해당하는 장해상태가 되었을 때 재해장해급여금, 교통재해로 장해분류표에서 정한 장해지급률에 해당하는 장해상태가 되었을 때 교통재해장해급여금 등을 지급하는 상품이다. 특약으로 입원비, 의료비, 수술비, 골절치료비 등의 여러 가지 급부를 선택할 수 있다.

생보사의 담보위험은 손보사의 포괄위험담보방식과는 다르게 열거위험담보방식인데, 생명보험 표준약관 〈부표 4〉 재해분류표에 재해에 대하여 열거하고 있다. 재해분류표에는 보장대상이 되는 재해와 보험금을 지급하지 않는 재해로 구분하

---

19) 2003. 5. 29. 보험업법 개정시 제3보험업에 대하여 정액과 실손보상이 허용되면서 생보사도 개정법률 시행일인 2003. 8. 30.부터는 단체실손의료보험, 2005. 8. 30.부터는 개인의료실손보험(2년간 시행유예)을 판매할 수 있게 되었다.

20) 금융감독원 홈페이지 보도자료, “실손의료보험 표준화 방안”, 2009. 9. 2.

21) 표준화 이전 상품에는 입원비 보장한도가 손보사는 1억원, 생보사는 5천만원이었고, 보장한도도 손보사는 100%, 생보사는 80%였다.

22) 금융감독원 홈페이지 보도자료, “유병자 실손의료보험 출시”, 2018. 3. 30.

생명보험 표준약관 〈부표 4〉

재해분류표

1. 보장대상이 되는 재해
   다음 각 호에 해당하는 재해는 이 보험의 약관에 따라 보험금을 지급합니다.
   ① 한국표준질병・사인분류상의 (S00～Y84)에 해당하는 우발적인 외래의 사고
   ② 감염병의 예방 및 관리에 관한 법률 제2조 제2호에서 규정한 감염병
2. 보험금을 지급하지 않는 재해
   다음 각 호에 해당하는 경우에는 재해분류에서 제외하여 보험금을 지급하지 않습니다.
   ① 질병 또는 체질적 요인이 있는 자로서 경미한 외부 요인으로 발병하거나 그 증상이 더욱 악화된 경우
   ② 사고의 원인이 다음과 같은 경우
   – 과로 및 격심한 또는 반복적 운동(X50),
   – 무중력 환경에서의 장시간 체류(X52),
   – 식량부족(X53),
   – 물 부족(X54),
   – 상세불명의 결핍(X57),
   – 고의적 자해(X60～X84),
   – 법적 개입 중 법적 처형(Y35.5)
   ③ '외과적 및 내과적 치료 중 환자의 재난(Y60～Y69)' 중 진료기관의 고의 또는 과실이 없는 사고(단, 처치 당시에는 재난의 언급이 없었으나 환자에게 이상반응이나 합병증을 일으키게 한 외과적 및 기타 내과적 처치(Y83～Y84)는 보장)
   ④ '자연의 힘에 노출(X30～X39)' 중 급격한 액체손실로 인한 탈수
   ⑤ '우발적 익사 및 익수(W65～W74), 기타 호흡과 관련된 불의의 위협(W75～W84), 눈 또는 인체의 개구부를 통하여 들어온 이물질(W44)' 중 질병에 의한 호흡장해 및 삼킴장해
   ⑥ 한국표준질병・사인분류상의 (U00～U99)에 해당하는 질병
   ※ ( ) 안은 제6차 개정 한국표준질병・사인분류(통계청고시 제2010－246호, 2011.1.1. 시행)상의 분류번호이며, 제7차 개정 이후 상기 재해 이외에 추가로 위 1 및 2의 각 호에 해당하는 재해가 있는 경우에는 그 재해도 포함되는 것으로 합니다.

여 열거하고 있는데, 한국표준질병・사인분류[23]상의 (S00～Y84)에 해당하는 우발

23) 한국표준질병・사인분류는 의무기록자료, 사망원인 통계조사 등 질병이환 및 사망자료를 그 성질의 유사성에 따라 체계적으로 유형화한 것이고, 가장 최근 개정은 2015. 9. 24. 개정고시(통계청 고시

적인 외래사고와 감염병의 예방 및 관리에 관한 법률 제2조 제2호에 규정한 감염병에 해당하는 경우가 보장대상이 되는 재해이다.

한편, 질병 또는 체질적인 요인이 있는 자로서 경미한 외부 요인으로 발병하거나 그 증상이 더욱 악화된 경우는 보험금을 지급하지 않는 재해로 규정하고 있는데, 이는 외인이 결과 발생에 작용 내지 가공한 것이 사실이라 하더라도 그 외인과 결과 발생 사이에 인과관계가 인정된다고 볼 수 없을 정도로 그 영향이 미미하기 때문에 제외한 것이고, 이 조항은 피보험자의 질병 내지 체질적 요인이 주요한 원인이 되어 결과가 발생하였음에도 경미한 외인이 결과에 일부 작용하였음을 기화로 하여 재해 내지 상해보험금을 청구하는 것을 방지하기 위한 주의적 내용으로 해석된다.[24] 이외에도 사고의 원인이 과로 및 격심한 또는 반복적 운동(X50) 등의 경우나 '외과적 및 내과적 치료 중 환자의 재난(Y60~Y69)' 중 진료기관의 고의 또는 과실이 없는 사고 등을 보험금을 지급하지 않는 재해로 열거하고 있다. 동 표준약관의 재해분류표는 개별 생보사의 상품에도 준용하여 사용하고 있고, 교통재해도 각 개별 보험상품약관의 별표에 교통재해분류표를 두고 교통재해에 해당되는 사고 및 교통기관, 도로 등에 대하여 규정하고 있으며 여기에 해당되는 교통재해만 담보한다.

C생보사 상품약관 〈별표 3〉

교통재해분류표

1. 이 보험에서 교통재해라 함은 다음에 정하는 사고를 말합니다.
   가. 운행중의 교통기관(이에 적재되어 있는 것을 포함합니다)의 충돌, 접촉, 화재, 폭발, 도주 등으로 인하여 그 운행중의 교통기관에 탑승하고 있지 않은 피보험자가 입은 불의의 사고
   나. 운행중인 교통기관에 탑승하고 있는 동안 또는 승객으로서 개찰구를 갖는 교통기관의 강장구내(개찰구의 안쪽을 말합니다)에 있는 동안 피보험자가 입은 불의의 사고
   다. 도로 통행중 건조물, 공작물 등의 도괴 또는 건조물, 공작물 등으로부터의 낙화물로 인하여 피보험자가 입은 불의의 사고
2. 제1호에서 교통기관이라 함은 본래 사람이나 물건을 운반하기 위한 것으로 다음

제2015－309호)되었고, 2016. 1. 1.부터 시행되었다(통계청 홈페이지－통계분류포탈).

24) 유관우 · 이현열, 「인보험약관해석」, 앨림G&P, 2006. 3, 250면.

에 정한 것을 말합니다.
가. 기차, 전동차, 기동차, 모노레일, 케이블카(공중케이블카를 포함합니다), 엘리베이터 및 에스컬레이터 등
나. 승용차, 버스, 화물자동차, 오토바이, 스쿠터, 자전거, 화차, 경운기 및 우마차 등
다. 항공기, 선박(요트, 모터보트, 보트를 포함합니다) 등

3. 제2호의 교통기관과 유사한 기관으로 인한 불의의 사고일지라도 도로상에서 사람 또는 물건의 운반에 사용되고 있는 동안이나 도로상을 주행중에 발생한 사고는 교통사고로 봅니다.
4. 제1호 "가" 또는 "나"에 해당하는 사고일지라도 공장 토목작업장 채석장 탄광 또는 광산의 구내에서 사용되는 교통기관에 직무상 관계하는 피보험자의 그 교통기관으로 인한 직무상의 사고는 교통사고로 보지 않습니다.
5. 이 표에서 도로라 함은 일반의 교통에 사용할 목적으로 공중에게 개방되어 있는 모든 도로(자동차 전용도로 및 통로를 포함합니다)로서 터널, 교량, 도선시설 등 도로와 일체가 되어 그 효용을 보완하는 시설 또는 공작물을 포함합니다.

3. 상해보험상품의 판매현황과 민원

(1) 판매현황

2020. 6. 기준으로 생보사[25]는 24개 회사가 영업을 하고 그 대부분의 회사가 상해보험상품을 판매하며, 손보사는 14개사가 상해보험상품을 판매하고 있다. 화재보험, 상해보험과 같이 보험종목별로 구분하여 통계를 집계하는 손보사의 상해보험통계[26]를 살펴보면 다음과 같다. 2018년도 손해보험상품 전체 판매계약건수는 약 7,261만건, 원수보험료는 89조 8,192억원이다. 이 중에서 일반상해보험 판매계약건수는 약 734만건, 원수보험료는 1조 7,228억원이고, 지급보험금 건수는 약 243만건, 금액은 1조 2,644억원이다. 장기상해보험상품 판매계약건수는 약 470만건, 원수보험료는 17조 1,776억원이고, 지급보험금 건수는 약 1,614만건, 금액은 8조 4,240억원이다. 장기운전자보험상품 판매계약건수는 약 285만건, 원수보험료는 3조 8,001억원이고, 지급보험금 건수는 약 145만건, 금액은 1조 9,946억원이다. 손해보험에서 원수보험료 기준으로 상해보험이 차지하는 비중이 약 25.3%로 다른 나라에 비해 상대적으로 높은데, 이는 상해위험을 담보하면서 적립

25) 생보사는 생존보험, 사망보험, 생사혼합보험, 종신보험, 변액보험 등으로 통계를 집계하고 상해보험 등의 보험종목별로 통계를 집계하지 않는다.
26) 보험개발원, 「손해보험통계연보」, 2019. 12.

보험료를 부가하여 만기환급금을 지급하는 장기상해보험상품의 판매비중이 높은 것에 그 원인이 있다.

일본[27]의 경우 2018년[28]도 손해보험의 전체 원수보험료는 9조 4,140억엔이고 상해보험의 원수보험료는 9,770억엔으로 상해보험이 차지하는 비중은 10.4%이다. 영국[29]의 경우는 2018년도 손해보험 전체 원수보험료는 999억파운드이고 상해 및 질병의 원수보험료는 62억파운드로서 상해 및 질병보험의 비중이 6.2%인데 질병을 제외하면 그 비중은 더 낮다.

(2) 민 원

2019년 중 금융감독원에 접수된 금융민원건수[30]는 82,209건이며 이 중에서 생명보험 민원건수가 20,338건, 손해보험 민원건수가 30,846건, 총 보험 민원건수가 51,184건으로 전체의 62.3%를 차지한다. 보험민원을 유형별로 보면, 생명보험은 종신보험 불완전 판매 등 보험모집과 관련되는 민원이 46%를 차지하여 가장 많고, 그 다음으로 보험금 산정 및 지급, 보험금의 면·부책 관련 분쟁이 많았다. 손해보험은 보험금 산정 및 지급과 관련된 민원이 43.1%를 차지하여 보험금 분쟁이 가장 많고, 보험계약의 성립 및 해지, 보험모집, 보험금의 면·부책 관련 민원이 많았다. 전체 보험민원 중에서 세부적으로 상해보험과 관련되는 민원유형이 어떤지 알 수 없으나 상해보험도 유사할 것으로 추정된다.

제2절 상해의 의의 및 입증책임

우리나라 상해보험약관은 "피보험자가 보험기간 중에 급격하고도 우연한 외래의 사고로 신체에 상해를 입었을 때"라고 규정한다. 이는 일본의 상해보험약관과 같고 독일의 것과도 유사하다. 여기서 상해보험의 보험사고에 해당하기 위하여는 급격성, 우연성, 그리고 외래성의 세 가지 요건을 구비하여야 한다. 급격성, 우연성, 그리고 외래성의 세 가지 요건 등에 대하여 살펴본다.

---

27) 보험연구원, 「해외보험동향」 2020년 봄호, 2020, 67면.
28) 일본 보험회사의 회계연도는 FY기준이며, 2018년도는 2018.4.1.~2019.3.31.이다
29) 보험연구원, 앞의 자료, 63면.
30) 금융감독원 홈페이지 보도자료, "2019년도 금융민원 및 금융상담 동향", 2020. 4. 21, 2－3면.

Ⅰ. 우연성

1. 상해보험에서의 우연성의 개념

(1) 학 설

보험계약 일반에서의 우연성의 개념에 대한 견해를 찾는 것은 쉽지 않다.31) 굳이 표현만을 기준삼아 분류할 수도 있겠으나 이는 별 의미가 없는 것으로 보이고, 그나마 보다 정리된 이론들이 있는 것은 상해보험에서이다. 상해보험에 관한 학설들도, 각 학설이 충분한 검토를 하지 아니하고 기술한 것으로 볼 여지도 있어 다음과 같은 분류에 대한 의문의 여지도 있겠으나, 논의의 편의상 구분하여 본다면 다음과 같다.

1) 피보험자 등의 고의로 한정하는 견해

상해보험에서 보험사고의 요건 중 하나인 우연성은 피보험자의 고의로 인한 것이 아니고 뜻하지 않게 상해를 입은 것을 요건으로 하며, 상해가 피보험자의 고의적인 행위에 기인한 경우에는 피보험자가 그 결과를 예견하지 아니하였다 하더라도 그 상해는 우연한 것이라 할 수 없다고 한다.32)

2) 예견가능성에 중점을 두어 광의로 파악하는 견해

우연성이란 피보험자가 전혀 예상할 수 없었던 원인에 의하여 상해가 발생하는 것이며, 보험사고의 우연성은 그것이 그 원인에 있든(injury caused by accidental means) 결과에 있든(accidental injury) 보험약관에 별도의 규정이 없으면 보험자는 책임을 부담한다고 한다.33) 또한 유사한 설명으로는 “피보험자가 전혀 예상할 수 없었던 원인에 의하여 상해가 발생하여야 한다. ... 피보험자의 고의적인 행위로 야기된 사고나 피보험자가 예상하였던 사고로 인하여 생긴 상해는 제외된다”도 유사한 견해로 볼 수 있다.34)

3) 객관적 불확정성을 뜻한다고 보는 견해

일본에서의 통설과 같이 객관적 불확정성으로 보는 견해도 있다. 이 견해는

31) 일반 보험계약에서의 우연성의 개념에 대하여도 그 정의를 시도하고자 한 견해가 있기는 하나, 극히 일부이어서 아래의 검토에서 간략히 본다.

32) 양승규, 앞의 책, 484면.

33) 최기원, 「보험법」, 박영사, 2001, 614면.

34) 김성태, 「보험법강론」, 법문사, 2000, 863면.

"보험의 일반원칙상 보험사고는 우연한 사고임이 요구된다. 이러한 일반원칙상의 우연성이란 장래에 있어서는 사고의 발생과 불발생이 모두 가능하나 계약성립 당시에는 그 어느 것도 아직 객관적으로 확정되지 않았다는 이른바 객관적 불확정성을 뜻한다"고 한다.[35]

(2) 판례와 학설의 검토

1) 판례의 검토

대법원 판례는 앞서 본 바와 같이 보험계약에서의 우연성의 개념을 일관되게 파악하지 않는다. 첫째, 화재보험에서는 피보험자 등의 고의가 아닌 경우, 즉 인위적 사고가 아닌 경우를 우연성으로 파악한다. 보험계약자나 피보험자의 고의 또는 중과실에 의하여 발생하는 경우에는 우연성이 없는 것이다. 둘째, 상해보험에 관한 판례에서와 같이 우연성의 개념을 인위적 사고의 경우뿐 아니라 보다 넓게 파악하여, 피보험자가 예측할 수 없는 원인에 의하여 발생하는 것으로서 고의에 의한 것이 아니고 예견치 않았는데 우연히 발생하고 통상적인 과정으로는 기대할 수 없는 결과를 가져오는 사고라고 한다.[36] 하지만 이러한 판례의 입장을 다음의 근거에서 타당한 것으로 평가할 수 없다.

첫째, 화재보험과 상해보험에서 우연성의 개념을 서로 달리 파악하고 있는 점이다. 보험에서의 우연성의 개념을 각 보험의 종류에 따라 서로 다르게 파악하는 것은 법적 정합성, 또는 통일성의 측면에서 타당하다고 할 수 없다.

둘째, 상해보험사건에서는 우연성의 개념을 지나치게 복잡하게 정의함에 따라 '상해보험에서 우연한 사고의 의미를 이해하기 어렵게 하고 있다'는 비판이 그것이다.[37] 우연성은 피보험자가 예측할 수 없는 원인에 의하여 발생하는 것이고 이를 보다 상세히 설명하면서 두 가지로 나누어 하나는 고의에 의한 것이 아니라는 점, 또 다른 하나는 예견치 않았는데 우연히 발생하고 통상적인 과정으로는 기대할 수 없는 결과를 가져오는 사고라는 점이 그것이다. 그런데 이러한 설명은 우

---

35) 최윤성, "상해보험약관상의 보험사고인 '급격하고 우연한 외래의 사고'의 의미와 그에 대한 입증책임의 소재", 「판례연구」 제14집, 부산판례연구회, 2001, 582면. 그런데 또 다른 한편 상해보험에 관한 판례의 입장을 지지하면서 "우리나라의 경우 상해사건의 지표로서 급격성과 우연성을 등가적이고 상호보완적인 것으로 이해하는 이상, 우연성의 핵심적 요소는 '예견할 수 없었고, 기대하지 아니하였던'이란 부분에 있는 것으로 생각된다"고 하고 있기도 하다.

36) 우연성의 요소를 '예견할 수 없었고, 기대하지 아니하였던'으로 설명하고 있다.

37) 양진태, "미국의 상해보험약관상 담보위험에 관한 법리(下)", 「손해보험」 448호, 대한손해보험협회, 2006, 66면.

연성의 개념을 법적 개념으로 수용하기에 지나치게 복잡하고 더군다나 그 입증책임 배분의 문제에 있어 비판의 여지가 있다.

셋째, 상해보험에서의 우연성에 대한 판례 입장은 과거 영미에서 사용된 바 있으나 현재는 폐기된, 즉 우연한 원인과 우연한 결과를 구분하던 논리가 일부 답습된 것은 아닌가 하는 의문이다. 왜냐하면 "피보험자가 예측할 수 없는 원인", "통상적인 과정으로는 기대할 수 없는 결과를 가져오는 사고" 등의 표현에서 원인과 결과를 구분하고 있기 때문이다. 그런데 이는 영미에서도 구 시대의 이론으로 현재는 이미 폐기된 것이라 할 수 있어, 과거의 잘못된 영미이론을 답습하였다는 비판을 받을 소지가 충분하다.

넷째, 상해보험에서의 판례는 위와 같은 정의를 하면서도 그 입증책임을 보험금청구자에게 부과하는 것은 보험소비자에게 가혹하다는 비판이다. 피보험자가 예측할 수 없는 원인이었음과, 피보험자의 고의에 의한 것이 아니라는 점, 그리고 우연히 발생하고 통상적인 과정으로는 기대할 수 없는 결과를 가져오는 사고라는 점 등에 대하여 보험금청구자가 입증하여야 한다는 것은, 사고의 발생원인이 밝혀지지 아니하여 입증책임이 문제되는 대부분의 경우에 있어 보험금청구자가 보험금을 받지 못하는 결과가 되어 타당하다 볼 수 없다.

화재보험 판례[38]에 대하여도 우연성 개념의 정합성이라는 면에서는 비판을 할 수 있겠으나, 다만 일부 긍정적 평가도 가능해 보인다. 상해보험의 판례는 위 둘째 내지 넷째의 근거 등으로 비판을 받을 수 있으나, 이와 다른 판단을 한 화재보험 판례는 우연성의 개념을 협소하게 해석하고 또한 입증책임을 보험자에게 부담시키고 있음에 대하여 긍정적으로 평가할 여지가 있다. 또한 대법원이 상해보험 사건에 관한 선례를 근거로 하여 보험사고의 우연성에 관한 입증책임을 보험금청구자에게 전가할 수도 있었을 것이나 그 확대적용을 차단하고, 화재보험에서의 피보험자 등의 고의에 관하여는 보험자가 입증하도록 한 것이다. 하지만 이 판례도 약관 문언의 엄격한 해석을 통하여 정당화하고자 한 것에 대하여는 일부 의문이 있다.[39] 약관 문언의 해석이 중요한 것이긴 하나 보험자가 작성한 문언에 지나치

38) 대법원 2009. 12. 10. 선고 2009다56603, 56610 판결.

39) 왜냐하면 상법 제663조에 의하여 보험계약자 등의 불이익변경금지에 관한 원칙이 있고 상법의 규정을 우선 해석하는 것이 마땅하기 때문이다. 판결문은 "상법 제683조는 "화재보험계약의 보험자는 화재로 인하여 생긴 손해를 보상할 책임이 있다"고 규정하고 있고, 이 사건 화재보험계약의 약관 제15조는 보상금 지급 사유로서 "화재에 따른 손해"를 정하고 있으며, 약관 제16조에서는 보상하지 아니하는 손해로서 "1. 피보험자(법인인 경우에는 그 이사 또는 법인의 업무를 집행하는 그 밖의 기관) 또는 피보험자의 법정대리인의 고의 또는 중대한 과실, 2. 계약자 또는 계약자의 법정대리인

게 구속되는 것 또한 경계할 부분이다.[40)]

2) 학설의 검토

과거 이 점에 대한 논의의 전개는 풍부하지도 못하였고 쟁점을 충분히 의식한 상태에서 이루어진 것이 아니어서, 견해로 소개하기에는 선뜻 내키지 아니하는 부분도 있다. 학설은 보험계약에서의 우연성을 정치하게 정의하는 견해는 드물었으며, 그 보다는 상법이 불확정성이라는 용어를 사용하고 있어 그 개념의 설명에 중점을 두고, 다만 우연성의 개념은 상해보험에서의 논의가 주된 것이었다. 또한 일반의 보험계약에서의 우연성과 상해보험에서의 우연성이라는 개념을 통일적으로 설명하는 견해도 찾기가 쉽지 않았다. 하지만 판례에서와 같이 우연성의 입증책임이 문제된다면 우연성의 개념과 그 입증책임에 관한 명확한 한계설정이 필요함을 부인할 수 없다. 그 중요한 입장들을 살펴보고 비판한다.

첫째, 일반 보험계약과 상해보험에서의 우연성을 다르게 파악하는 견해이다. 이 견해는 "보험의 일반원칙상 보험사고는 우연한 사고임이 요구된다. 이러한 일반원칙상의 우연성이란 장래에 있어서는 사고의 발생과 불발생이 모두 가능하나 계약성립 당시에는 그 어느 것도 아직 객관적으로 확정되지 않았다는 이른바 객관적 불확정성을 뜻한다"고 하면서도 상해보험에서의 우연성은 "이와 전적으로 일치되는 것은 아니고, 보험사고의 발생이 피보험자의 주관적 행태에 기인하지 아니한다는 점이 더욱 강조되는 개념으로서"라고 하고 있다.[41)] 하지만 이 견해는 타당한 것으로 보이지 않는다. 일반의 보험계약과 상해보험계약에서의 우연성을 서로 다른 것으로 파악하는 설득력 있는 이유를 제시하지도 아니하여 그 주장을 수긍하기는 쉽지 않다.

의 고의 또는 중대한 과실, 3. 피보험자에게 보험금을 받도록 하기 위하여 피보험자와 세대를 같이 하는 친족이나 고용인이 고의로 일으킨 손해 등"을 규정하고 있다. 위와 같은 상법 및 약관 규정의 형식 및 취지, 화재가 발생한 경우에 보험자에게 면책사유가 존재하지 않는 한 소정의 보험금을 지급하도록 함으로써 피보험자로 하여금 신속하게 화재로 인한 피해를 복구할 수 있게 하려는 화재보험제도의 존재의의에 비추어 보면, 화재보험에서 화재가 발생한 경우에는 일단 우연성의 요건을 갖춘 것으로 추정되고, 다만 화재가 보험계약자나 피보험자의 고의 또는 중과실에 의하여 발생하였다는 사실을 보험자가 증명하는 경우에는 위와 같은 추정이 번복되는 것으로 보아야 할 것이다. 그렇게 해석하지 않으면 면책사유에 대한 증명책임을 보험사가 스스로 부담하도록 한 약관의 규정에도 불구하고, 실질적으로 피보험자로 하여금 면책사유가 없음을 증명할 것을 요구하는 것이 되어 위와 같은 약관의 취지가 몰각되는 결과가 되므로 그러한 점에서도 화재보험금의 청구권자가 먼저 화재발생의 우연성을 증명하여야 한다는 해석은 받아들일 수 없다"고 한다.

40) 보통약관의 구속력에 대하여는 계약설이 통설과 판례이다.

41) 최윤성, 앞의 논문, 582면.

둘째, 우연성의 개념을 예견가능성에 중점을 두고 피보험자 등의 고의로 인한 것이 아님을 의미하는 것보다 넓게 파악하는 견해이다. 예컨대 피보험자가 의도하거나 예상하지 못했던 사고이어야 한다는 것[42]으로 이는 일반의 보험계약과 상해보험에서의 우연성의 개념을 명확히 구분하지 않는 것으로 보이면서도, 인위적인 사고라는 뜻보다는 포괄적으로 파악한다. 그러면서도 이 견해는 상해보험에서의 우연성에 관한 입증책임을 보험금청구자에게 부담시키고 있다. 하지만 이는 타당하다고 볼 수 없다. 가장 큰 문제는 우연성의 개념을 지나치게 추상적이고 막연하게 정의하면서 그 입증책임을 보험금청구자에게 부담시키는 것인데, 보험금청구자가 과연 무엇을 입증해야 하는 것인지도 명확하지 못하다. 예견가능성이 없다거나 또는 예상할 수 없었다는 점들에 대하여 입증하는 것이 무엇인지 그 대상이 명료하지 않을뿐더러, 보험금청구자에게 입증책임을 부담시키는 것은 거의 불가능한 것으로도 여겨진다.

셋째, 보험계약에서의 우연성의 개념을 인위적 사고라는 측면에서만 파악하는 것이다. 사견으로는 이러한 파악이 보다 타당한 것이 아닌가 한다.

2. 상해보험에서의 우연성의 입증책임

(1) 학 설

우연성에 관한 입증책임에 관한 논의는 상해보험에서만 존재한다. 과거 상해보험에 관한 일부 견해들을 정리하여 보면 다음과 같다.

1) 보험자 입증책임설

상해보험에서의 우연성의 입증책임이 보험자에게 있다는 견해이다.[43] 그 이유로서, "(상해의 원인에 대한) 우연성에 대하여는 피보험자 등의 보호를 위하여 보험자에 의한 반증이 없는 한 청구자 등이 입증하지 못하더라도 그 우연성이 추정되어야 할 것이고, 그렇지 않으면 보험자의 면책사유에 대한 증명책임을 피보험자에게 전가하는 것이 되어 부당하고 입증의 곤란성으로 인하여 피보험자 등의 청구가 대부분의 경우에 기각될 수 있을 것이기 때문"이라고 주장한다. 또한 보험자의 면책사유에 대한 증명책임을 피보험자에게 전가하는 것은 부당하고, 고의에 기초하지 않았다는 증명은 소극사실의 증명이고 이는 불가능에 가까워 피보험자 등의

42) 김성태, 앞의 책, 863면.
43) 최기원, 앞의 책, 621면.

청구가 대부분 기각될 우려가 크다는 점에 비추어 우연성이 추정되어야 한다는 견해[44]도 있다.

2) 보험금청구자 입증책임설

이는 과거 판례의 입장이기도 한 것으로 상해보험에서의 우연성의 입증책임은 보험금청구자에게 있다는 견해이다. 우연성의 입증은 보험자가 하여야 한다는 견해에 대한 비판을 하면서 "급격, 우연, 외래성을 따로 나누어 입증책임을 논하는 것이 타당한지는 의문이다. 오히려 사망, 신체손상이 상해(급격, 우연, 외래 3가지 요건 전부)로 인한 것임을 피보험자가 입증해야 한다고 보아야 할 것"이라는 견해가 그것이다.[45] 또한 상해보험은 생명보험과 달리 단순하게 '사망'자체를 보험금의 지급요건으로 하지 않고, 급격, 우연, 외래의 사고와 상해 사이의 상당인과관계를 요하는 이외에 그 상해를 직접원인으로 하여 사망한 경우에 보험금을 지급하기로 정하고 있으므로, 보험금청구자가 3요건에 대한 입증책임을 부담한다고 해석하여야 하고, 나아가 생명보험에 부가된 장해특약도 그 법적 성질은 상해보험계약이므로 마찬가지라고 해석한다.[46]

3) 절충설

입증책임을 보험금청구자가 부담하기는 하나, 엄격한 입증책임을 부담하는 것이 아니라 일응의 증명 정도로 족하다는 견해이다.[47] 그 견해를 그대로 인용하면 다음과 같다. "일반적으로 일응의 증명이란 법관으로 하여금 확실한 심증을 형성케 할 정도가 아니라 개연적인 심증을 형성케 할 정도의 증명이고, 뜨 일응의 증명의 유무에 대한 판단은 보험금청구자가 주장・입증하는 사고의 경위가 경험칙에 의하여 일반적으로 인정되는 사건의 통상적인 경과에 부합되는가, 사고를 외형적・유형적으로 보아 피보험자가 예기하지 않고 의도하지 아니한 사고로 볼 수 있는가, 증거와 더 가까운 자가 누구인가 등을 기준으로 하여 법관이 자유심증에 의하여 종합적으로 판단할 수밖에 없는 것이라고 설명된다. 이를 구체적으로 보면, 피보험자가 상해를 입은 경우는 일반적으로 피보험자가 의식불명상태에 빠지지 아니한 이상 사고경위를 명백히 알고 있을 것이므로, 보험금청구자는 사고의 원인, 과정, 결과 등에 관하여 구체적으로 설명하고 이를 증명할 필요가 있다"고

44) 손주찬・정동윤 편, 「주석상법[보험]」, 한국사법행정학회, 2001, 760면.
45) 김성태, 앞의 책, 868면.
46) 이균용, "상해보험계약에 있어서 입증책임", 「대법원판례해설」 38호, 2002, 403면.
47) 최윤성, 앞의 논문, 599면.

한다.[48)]

4) 소 결

이상에서 알 수 있듯이 상해보험에서마저도 우연성에 대한 개념의 이해가 일치되어 있지 않으며, 결과적으로 입증책임분배에 관한 견해가 상이함은 지극히 당연한 것으로도 보인다. 우연성의 뜻을 피보험자 등의 고의로 인한 사고가 아닌 경우로 한정하는 견해로부터 보다 광범하게 예견할 수 없었던 사고까지 포함하는 견해가 있으며, 그 입증책임도 판례와 같이 보험금청구자에게 있다는 견해부터 보험자에게 있다는 견해 등이 있다.

(2) 비교법적 검토

외국에서의 우연성에 관한 개념과 그 입증책임 분배에 관한 논의를 비교법적으로 살펴본다. 이 점에 관한 가장 직접적인 비교를 해 볼 수 있는 국가가 일본이다. 일본 판례도 우리 판례와 유사한 해석을 하고 있고 이에 관한 논의가 많아, 참조할 가치가 크다.

1) 독 일

① 우연성의 개념

독일은 보험계약법에서 보험의 정의에서는 우연성의 개념을 사용하지 않고 단지 제2조에서 우리의 불확정성에 해당하는 것으로 소급보험의 규정에서 주관적 불확정에 대하여 규정한다. 반면 상해보험에서는 우리와 달리 상해사고의 정의로 우연성에 대한 법률규정을 둔다. 상해보험에 관한 규정 제178조에서 "보험사고는 피보험자가 급격한, 외래의 사고로 인하여 우연하게 건강에 손상을 입었을 경우에 존재한다"고 한다. 그런데 여기서 우연에 해당하는 용어를 "Unfreiwilligkeit"라고 규정하여 "자유의사에 기인하지 않는"이라는 뜻으로 피보험자 등의 고의에 중점을 두는 것으로 보인다.

② 입증책임

상해보험에서 우연성의 입증책임의 문제가 입법적으로 해결되어 있다. 독일보험계약법 제178조 단서에서는 "우연성은 반대의 입증이 있기까지는 추정된다"고 하여 입증책임을 명확히 보험자에게 부과하고 있는 것이다.

---

48) 최윤성, 앞의 논문, 600면.

2) 영 · 미

① 보험에서의 우연성

영미에서도 보험의 정의를 내림에 있어 우연한(accidental) 등의 표현은 사용하지 않고 있다. 영국 법원도 보험의 정의를 일반적으로 내리지는 않고 필수적 속성들만 표현하며,[49] 최근 영국보험법개정위원회가 보험의 정의를 법률규정으로 신설할 것인가의 점에 대하여 전문가들에게 설문조사를 실시하였는바, 그 답은 부정적이 다수이었으며 정의를 두는 경우에도 아주 일반적이고 추상적 용어만을 사용하자는 견해가 지배적이었다.[50] 그런데 Clarke교수는 보험의 요소로서의 보험사고는 'uncertain'(불확정)한 것이어야 한다고 하면서 우리의 상법 제638조의 불확정의 해석과 유사한 취지의 설명을 한다. 피보험자가 이미 발생한 손해라는 것을 알고 있는 것은 공서양속상 금지된다고 하는 판례[51]에서와 같이 보험사고의 불확정성은 반드시 객관적임을 요하지 아니하고 계약당사자들이 모두 계약 당시에 이미 발생하였거나 발생할 수 없는 것임을 주관적으로 알지 못할 것을 요구하는 점은 우리의 해석과 동일하다.

② 상해보험(Personal Accident Insurance)에서의 우연성

상해보험에서의 상해의 개념은 기본적으로 계약서상의 표현에 의한다고 보고 있으나, 다만 그 의미는 공서양속에 의하여 영향을 받을 수밖에 없다고 한다.[52] 보험계약에서 일반적 의미에서의 우연성은 계약의 체결시에 그 사고의 발생이 필연적(inevitable)인 것이거나 또는 피보험자의 고의적인 행위로 인한 것이 아니면 우연한 것이라고 설명한다.[53] 먼저 필연적인 손해(inevitable loss)라 함은 만약 피보험자의 행위 또는 본질적 특성 그리고 그 목적물의 성질에 의한 것을 말하고, 이러한 점에서 감가상각은 보험계약의 체결시 이미 예상할 수 있는 손해라고 보아 보상의 범위에 들어가지 않는다. "예견되지 않았던 불행 또는 예견되지 않았던 또는 의도되지 않았던 사건"이라고 정의하면서 의도된 것과 반대라그 하면서 또한 자연적으로 발생하는 것, 특정 질병의 결과 발생하는 사망 등은 이것에 포함

49) Robert E. Keeton and Alan I. Widiss, Insurance Law, West Group, 1999, 6 이하에서 Keeton 교수도 보험의 정의에 대한 어려움을 토로하고 있다.
50) Scottish Law Commission, Insurance Contracts Law: Analysis of Response and Decisions on Scope, 2006, pp. 11－13.
51) International Ins. Co. v. Peabody Int'l. Corp., 747 F. Supp. 477, 484.
52) Malcolm A. Clarke, The Law of Insurance Contracts, Lloyd's of London Press Ltd., 2006, 417.
53) Malcolm A. Clarke, Ibid., 389.

되지 않는다고 하는 것도 동지의 설명이다.[54)]

우연성의 논의와 관련지어 과거에는 우연한 원인(injury caused by accident means)과 우연한 결과(accidental injury)를 구분하고 있었다. 1946년까지는 두 가지의 구별이 법원에 의하여 절대적으로 지지되었으나, 1946년 Burr v. Commercial Travelers Mutual Accident Association of America, 295 N.Y. 294. 67 N.E.2d 248에서 이 구별이 철폐되었다.[55)] 이러한 구별을 계속 고수한다면 보상되는 담보부분이 지나치게 협소하다는 이유에서 문제가 있는 것으로 지적되었고, 또한 이것은 결과적으로 보험소비자들의 합리적 기대와 맞지 아니한다는 점이었다.[56)]

③ 입증책임

보험은 모든 위험을 담보하나 담보하지 않는, 즉 우연한 사고가 아닌 예외사유에 대하여는 보험자가 입증하여야 한다고 본다. 그런데 우연성이라는 것이 담보되는 위험의 필수적인 부분이라고 보는 한 그것이 보험금청구자에 의하여 입증되어야 한다는 경우도 있다.[57)] 중요 판례로 소개되는 British & Foreign Marine Insurance Co. Ltd. v. Gaunt (1921) 2 A.C. 41, 47에서 법원은 그 손실이 일반적 표현에 의하여 담보되는 위험에 의한 것이라는 점 이외에는 더 이상 보험금청구자의 입증책임이 없다고 하여, 일반적으로 우연성은 추정되는 것이라 보았다.

3) 일 본

① 법규정

일본은 보험법전에서 '우연'이라는 단어를 법률상 용어로 사용한다. 일본 보험법 제2조 정의규정 제5호에서 손해보험계약을 "보험계약 중, 보험자가 일정한 우연의 사고에 의해 생기는 손해를 전보하는 것을 약속하는 것을 말한다"고 규정한다. 하지만 여기서의 우연성의 개념에 대한 해석은 아래에서 보는 바와 같이 우리의 불확정성에 해당하는 것으로 본다.

---

54) Nicholas Legh-Jones et al., MacGillivray on Insurance Law, Sweet & Maxwell, 2008, 780.

55) 1997년부터 다수의 주에서 우연한 원인과 우연한 결과를 구별하지 않는다고 설명하기도 한다. Russell S. Baldwin, "Insurance — Accidental Means & Accidental Death — Harrell v. Minnesota Mutual Life Insurance: Tennessee's Emergence from the Serbonian Bog?" 27 University of Memphis Law Review (1997), 745, 753.

56) Nicholas Legh-Jones et al., Ibid., 780. 하지만 지금도 피보험자의 범죄적 행위에 대한 보상을 하지 않기 위하여 이 이론이 자주 인용되고 있다고 한다.

57) Malcolm A. Clarke, Ibid., 394.

② 판 례[58)]

일본에서의 판례변천이 우리와 상당히 유사한 점은 흥미롭다. 여기서는 일본에서의 중요한 관련 판례를 살펴본다.

첫째, 상해보험에 관한 사건으로 最二小判決平成13年4月20日民集55巻3号682頁이다. 상해보험에 관한 사건에서 법원은 우연성을 피보험자의 고의에 의한 사고가 아닌 것으로 해석하면서 입증책임을 보험금청구자가 부담한다고 하였다. 그 근거로는 이것이 보험금청구의 성립요건인 점, 보험금의 부당청구가 용이하게 될 우려가 있는 점, 보험제도의 건전성을 저해하고 성실한 보험가입자의 이익을 해할 우려가 있는 점 등을 제시하였다. 이 판결은 이후 일본에서의 제학설들을 촉발시키는 중요한 것으로, 우연성의 개념을 피보험자의 고의에 의한 사고가 아닌 것으로 파악하였고 또한 그에 관한 입증책임이 보험금청구자에게 있다고 하였다.

둘째, 화재보험에 관한 사건으로 最二小判平成16年12月13日民集58巻9号2419頁이다. 화재보험에 관한 당해 사건에서 우연성의 개념을 명확히 정의하지는 않았으나, 피보험자는 화재가 발생한 사실만을 입증하는 것으로 족하고 보험계약자 또는 피보험자의 고의 또는 중대한 과실에 의해 손해가 발생한 것은 보험자가 입증하여야 한다고 하였다. 상해보험사건에 관한 위 판결은 사안을 달리하는 본건에는 적절하지 않다고 판시한다.

셋째, 종합보험으로서의 차량보험에 관한 사건으로 最一小判平成18年6月1日裁判所時報1413号4頁이다. 이 사건에서 법원은 일본 상법 제629조 우연성을 우리 상법 제638조에 있는 '불확정성'과 동일한 취지로 해석하였다. 그리하여 "상법 제629조가 손해보험계약의 보험사고를 '우연한 일정한 사고'라고 규정한 것은, 손해보험계약은 보험계약성립시에 있어서는 발생하는지 어떤지 불확정한 사고에 의해 손해가 발생한 경우에 그 손해를 전보하는 것을 약속하는 것이고, 보험계약성립시에 보험사고가 발생하는 것 또는 발생하지 않는 것이 확정되어 있는 경우에는 보험계약이 성립하지 않는다는 점을 명확히 한 것이라고 해석하여야 한다"라고 하였다. 그리고 우리의 상법 제659조에 해당하는 인위적 사고에 관한 규정은 우연성에 관한 것이 아니라 면책사유를 규정한 것으로 해석하면서 그 면책사유에 관한 입증책임은 보험자가 부담한다고 하였다. 또한 最三小判平成18年6月6日裁判所時報1413号5頁은 차량보험인 물건보험에 관한 사건으로 위와 동일한 판결을 하

58) 일본 판례는 김상수, "보험금청구사건에서의 우연성의 입증책임", 「금융법연구」 제6권 제1호, 한국금융법학회(2009. 9), 228-235면에 정리되어 있다.

였다. 또한 위 첫째의 판결은 상해보험에 관한 것이고 본건과는 사안을 달리한다고 판시하였다.

이와 같이 일본 판례의 전개는 우리와 유사하다. 상해보험에 관한 사건이 2001년 나왔으며 그 때에는 입증책임을 보험금청구자가 부담한다고 하면서, 우연성의 개념을 피보험자 등의 고의가 아닌 경우로 해석하였다. 이후 2006년의 자동차보험사건에서는 우연성을 보험계약에서의 불확정성의 개념에 해당하는 것으로 파악하였으며 그 입증책임은 보험자가 부담하는 것으로 하고, 또한 피보험자 등의 고의로 인한 사고라는 점에 대하여도 보험자가 입증하도록 한다.

③ 학설[59] 및 신보험법의 규정

일본은 보험법 제2조(구 일본 상법 제629조) 우연성의 개념을 우리의 불확정성(상법 제638조와 제644조)에 해당하는 것으로 보고 그에 관한 입증책임이 보험자에게 있는 것으로 본다. 즉 보험계약법상의 우연성을 보험계약성립시에 보험사고의 발생여부가 불확정한 경우로 해석하고 보험계약의 체결에 있어 불확정성의 결여가 보험자에 의하여 입증되지 않는 한 보험계약은 유효하게 성립된다고 보는 것이다.

그리고 과거 상해보험사건에서 판례가 우연성의 개념으로 파악하였던 피보험자 등의 고의가 아닌 경우로 보았던 것에 대하여는 현재 그 해석을 달리 하고 있으며, 또한 보험자가 피보험자 등에 의하여 고의로 보험사고가 초래되었다는 것을 입증하도록 한다.[60] 이는 신보험법을 제정하면서 제4장 제80조를 신설하여 보험자의 면책이라는 제목으로 고의 혹은 중대한 과실에 의한 사고를 규정하고 있는 것이 그 입증책임을 보험자에게 부과한 것으로 설명한다.[61]

(3) 소 결

외국의 입법례에서 보험계약을 정의함에 있어서는 우리가 사전적 의미로 이해하는 뜻에서의 개념은 도입하지 않고 있음을 알 수 있다. 일본은 신보험법 제2조에서 偶然이라는 용어를 사용하는 규정을 두고 있긴 하나 이는 우리의 불확정성과 동일하게 해석하는 점도 유의할 필요가 있다. 그런데 상해보험에서의 보험사고가 약관상 우연성이 요구되어 있으므로 그 범위에서는 우연성의 개념에 관하여

59) 일본 학설은 김상수, 앞의 논문, 235－239면에 보다 상세히 소개되어 있다.
60) 竹濱修,「生命保険および傷害疾病保険契約特有の事項」, ジュリスト1364号, 2008, 48頁.
61) 竹濱修, 위의 논문, 48頁.

각국에서 논의되고 있는 것을 알 수 있다. 이에 관하여 독일에서는 입법적으로 해결하여 피보험자 등의 고의로 인한 사고로 한정하면서 그 입증책임을 명확히 보험자에게 부담시키고 있다. 또한 일본에서도 과거 판례와는 달리 보험자가 피보험자 등의 고의를 입증하여야 하는 것으로 입법하였다고 이해한다. 그리고 영미에서는 약관상 문언에 맡기고 있음이 원칙이긴 하나 담보범위의 예외사유에 해당하는 것은 보험자가 입증하도록 한다.

즉 비교법적 검토에서는 최소한의 공통점 두 가지를 발견할 수 있다. 하나는 보험의 정의에 대한 규정에서 사전적 의미[62]에서의 우연성에 관한 요소를 넣지 않는다는 점, 다른 하나는 피보험자 등의 고의사고에 대하여는 보험자가 입증하도록 하는 점이다.

3. 우연성의 개념에 대한 정의의 시도와 입증책임

(1) 우연성 관련의 논의사항

우연성의 개념에 대한 정의를 입증책임의 분배 문제와 분리하여 파악할 수는 없다. 그 개념을 실체법적으로 밝히는 것이 전제되어야 입증책임도 소송법상의 증명책임 배분 이론에 의하여 정하여질 수 있는 것으로, 그 명확한 정의 시도가 중요하다. 먼저 개념 정의를 시도하기 전에 다음의 점을 유의하여야 하겠다.

1) 상법전상의 법률용어가 아닌 점

먼저, 우연성은 상법상의 용어가 아니라는 점이다. 상법 규정에는 우연이라는 용어가 없고, 약관상 사용하는 개념이다. 보험계약의 의의에 관한 상법 제638조는 "不確定"을 사용한다. 동조는 "보험계약은 당사자 일방이 약정한 보험료를 지급하고 상대방이 재산 또는 생명이나 신체에 관하여 불확정한 사고가 생길 경우에 일정한 보험금액 기타의 급여를 지급할 것을 약정함으로써 효력이 생긴다"고 규정하고 있는 것이다. 그런데 보험업법에서는 "우연"이라는 표현을 사용한다. 보험업법 제2조에서는 "보험업이라 함은 사람의 생사에 관하여 약정한 급여의 제공을 약속하거나 우연한 사고로 인하여 발생하는 손해의 보상을 약속하고 금전을 수수하는 것을 업으로 행하는 것으로 생명보험업, 손해보험업 및 제3보험업을 말한다" 고 하여 우연한 이라는 용어를 사용한다.[63] 하지만 보험업법에서의 기타 규정에서

---

62) 또는 상식적으로 이해하는 의미라고도 할 수 있겠다.

63) 위 비교법적 검토에서 살펴보았으나, 외국의 입법례를 다시 보면 일본보험법은 제2조에서 손해보험

는 우연이라는 용어를 사용하지 않는다.

요컨대 우리 법은 일본법과는 달리 우연성의 개념을 상법에서는 사용하고 있지 않다.

2) 불확정성과의 구별

다음으로, 상법에서 사용하는 "불확정"이라는 개념과의 관계이다. 일반적으로 不確定의 의미는 상법 제644조와 관련하여 해석하고 있고, 상법 제644조는 "보험계약 당시에 보험사고가 이미 발생하였거나 또는 발생할 수 없는 것인 때에는 그 계약은 무효로 한다"고 규정한다. 그리고 이러한 보험사고의 불확정성은 반드시 객관적임을 요하지 아니하고 계약당사자들이 모두 계약 당시에 이미 발생하였거나 발생할 수 없는 것임을 주관적으로 알지 못한 때에는 보험계약의 성립에는 아무런 영향이 없는 것으로 한다.[64]

일본은 보험법 제2조에서 사용하는 우연성이라는 개념을 우리 상법의 불확정성의 의미와 동일하게 보험계약 성립시에 사고의 발생과 불발생이 아직 확정되지 않았다는 의미로 해석하는 견해가 통설임을[65] 보았다.

3) 보험계약의 구체적 정의와 우연성

보험계약을 정의함에 있어 법률의 규정에 의하여 '인과율에 의하지 않는다거나 예측가능성이 없다'는 등의 의미에서의 우연성의 개념을 도입하여 구체적 조항을 두는 것은 신중한 검토가 요구된다. 법률상 그러한 정의조항을 두는 경우에도 실제 사건을 접하였을 때 별반 도움이 되지 않는 경우가 허다할 수 있을 것이다. '현재까지 그 정의가 없다고 하여 문제가 발생한 경우는 없고 오히려 모든 경우에 적용될 수 있는 일반적 추상적 정의 규정은 실무에 도움을 주지 못한다'는 의견도[66] 그것이다. 이러한 점에서는 보험업법에서의 보험 정의 규정은 상법 보험편

에 대하여는 우연한 사고로 인하여 생기는 손해에 대한 보상이라고 하며, 생명보험에서는 사람의 생존 또는 사망이라는 표현만을 사용한다. 독일보험법에서는 제1조에서 약정한 보험사고라고만 하여 그 정의에서는 우연이라는 용어를 사용하지 않는다. 다만 상해보험에 있어서는 제178조 제2항에서 "피보험자가 급격한, 외래의 사고로 인하여 우연하게 건강에 손상을 입었을 경우에 존재한다"고 하여 상해보험의 보험사고는 우연한 사고이어야 함을 적시한다. 영국보험법에서는 개정의 작업을 거치고 있으나 여러 이유에 의하여 정의를 두지 않으려는 입장으로 보인다.

64) 양승규, 앞의 책, 102면.

65) 江頭憲治郎, 商取引法, 弘文堂, 2004, 392頁; 山下友信, 保険法, 有斐閣, 2005, 356頁.

66) In DTI v. St Christopher [1974] 1 All E.R. 395사건에서 Templeman 판사는 보험의 정의는 필요없고 실무상 문제를 일으킨 적도 없다고 하면서, 정의규정을 두는 것이 오히려 보험의 범위에 포함되어야 하는 것을 배척하는 등의 문제를 일으킨다고 하였다.

정의와의 정합성 문제에서 재검토의 필요가 있는 것으로, 가급적 상법 보험편과 통일적으로 정의하는 것이 바람직하다. 그리고, 오히려 명시적 규정을 두지 않는 것이 보험산업에 유용할 수 있다는 주장도[67] 있음은 상기할 만하다. 그 주장의 요지는 정의 규정의 부존재가 해석의 유연성을 통하여 개념의 발전을 가져 올 수도 있고 다양한 상품의 개발을 유도할 수 있다고 한다. 즉 보험에 대한 구체적 정의 방식은 보험산업의 발전에 오히려 저해가 될 수 있다는 것으로, 새로운 상품이 개발되었으나 행여나 이것이 보험에 대한 정의와 반하는 경우를 전혀 배제할 수는 없기 때문이다.[68]

요컨대 일반의 보험계약을 정의함에 있어 우연성이라는 개념을 끌어들여 법률상 그 개념요소로 삼는 것은 적당하지 않은 것으로 본다.

(2) 정의의 시도와 입증책임

이상과 같이 일반의 보험계약을 법률적으로 정의함에 있어 우연성이라는 요소를 도입하지 않는 것이 타당하다고 본다. 하지만 입증책임과 관련하여 각종 보험계약에서 우연성의 개념을 정의하여야 한다면 상해보험과 구별없이, 피보험자 등의 고의가 아닌 것으로 풀이함이 옳다고 본다. 즉 우연성의 개념을 굳이 법률상의 용어로 도입할 필요가 없으나, 상해보험에서와 같이 이미 법적으로도 사용되는 상황이라면 피보험자 등의 고의로 인한 것이 아닌 경우로 한정하여 정의하고, 예견가능성이 없다는 등의 광범한 파악은 타당하지 않다. 그리고 이 경우 그 입증책임은 상법 제659조의 반면으로 보아 보험자가 부담하는 것이 타당하다. 보험사고가 고의 등에 의하지 않았다는 소극적 사실에 대한 입증을 보험금청구자에게 부과한다면 사실상 불가능에 가까운 일이라고 할 수도 있어 보인다. 그리고 다음과 같은 구체적 근거들을 제시하여 본다.

---

67) Scottish Law Commission, Insurance Contracts Law Analysis of Response and Decisions on Scope, 2006, 11－13. http://www.lawcom.gov.uk/insurance_contract.htm에서 자료를 구할 수 있다.

68) 그 반면 역으로 정의가 너무 광범위하면 보험의 의의와 반하게 신종 투자상품 등을 모두 포괄하게 되는 문제도 있을 수 있다. 예를 들면 International Swaps and Derivatives Association은 보험상품의 정의가 파생상품 시장에 미치는 영향을 부정적으로 평가한다. 신용파생상품 시장이 급속도로 팽창하고 있고 이 시장은 한 시장에 참가자가 그 위험을 여타 시장에 전가할 수 있는데 이 경우에 있어서도 보험상품의 정의는 원하지 않았던 결과를 나타낼 수도 있다는 의견이다. 또한 규제에서의 회피의 문제이다. 보험계약의 정의는 보험사업의 규제에 있어 필수적 역할을 하고, 이는 감독의 대상범위를 확정하는 기준이 된다. 따라서 보험상품에 대한 정의가 존재하면 그 규계를 피하기 위한 다양한 방법이 동원될 수도 있다.

첫째, 우연성은 입증책임이 대두되는 개념이므로 그 입증의 대상이 무엇인지 명확하여야 한다. 입증의 대상 자체가 광범하고 명확하지 못하다면 그에 대한 끊임없는 논쟁이 생겨날 뿐이다. 상해보험에서의 우연성에 관한 판례의 입장대로라면 그 입증대상을 파악하는 것부터 어려움이 있다.

둘째, 만약 약관상 보험사고에 대한 부가요건을 제시함에 의하여 보험금청구자가 입증책임을 부담한다면 보험자에게 강력한 방어권을 부여하는 결과가 된다. 우연성의 존재가 보험금청구권의 권리발생요건이라면 보험금청구자가 이를 입증하여야 하고, 이러한 해석이 지속된다면 보험자의 입장에서는 약관을 통하여 사고의 우연성을 권리발생요건으로 규정하고자 노력하게 될 것이다.[69] 즉 보험자가 약관으로 규율하기만 하면 그에 대한 입증책임을 보험금청구자가 부담한다는 결과가 되는 경우, 보험자들은 약관상 여러 요건을 부가함에 의하여 손쉽게 입증책임을 보험금청구자에게 전가할 수 있기 때문이다.

셋째, 우연성의 개념을 피보험자 등의 고의가 아닌 것으로 파악한다면 보험자의 면책사유에 관한 상법 제659조와 관련하여 이는 권리장애규정에 해당하는 것이 되고, 결과적으로 소송법상 이론으로도 보험자가 입증하도록 배분하게 된다. 이는 상해보험약관상으로도 피보험자의 고의가 면책사유로 규정되어 있으므로 이는 권리장애규정의 요건사실이 아니라 권리장애규정의 요건사실로 보아 보험자가 그에 대하여 증명책임을 지게 되는 것이다.[70]

4. 소 결

보험계약에서의 보험사고는 우연성이 의당 내포된 개념으로 설명하고 있으나 정작 그 우연성에 대한 법적 정의에 대하여 일치된 이해를 하고 있지 못하다. 그런데 상해보험을 제외하고는 우연성이라는 개념을 백과사전에서의 정의처럼 인과율에 근거하지 않고 예기치 못하였던 정도의 의미로 이해하고 있었다 하더라도 크게 문제될 것이 없었다. 하지만 최근 대법원 판례는 화재보험에서의 우연성의 개념을 과거 상해보험 사건과는 달리 파악하며 또한 그 입증책임의 주체도 달리 본다. 그러나 우연성이라는 용어에 대하여 그 보험의 종류에 따라 달리 해석하고

---

69) 山下友信, 「オール・リスク損害保険と保険金請求訴訟における立証責任の分配」, 川井健＝田尾桃二編, 転換期の取引法 — 取引法判例10年の軌跡, 商事法務, 2004, 517頁 이하.

70) 상해보험에서는 급격한 외래의 우연한 사고에 있어 우연의 의미를 피보험자의 고의로 인한 경우로 보고 이에 대한 입증책임은 보험자가 부담하도록 하자는 것이다.

또한 그 입증책임의 배분을 다르게 하는 것은 정합성의 측면에서 타당하다고 볼 수 없다. 그리고 상해보험에서의 판결은 영미에서 오래 전에 사용된 바 있으나 현재는 폐기되었다고도 할 수 있는, 우연한 원인과 우연한 결과를 구분짓는 이론을 답습하였다는 지적도 받는다.

우연성의 개념이 입증책임과 관련지어 보험계약법상 정의되어야 한다면 피보험자 등의 고의와 관련된 경우로 한정하고, 그 입증책임은 보험자가 부담해야 옳다는 것이 이 글의 논지이다. 그리고 보험계약의 정의에서는 '우연'보다는 '불확정'이라는 개념을 사용하는 것이 보다 명확해 보인다. 이러한 점에서 최근 일본의 판례들과 신보험법의 제정 등은 우리에게 시사하는 바가 크며 독일보험계약법에서의 규정 또한 참조할 여지가 많다. 그리고 보험계약의 정의에 우연성이라는 개념을 도입함에 있어서는 상당한 주의가 필요하다.

만약 보험자가 약관상 사용하는 우연성 등의 개념을 소송법상 증명책임의 분배에 있어 권리발생규정의 요건사실 등으로 이해한다면, 다수의 보험자가 약관상 그러한 제한적 용어를 사용함에 의하여 동일한 효과를 누리고자 할 수 있음을 유의할 필요가 있다.

Ⅱ. 급격성과 외래성

1. 급격성

(1) 의 의

급격성에 대한 정의에 관하여 여러 견해가 있다. 첫째, 시간에 중점을 두는 견해로서 비교적 단시간 내에 사건이 발생하는 것을 의미한다는 학설이다.[71] 둘째, 예견가능성에 중점을 두는 견해로서 시간적으로 빠른 것을 의미하는 것이 아니라 피보험자가 예견하지 아니하였거나 예견할 수 없는 순간에 사고가 생긴 것을 의미한다는 학설이다.[72] 셋째, 두 가지 모두를 고려하는 견해로서 시간적 제한뿐만 아니라 예견불가능성을 포함하므로 피보험자가 사고가 발생하는 순간적인 상황에서 그 사고를 예견할 수 없었고, 피할 수 없었던 경우 급격성이 인정된다는 학설이다.[73]

---

71) 김성태, 앞의 책, 862면; 최윤성, "상해보험약관상의 보험사고인 '급격하고 우연한 외래의 사고'의 의미와 그에 대한 입증책임의 소재", 「판례연구」 제14집, 부산판례연구회, 2003, 571－610면.

72) 양승규, 앞의 책, 486면.

(2) 독일법에서의 논의

급격성은 점진적으로 장기간에 걸쳐 일어나는 손상을 배제하고자 하는 취지이다.[74] 피보험자는 그 대처가 사실상 불가능한 짧은 시간 내에 발생하는 사고로부터 상해보험의 보호를 받고자 함에 그 취지가 있다.[75] 요컨대 급격성의 개념은 시간적인 요소에 관한 것으로 본다. 어떤 사고가 시간적으로 신속하고 돌발적으로 피보험자의 신체에 작용하이면 급격성의 요건이 충족된 것으로 본다.[76] 그런데 사고가 피보험자가 예상을 하였는지 여부, 즉 주관적 요소는 급격성의 요건을 충족하는지 여부에 관한 기준이 되지 않는다고 본다.[77] 그러한 점에서 마약을 주사하여 상해가 발생한 경우에도 급격성을 인정할 수 있다고 하였다.[78]

(3) 소 결

급격성은 시간에 중점을 두어 비교적 단시간 내에 사건이 발생하는 것을 의미한다고 본다. 급격성의 개념은 우연성과 외래성의 개념과 종합적으로 결정하여야 하나, 일단은 시간적인 의미를 중요시하지 않을 수 없다. 관련 사고가 완만하고 연속적으로 생긴 것이라면, 예측할 수 없었던 사고라 하더라도 급격성이 있는 것으로 보기 어렵다. 다만 그 시간적인 판단의 문제는 급격성을 구체적인 사안에 있어 객관적으로 보아 사건이 그 발생을 예견하거나 피할 수 없을 정도로 비교적 단시간 내에 발생하는 것으로 해석하고, 상해를 야기한 사고의 전 과정을 고찰하여 판단하는 것으로 해석한다면, 첫째의 견해가 타당하다.

2. 외래성

(1) 의 의

외래성이란 상해의 원인이 외부적인 사고인 것을 의미한다. 외부적 요인이 신체에 작용함을 뜻하는 것으로, 상해가 신체의 결함과는 다른 외부적 사고에 의한

73) 정찬형, 앞의 책, 778면. "원인이 되는 사실이 돌발적으로 발생하여 그 사실의 직접적인 결과로서 상해가 발생한 경우로서, 피보험자가 예견하지 아니하였거나 예견할 수 없는 순간에 생긴 사고임을 의미한다"는 표현도 이 견해에 포함된다.
74) BGH, VersR 1985, S. 177.
75) Grimm, Ziff. 1 AUB, Rdn. 22.
76) BGH, VersR 2014, S. 63.
77) BGH, VersR 2014, S. 63.
78) OLG München, VersR 2012, S. 715.

것이어야 한다. 판례도 '외래의 사고'라는 것은 상해 또는 사망의 원인이 피보험자의 신체적 결함, 즉 질병이나 체질적 요인 등에 기인한 것이 아닌 외부적 요인에 의해 초래된 모든 것을 의미한다고 본다.[79] 신체의 내부적 원인인 경우는 질병보험(疾病保險)의 보험사고가 된다.

(2) 독일법에서의 논의

상해보험의 보험사고는 외부로부터 피보험자의 신체에 작용한 것이 요건이고 이것이 외래성이다. 이 외래성의 요건을 통하여 순수한 신체 내부적인 것과 구별하려는 것이다.[80] 이때 그 사고가 신체의 일부가 인위적으로 대체된 것이라 하더라도 마찬가지이다.[81] 따라서 교통사고에서 피보험자의 신체가 교통기관 등과 충돌이 일어난 경우 상해보험의 보험사고가 된다. 그리고 추락한 물건에 다친 경우 또는 빙판 길에서 넘어져 다친 경우 등도 외래성의 요건을 충족한다.[82] 그 충돌을 야기한 원인이 중요하지 아니하고, 상해를 직접적으로 초래한 행위의 순간이 판단의 기준이 된다. 운전 중 깨진 유리가 운전자에게 쇼크를 준 경우 외래성의 요건을 충족한 것으로 보아 보험사고로 인정하였다.[83] 사고 목격 후 그로 인한 정신적인 쇼크도 외래성의 요건을 충족하는 것으로 보았다.[84] 산악등반가가 등반자일에 걸려서 움직일 수 없는 상태에 빠져서 상해를 입은 경우에도 외래성을 인정하였다.[85]

외부에서 신체에 들어온 고체 또는 액체가 신체의 내부 기관에 손상을 초래한 경우도 외래성의 요건을 충족한다. 유독가스를 흡입하여 신체 손상이 초래된 경우도 그러하다.[86] 그리고 익사하는 것도 외래성의 요건을 충족한 것으로 보는데 그 경우 물에 빠지게 된 원인이 무엇이었는지 여부는 원칙적으로 중요하지 않다.[87] 고산지대에서 저산소증 또는 압력변화로 손상이 발생한 경우에도 외래성의 요건을 충족하고,[88] 잠수의 경우 발생하는 손상도 그러하다.[89]

---

79) 대법원 2010. 9. 30. 선고 2010다12241, 12258 판결.
80) BGH, VersR 1962, S. 342.
81) OLG Stuttgart, VersR 1987, S. 355.
82) BGH, VersR 2011, S. 1135.
83) BGH, VersR 1972, S. 582.
84) Bruck/Möller, VVG, 9. Aufl., Berlin, 2008, §178, Rdn. 50.
85) BGH, VersR 1962, S. 343.
86) OLG Düsseldorf, r+s 1996, S. 329.
87) BGH, VersR 2012, S. 849.
88) Grimm, S. 507.
89) OLG Karlsruhe, VersR 1996, S. 364.

위와 같이, 외래성의 요건은 그 상해가 발생하는 상황에 집중하고 그 원인까지는 나아가지는 않아 상대적으로 넓게 인정하는 입장이다.

(3) 판례 등 사례의 검토

우리나라에서 나타난 구체적인 판례를 보면 아래와 같다. 먼저, 외래성이 인정된 경우로는 (i) 주취상태에서 선풍기를 틀어 놓고 자다가 선풍기 바람 때문에 체열의 방산이 급격히 진행된 끝에 저체온에 의한 쇼크로 심장마비 또는 호흡중추신경마비를 일으켜 사망한 사안에서 술에 만취된 것과 선풍기를 틀고 잔 것은 모두 외인에 해당된다고 하였다.[90] (ii) 술에 만취되어 잠을 자던 중에 구토하여 구토물이 기도를 막아 사망한 경우,[91] (iii) 평소 주벽이 심한 자가 술에 취한 상태에서 다리 아래로 뛰어 내려 익사한 경우,[92] (iv) 피보험자가 술에 취한 상태에서 출입이 금지된 지하철역 승강장의 선로로 내려가 지하철역을 통과하는 전동열차에 부딪혀 사망한 경우[93] 등이 있다.

이에 반하여 외래성을 부정한 경우로는 (i) 병원에서 겨드랑이 악취방지를 위한 수술을 받던 중 급성심부전증에 의하여 사망한 경우,[94] (ii) 농작업중 과로로 인하여 지병인 고혈압이 악화되어 뇌졸중으로 사망한 경우,[95] (iii) 욕실에서 페인트칠 작업을 하다가 평소 가지고 있던 고혈압으로 인하여 뇌출혈을 일으켜 사망한 경우,[96] (iv) 평소 고혈압과 간장질환이 있는 사람이 술을 많이 마시고 밖에서 장시

90) 대법원 1991. 6. 25. 선고 90다12373 판결.
91) 대법원 1998. 10. 13. 선고 98다28114 판결.
92) 대법원 1998. 10. 27. 선고 98다16043 판결(평소 술을 좋아하고 주벽이 심한 편이었던 피공제자가 술에 취한 상태에서 타고 있던 택시를 세워 내린 후 교량 난간을 타고 넘어 도합 8.32m의 다리 아래로 뛰어 내려 강물에 빠져 익사한 경우, 피공제자가 사고 직전 택시 안에서 뒷좌석에 타고 있는 여자 승객들에게 강에 떨어뜨려 죽이겠다고 욕설을 하였다고 하여 사고 당시 사람이 강물에 뛰어들면 사망할 수도 있음을 분별할 수 있을 정도로 변별능력을 갖추고 있었다고 보기보다는, 기억 및 판단 등의 능력이 미약한 상태에서 아무런 사고작용 없이 단순히 반사적으로 반응하다가 급기야 명정상태(酩酊狀態)에서 목적성을 상실한 나머지 충동적으로 다리 아래로 뛰어내려 익사한 것으로 봄이 상당하고, 이와 같이 피공제자가 추락 당시 병적인 명정상태에 있었던 이상 그 사고는 위 망인이 예견하지 못한 우발적인 사고에 해당한다고 할 것이고, 또한 사망의 직접적인 원인이 된 것은 물에 의한 기도의 폐쇄이므로 그 자체로 외래의 사고임이 명백하므로, 비록 위 망인에게 평소 주벽이 심한데도 불구하고 명정에 이를 정도로 과음한 중대한 과실이 있다고 하더라도, 위 익사사고는 농업협동조합에서 시행하는 새생활공제 및 재해보장공제의 각 공제약관에서 사망공제금의 지급 대상으로 열거하고 있는 재해의 하나인 '익수'에 해당하는 사고로서, 위 공제금의 지급 대상에서 제외될 수 없다).
93) 대법원 2001. 11. 9. 선고 2001다55499, 55505 판결.
94) 대법원 1980. 11. 25. 선고 80다1109 판결.
95) 대법원 1992. 2. 25. 선고 91다30088 판결.
96) 대법원 2001. 7. 24. 선고 2000다25965 판결.

간 체류하다가 체내의 높은 알콜농도로 인한 심장마비로 사망한 경우,[97] (v) 피보험자가 사고 전 3일간 계속하여 술을 마신 후 그 다음날 저녁 급성알콜중독(선행사인) 및 구토로 인한 기도폐쇄(중간사인), 급성호흡부전(직접사인)으로 사망한 경우,[98] 사망 당시 28세 남짓의 남성으로 망인에게 심근경색을 유발할 수 있는 심장이나 뇌혈관 질환 또는 이를 유발할 만한 질병이 없었는데 과량의 음주 후 사망한 경우[99]가 있다.

위 판례들을 검토하면, 술을 마신 직후 구토에 의하여 사망한 경우 외래성을 인정하는 것은 옳다고 본다. 하지만 알콜중독증을 앓고 있는 사람이 술을 마신 직후 구토증상이 있는 신체적 문제를 지니고 있다면 이러한 경우에는 외래성이 없는 것으로 봄이 옳다. 이러한 점에서 피보험자의 지병 등이 중요한 판단기준이 되고 판례의 입장은 대부분 수긍할 수 있는 것으로 보인다. 그러나 병원에서 겨드랑이 악취방지를 위한 수술을 받던 중 급성심부전증에 의하여 사망한 경우 외래성을 부정한 것은, 피보험자가 외과적 수술 기타 의료처치에 동의하였다 하더라도 그것만으로 바로 의료과실로 인하여 상해를 입는 결과에 대해서까지 동의한 것은 아니라는 판결[100]과 어울리지 아니한다.

Ⅲ. 상해에 관한 입증책임

사망과 신체손상이 상해로 인한 것 등에 대한 입증책임은 피보험자측에 있다고 봄이 통설이고 판례이다.[101] 다만 여기서의 인과관계는 의학적 · 자연과학적 인과관계가 아니라 사회적 · 법적 인과관계이고, 그 인과관계는 반드시 의학적 · 자연과학적으로 명백히 입증되어야 하는 것은 아니다.[102]

그런데 상해의 원인에 대한 외래성과 급격성에 대하여는 보험금청구자가 입증

97) 대법원 1998. 5. 8. 선고 98다3900 판결.
98) 대법원 1997. 9. 30. 선고 97다30578, 30585 판결. 이 판결은 위 대법원 1998. 10. 13. 선고 98다28114 판결과 정반대의 결론을 낸 것이다. 그런데 이 사건에서의 피보험자는 술을 3일간 마신 그 다음날 사망하였고, 그 선행사인이 급성알콜중독인 점에 비추어 사실관계에 일부 차이가 있다.
99) 대법원 2014. 6. 12. 선고 2013다63776 판결.
100) 대법원 2010. 8. 19. 선고 2008다78491, 78507 판결.
101) 대법원 2001. 8. 21. 선고 2001다27579 판결; 대법원 2001. 11. 9. 선고 2001다55499, 55505 판결; 대법원 2003. 11. 28. 선고 2003다35215, 35222 판결(이러한 사고의 우연성에 관해서는 보험금 청구자에게 그 입증책임이 있고 사고의 외래성 및 상해라는 결과와 사이의 인과관계에 대해서도 보험금청구자에게 그 입증책임이 있다); 대법원 2010. 5. 13. 선고 2010다6857 판결; 대법원 2010. 9. 30. 선고 2010다12241, 12258 판결.
102) 대법원 2002. 10. 11. 선고 2002다564 판결.

하고 다만 우연성에 관하여는 보험자가 입증하여야 한다는 견해도 있다.[103) 이는 우연성의 의미와도 관련된 것으로 만약 우연성의 의미를 피보험자의 고의 또는 중과실로 인한 인위적인 것으로 해석하는 경우 우연성은 제659조의 면책사유와 같은 뜻이 되고 따라서 보험자가 입증하여야 하는 것으로 볼 수도 있기 때문이다.[104) 만약 판례가 우연성의 의미를 피보험자의 고의가 아닌 사고만을 의미하는 것이 아니라 '기타 예견치 않았는데 우발적으로 발생하고 통상적인 과정으로 기대할 수 없는 결과' 등에 주안점을 두면서 피보험자에게 입증책임을 부과하는 경우, 피보험자가 입증하여야 하는 대상이 상당히 포괄적이고 추상적이어서 어려움이 있다. 여기서 우연성의 의미가 중요한 쟁점이 됨을 알 수 있고, 그것을 포괄적 의미로 이해하는 경우 보험금청구자에게 상당한 부담이 된다.

제3절 상해보험의 법적 성질 관련의 쟁점

Ⅰ. 상해보험의 법적 성질

1. 정액보험과 손해보험의 이중성

상해보험은 상법상의 분류방식에 의하면 인보험에 속하고 또한 상해사망 등의 경우에 대한 정액보험금을 지급함에 의하여 생명보험의 성질을 가진다. 그 반면 치료비 등에 대하여는 실손보상적인 성격을 가지고 있어 부정액보험인 손해보험의 성질도 가진다. 따라서 인보험과 손해보험 양자의 성질을 겸유하고 있다고 보고, 보험업법 제10조에서는 인보험과 손해보험의 겸영을 금지하면서도 상해보험은 예외로 한다. 상해보험도 원칙적으로는 보험사고로 인한 피보험자의 실질손해를 산정할 수는 없는 관계로 보험가액 등의 개념을 인정할 수 없어 손해보험과는 분명히 다르다. 반면 상해보험약관상 상해의 정도에 따라 그 등급분류를 정하거나 실제 치료비 등을 보상하는 것은 생명보험과 다르다. 구체적으로는 각종 상해보험약관에서 규정하고 있는 사망보험금, 장해보험금, 의료보험금 등의 성격을 보험금 급부방법에 따라 세 가지로 나누어 설명할 수 있다.[105)

103) 최기원, 앞의 책, 621면.

104) 대법원 2009. 3. 26. 선고 2008다72578, 72585 판결과 대법원 2009. 12. 10. 선고 2009다56603, 56610 판결 등이 화재보험에서의 우연의 의미를 이같이 파악하고 또한 화재의 발생만으로 우연성이 추정된다고 본다.

첫째, 순정액보험(純定額保險)의 성질을 지니는 상해보험이다. 상해로 사망한 경우의 사망보험금은 생명보험과 같이 순정액보험의 성질을 가진다.

둘째, 준정액보험(準定額保險)의 성질을 지니는 상해보험이다. 상해의 부위나 정도에 따라 등급을 정하고 각 계약에서 정한 보험금액의 비율에 따라 지급할 것을 정하는 경우 준정액보험의 성질을 가진다.

셋째, 부정액보험(不定額保險)의 성질을 지니는 상해보험이다. 상해로 인한 치료비와 입원비 등을 보상하는 것은 부정액보험으로서 손해보험의 성질을 가진다.

위와 같이 상해보험은 정액보험과 손해보험의 이중성을 가지고 있는 까닭에 다양한 법적 쟁점을 제기한다.

2. 상해보험 법적 성질 관련의 쟁점

여기서는 상해보험 운용상 실제 발생하는 주요한 법적 쟁점들을 검토하고 그 올바른 법률관계를 제안한다. 상해보험상품 모두를 대상으로 개별적으로 파악하는 것은 어려움이 있으므로, 대표적으로 다음의 상해보험약관을 선별하여 살핀다. 그 대상으로는 생명보험 표준약관 및 2개의 손해보험 표준약관(질병 · 상해보험, 실손의료보험), 개별약관으로는 3개 생보사[106]의 상해보험상품약관(이하 "생보상해약관"), 4개 손보사[107]의 일반상해보험, 장기상해보험, 운전자보험(이하 "손보상해약관"), 실손의료보험약관 각각 4개씩의 16개를 대상으로 한다.

Ⅱ. 보험자대위

1. 의의와 실무약관

(1) 상해보험의 의의

이득금지를 원칙으로 하는 손해보험에서는 피보험자가 실제 손해액을 넘는 이득을 취하지 못하도록 하는 정책적 이유에서 보험자대위를 인정한다. 그러나 생명이나 신체의 가치산정이 불가한 인보험에서 실제 손해액 이상이라는 개념을 인정할 수 없어 보험자대위를 원칙적으로 금지한다(상법 제729조 본문). 그런데 상법은 상해보험계약의 경우에 당사자간에 다른 약정이 있는 때에는 보험자는 피보험자

105) 양승규, 앞의 책, 480면.
106) 삼성, 교보, 한화생명보험회사의 인터넷 홈페이지 공시실에 게재된 상해보험상품약관.
107) 삼성, DB, 현대, KB손해보험회사의 인터넷 홈페이지 공시실에 게재된 상해보험상품약관.

의 권리를 해하지 아니하는 범위 안에서 그 권리를 대위하여 행사할 수 있다고 정한다(상법 제729조 단서).[108]

(2) 약 관

질병·상해보험 표준약관과 손보상해약관, 생보상해약관에는 보험자대위권에 대해 규정하고 있지 않으므로 실무상 이러한 상해보험에서는 보험자대위권이 인정되지 않는다. 실손의료보험에는 보험자대위를 규정하고 있다.

〈실손의료보험표준약관〉

> **第36條(연대책임)** ③ 제1항에 따라 보험금을 지급한 회사는 보험수익자가 다른 회사에 대하여 가지는 해당 보험금 청구권을 취득합니다. 다만, 회사가 지급한 금액이 보험수익자가 다른 회사에 청구할 수 있는 보험금의 일부인 경우에는 해당 보험수익자의 브험금 청구권을 침해하지 않는 범위에서 그 권리를 취득합니다.

2. 문제점과 연구

(1) 문제점

상법 제729조 단서가 해석상 문제되고, 이 단서를 문리해석하면 정액형 상해보험에 대해서 청구권대위가 배제되는 것으로 보기 어렵다. 그러나 이득금지라는 보험자대위의 취지를 고려한다면, 그러한 종류의 상해보험에 대하여 적용을 배제해야 한다는 주장도 가능하다.

(2) 비교법

영미법상 보험자대위권의 근거는 피보험자가 보험을 통한 이득을 취하는 것을 금지한다.[109] 손해보상의 원칙을 위한 것이고, 보험자는 손해보상원칙이 적용되는 모든 보험계약에서 대위권을 행사할 수 있다.[110] 하지만 생명보험과 상해보험의 인보험에서는 원칙적으로 대위권이 인정되지 않는다.[111] 생명보험계약에서 피보험

108) 대법원 2000. 2. 11. 선고 99다50699 판결; 대법원 2003. 12. 26. 선고 2002다61958 판결.

109) John Lowry, Philip Rawlings and Robert Merkin, Insurance Law: Doctrine and Principles, 2011, p. 349.

110) Simpson & Co. v. Thomson(1873) 3 App Cas 279, 284, per Lord Cairns LC(hull); Burnand v. Rodocanachi(1882) 7 App Cas 333, 339 per Lord Blackburn(hull).

111) Phanix Mut. Life Ins. Co. v. Bailey, 13 Wall. (U. S. Sup. Ct.) 616; Malcolm A. Clarke, The Law of Insurance Contracts, 6th ed., 2009, p. 1025; John F. Dobbyn, Insurance Law in a Nutshell, 2003, p. 387.

자가 타인의 과실에 의해 사망한 경우 피보험자의 유족은 보험금 지급을 청구할 수 있고, 아울러 불법행위에 기한 손해배상청구도 가능하다.[112] 다만 정액보험금의 지급이 아닌 상해보험 등의 경우, 즉 피보험자의 손해액에 따라 보험금을 지급하는 경우라면 대위권에 관한 약정이 가능하다.[113] 요컨대 약관상 명시적 규정이 없다면, 치료비나 입원비와 같은 실손보상보험의 경우에도 보험자 대위권은 인정되지 않는다.

(3) 판례 및 학설[114]

1) 판 례

정액형 상해보험에 청구권대위가 적용되는지에 대한 판례의 태도가 무엇인지가 논란의 대상이다. 관련 판례의 입장을 검토한다.

첫째, 대법원 1998. 11. 24. 선고 98다25061 판결이다. 이 사건에서 보험계약자는 피보험자의 상해시 수술비와 치료비, 그리고 후유장해금 등을 지급하는 해외여행자보험에 가입하였다. 여행 중 피보험자가 상해를 입자 보험자는 보험금을 지급하게 되었다. 그 이후 보험자는 상법 제729조 단서에 따라 그 상해를 가한 가해자에 대하여 손해배상청구권을 행사하는 청구권대위를 행사하였다. 이에 대하여 대법원은 청구권대위를 부정하면서, 그 근거로 청구권대위에 관한 당사자 사이의 약정이 없었다는 점을 제시하였다. 상법 제729조 단서에 의하여 계약 당사자의 약정이 있어야만 상해보험에서의 청구권대위가 가능하다기 때문에 대법원 판결은 타당하다. 이 사건에서 대법원은 정액형과 부정액형을 구분하여 부정액형 상해보험의 경우에 국한하여서만 청구권대위가 적용된다는 등의 명시적 입장은 취하지 않았다. 따라서 이 판결로는 모든 상해보험에 대하여 보험자대위권에 관한 입장을 알기는 어렵다.

둘째, 대법원 2000. 2. 11. 선고 99다50699 판결이다. 이 사건에서 무보험자동차에 의한 상해보험계약이 문제되었다. 피보험자가 무보험자동차에 의한 교통사고로 인하여 상해를 당하고, 그 손해의 배상을 받았다. 대법원은 이 상해보험이 손해보험형 상해보험에 해당한다고 판시하였다. 또한 당사자의 약정이 있으면 상법

112) John Lowry, Philip Rawlings and Robert Merkin, Insurance Law: Doctrine and Principles, 2011, p. 352.

113) John Bird, Bird's Modern Insurance Law, p. 15.

114) 한기정, "상해보험의 법적 쟁점에 관한 연구", 「서울대학교 법학」 제55권 제2호, 2014에서 주로 참조하였다.

제729조 단서에 의하여 보험자가 대위권을 행사할 수 있다고 하였으나, 이 사건의 상해보험이 정액형이 아니어서, 정액형 상해보험에 대한 청구권대위가 가능한지 여부에 대한 대법원의 입장을 알 수는 없다.

셋째, 대법원 2001. 9. 7. 선고 2000다21833 판결이다. 이 사건 보험계약은 피보험자가 자동차사고로 사망하는 경우 보험수익자는 3천만원 보험금을 수령하는 자기신체사고보험에 가입했다. 해당 약관에는 자동차사고 발생에 책임 있는 자가 피보험자로 되는 대인배상책임보험에서 그 보험자가 사고 발생에 대한 보험금을 지급한 경우, 자기신체사고보험의 보험자는 보험금을 산정함에 있어 3천만원에서 공제한 나머지를 사망보험금으로 지급한다는 공제조항이 있었다. 이 사건에서 대인배상책임보험의 보험자가 지급한 보험금이 3억 3천만원이고, 자기신체사고보험의 보험자는 공제 조항에 따라 전부 면책을 주장하였다. 하지만 보험수익자는 공제조항이 인보험인 자기신체사고보험에 청구권대위를 인정하는 것과 동일한 결과를 가져오기 때문에, 이는 인보험에서 청구권대위를 금하는 상법에 위배된다고 주장하였다. 또한 공제조항은 자기신체사고보험의 취지나 목적을 달성할 수 없을 정도의 본질적 권리를 제한 또는 침해하는 것으로서, 상법 제663조 및 약관규제법 제6조 제2항에 따라 무효라고 주장하였다. 그러나 대법원은 보험수익자 측의 주장을 수용하지지 않았다. 먼저 대법원은 자기신체사고보험이 인보험의 일종인 상해보험이라는 점은 인정하면서도, 그러나 공제조항이 결과적으로는 보험자대위와 같은 효과를 초래하지만 공제조항과 보험자대위는 각기 다른 별개의 것이라 보았다. 또한 공제조항이 보험수익자 측의 본질적 권리를 제한하지도 않는다고 보았다. 결론적으로 대법원 입장이 타당한 것인지 여부는 별론으로, 대법원이 이 사건을 보험자대위의 문제로 다루지는 않았다.

넷째, 대법원 2002. 3. 29. 선고 2000다18752, 18769 판결이다. 이 사건 보험계약은 피보험자가 보험사고로 인한 상해를 입은 경우 상해에 대한 치료비를 지급하는 상해보험이었다. 대법원은 청구권대위와 관련하여, "상해보험의 경우 보험금은 보험사고 발생에 의하여 바로 그 지급조건이 성취되고, 보험자와 보험계약자 또는 피보험자 사이에 피보험자의 제3자에 대한 권리를 대위하여 행사할 수 있다는 취지의 약정이 없는 한, 피보험자가 제3자로부터 손해배상을 받더라도 이에 관계없이 보험자는 보험금을 지급할 의무가 있고, 피보험자의 제3자에 대한 권리를 대위하여 행사할 수도 없다."고 판결하였다.

결국, 판례의 입장을 보면 부정액형 상해보험에 상법 제729조 단서가 적용된다고 한 대법원 판결은 있으나, 정액형 상해보험에 상법 제729조 단서가 적용되는지 여부를 판단한 판결은 없다.

2) 학 설

정액형 상해보험에도 상법 제727조 단서가 적용된다는 견해는 소수설이다.[115] 그리고 이 견해는 부정액형 상해보험의 경우 청구권대위의 약정이 있는 것으로 추정한다는 입장을 취한다. 다수설은 부정액형 상해보험에 대해서만 상법 제727조 단서가 적용된다고 본다. 한편 일본의 다수설도 부정액형 상해보험에만 청구권대위를 적용한다.[116]

(4) 소 결

첫째, 정액형 상해보험에는 적용될 수 없다. 상법 제729조 단서가 보험자대위권 행사에 제한을 두지 않으므로 정액형 상해보험과 부정액형 상해보험 모두 행사가 가능한지 여부에 대하여 논쟁가 여지가 있다. 상법 제729조 단서에 의한 보험자대위는 제682조의 대위와는 달리 법률의 효과로서 당연히 발생하는 법정대위가 아니라 '당사자의 약정'에 의한 대위라는 점에서 기본적 차이가 있고, 판례도 당사자의 약정이 있는 경우에만 적용됨을 명확히 한다.[117] 또한 상해보험급부 중 그 성격이 정액보험금에 해당하는 부분에 대하여는 약정이 있다 하더라도 대위할 수 없다고 보는 것이 옳다.[118]

둘째, 상해보험에서의 보험자대위는 당사자 약정이 있어야만 하므로 현재 상해보험약관에는 규정이 없어 대위가 허용되지 않는다. 결국 부정액형 상해보험의 경우에도 명시적인 약관상 조항이 없는 경우라면 청구권대위의 약정을 추정할 수는 없는 것이다. 다만 실손의료보험표준약관에는 상법의 원용조항 형태로 규정되어 있어 보험수익자의 권리를 침해하지 않는 범위 내에서 허용된다. 실손의료보험은 앞서 살핀 바와 같이 가입자가 질병, 상해로 입원하거나 통원 치료를 받은 경우

---

115) 채이식, 「상법 IV(보험법 · 해상법)」, 2001, 216면.

116) 山下友信, 保險法, 2005, 547頁.

117) 대법원 2002. 3. 29. 선고 2000다18752, 18769 판결; 대법원 2003. 11. 28. 선고 2003다35215, 35222 판결; 대법원 2008. 6. 12. 선고 2008다8430 판결.

118) 김성태, 앞의 책, 810면. 또한 "1991년에 상법 제729조 단서를 신설한 이유도 부정액형 상해보험에 대해 청구권대위를 도입하는 데 있음은 법 개정 과정에서도 확인된다. 즉 1991년 상법 보험편 개정을 위한 설치되었던 법무부 상법개정특별분과위원회 회의록에 의하면, 위 단서는 부정액형 손해보험에 대해 적용하고, 정액행 상해보험에는 적용하지 않을 것을 의도하여 신설한 것임이 분명하다"는 견해도 있다.

가입자가 실제 부담한 의료비의 일부를 보험회사가 보상하는 보험상품으로서 부정액보험이므로, 약관에 의하여 보험자대위를 허용하는 것은 문제가 없다고 본다.

Ⅲ. 중복보험

1. 상해보험과 중복보험

상해보험은 원칙적으로 피보험이익의 관념이 없으므로 보험가액도 없고, 초과보험・중복보험・일부보험의 문제도 생기지 않는다. 그런데 상해보험계약에서는 보험금액의 최고한도가 정해져 있음이 보통인데, 하나의 피보험자가 수인의 보험자와 상해보험계약을 체결하고 그 한도액을 초과하는 경우가 문제될 수 있다. 상해보험도 손해보험의 성질을 일부 가지고 있으므로 중복보험 규정(상법 제672조)을 적용할지 여부이다.

2. 판례 및 학설

(1) 판 례

1) 사실관계

원고는 소외 백○○과 사이에 그 소유의 대전 80가○○○○호 차량에 관하여 기명피보험자 백○○, 보험기간 1996. 9. 14.부터 1997. 9. 14.까지로 하는 무보험자동차상해담보특약부 자동차종합보험계약(이하 “원고 보험계약”이라 한다)을, 피고는 권○○과 사이에 그 소유의 충남 7누0000호 차량에 관하여 기명피보험자를 권○○으로 하는 무보험자동차상해담보특약부 자동차종합보험계약(이하 “피고 보험계약”이라 한다)을 각 체결하였다.

그 약관에는 보험회사가 무보험자동차에 의한 사고로 지급책임을 지는 금액은 피보험자 1인당 1억원을 보상한도로 하고, 보험회사가 지급하는 보험금은 대인배상Ⅱ에 의하여 산출한 금액과 보험계약자 또는 피보험자가 보험약관의 규정에 의한 손해의 방지와 경감을 위하여 지출한 비용 및 배상의무자로부터 손해배상을 받을 수 있는 권리의 보전과 행사를 위하여 지출한 필요・유익한 비용을 합친 금액에서 자동차손해배상보장법에 의한 대인배상Ⅰ 또는 책임공제에 의하여 지급될 수 있는 금액, 보통약관의 자기신체사고에 의하여 지급될 수 있는 금액, 배상의무자가 피보험자에게 입힌 손해에 대하여 법률상 손해배상책임을 짐으로써 입은 손해를 보상받을 수 있는 자동차보험의 대인배상Ⅱ나 공제계약이 있을 경우 이러한 대인배상Ⅱ나 공제계약에 의하여 보상될 수 있는 금액, 피보험자가 배상의무자로부터 이미 지급받은 손해배상액이나 피보험자가 탑승중인 자동차가 가입한 자동차보험의 대인배상Ⅱ나 공제계약에 의하여 지급될 수 있는 금액 및 배상의무자가 아닌 제3자가 부담하여야 할 금액으로서 피보험자가 이미 지급받은 금액을 공제한 액수로 한다.

소외 이○○은 1996. 10. 31. 20:00경 충남 7누△△△△호 포터화물차량을 운전하여 대전 유성구 방동 소재 편도 2차선 도로의 2차로를 논산방면에서 대전방면으로 진행하던 중 중앙선을 침범함으로써 마침 반대차선에서 진행하여 오던 권○○이 운전하던 원고 피보험차량의 앞부분을 위 포터화물차량의 앞부분으로 충격하였고, 이로 인하여 위 권○○은 약 14주 무보험자동차에 의한 상해를 입게 되었다. 원고는 위 포터화물차량이 무보험자동차였으므로 원고 보험계약의 무보험자동차상해담보특약에 따른 보험금지급기준에 의하여 1998. 5. 28.까지 피보험자인 권○○에게 금61,192,550원의 보험금을 지급하였고, 권○○이 원고를 상대로 제기한 소송에 대한 응소를 위하여 금3,728,900원을 지출하였다.

2) 대법원 판결 (대법원 2006. 11. 10. 선고 2005다35516 판결)

대법원은, 피보험자가 무보험자동차에 의한 교통사고로 인하여 상해를 입었을 때에 그 손해에 대하여 배상할 의무자가 있는 경우 보험자가 약관에 정한 바에 따라 피보험자에게 그 손해를 보상하는 것을 내용으로 하는 무보험자동차에 의한 상해담보특약은 상해보험으로서의 성질과 함께 손해보험으로서의 성질도 갖고 있는 손해보험형 상해보험이라고 할 것이므로 하나의 사고에 관하여 여러 개의 무보험자동차상해담보특약보험계약이 체결되고 그 보험금액의 총액이 피보험자가 입은 손해액을 초과하는 때에는 손해보험에 관한 상법 제672조 제1항이 준용되어 보험자는 각자의 보험금액의 한도에서 연대책임을 지고, 이 경우 각 보험자 사이에서는 각자의 보험금액의 비율에 따른 보상책임을 진다고 판시하면서도 원고의 이 사건 청구는 원고와 피고의 각 무보험자동차상해특약보험이 상법 제672조 제1항이 준용되는 중복보험에 해당함을 전제로 하여 그 부담비율에 따른 구상권을 행사하는 것인데 각각의 보험계약은 상행위에 해당하고, 원고와 피고는 상인이므로 중복보험에 따른 구상관계는 가급적 신속하게 해결할 필요가 있음에 비추어 상법 제64조 소정의 5년의 소멸시효에 걸린다고 보아야 할 것이라고 판시하여 원심판결을 파기하고 사건을 원심법원에 환송하였다.

3) 판례의 입장

판례는 무보험자동차에 의한 교통사고로 인해 상해를 입었을 때 그 손해를 보상하는 보험에 중복보험의 법리가 준용된다고 해석한다. 이러한 보험은 상해보험으로서의 성질과 함께 손해보험으로서의 성질도 갖고 있는 손해보험형 상해보험이고, 이에 대해서는 중복보험에 관한 상법 제672조 제1항이 준용된다고 해석하였다.[119] 그 준용에 있어 계약 당사자의 약정이 있을 것을 요구하지 않았다.

(2) 학 설

상해보험에 중복보험의 법리를 준용하자는 견해,[120] 정액형 상해보험에는 중복보험의 법리를 유추적용 하지 말아야 한다는 견해,[121] 상해보험에도 구체적인 법률관계에 따라 피보험자의 손해보험적 측면이 강하게 나타나거나 강하게 적용할 필요가 있으면 손해보험 규정을 적용할 수 있으므로 중복보험의 법리를 적용하자는 견해,[122] 중복보험의 법리를 적용하자는 내용의 당사자 약정이 있어야만 가능하다는 견해[123] 등이 있다.

(3) 실 무

질병·상해보험 표준약관과 손보상해약관, 생보상해약관에는 중복보험에 관한 규정을 두고 있지 않다. 다만 실손의료보험 표준약관에서만 보험자 간의 보험금 분담에 대한 조항을 비례분담하도록 규정하고, 이러한 보험금 분담 방식은 상법상 중복보험 규정을 적용하는 것과 동일하다. 보험업법과 그 시행령에는 보험회사 또는 보험의 모집에 종사하는 자에 대하여 실손의료보험계약 모집 전에 중복계약 체결여부를 확인하도록 규정하고 있어 다수의 실손의료보험계약에 가입하는 경우 중복보험으로 처리한다(보험업법 제95조의5, 보험업법 시행령 제42조의5).

---

119) 대법원 2006. 11. 23. 선고 2006다10989 판결; 대법원 2007. 10. 25. 선고 2006다25356 판결 등이 있다.
120) 양승규, 앞의 책, 492면.
121) 김성태, 앞의 책, 879면.
122) 김하늘, "가. 무보험자동차에 의한 상해담보특약에도 중복보험에 관한 상법 제672조 제1항이 준용되는지 여부 [등]", 「대법원판례해설」 제63호, 법원도서관, 2007, 282면.
123) 박기억, "상해보험계약과 생명보험계약의 구분", 「변호사」 제43집, 2013, 164면.

〈실손의료보험 표준약관〉

제9관 다수보험의 처리 등

제35조 (다수보험의 처리) ① 다수보험의 경우 각 계약의 보상대상의료비 및 보상책임액에 따라 제3항에서 정한 방법으로 계산된 각 계약의 비례분담액을 지급합니다.
③ 각 계약의 보상책임액 합계액이 각 계약의 보상대상의료비 중 최고액에서 각 계약의 피보험자 부담 공제금액 중 최소액을 차감한 금액을 초과한 다수보험은 아래의 산출방식에 따라 각 계약의 비례분담액을 계산합니다. 이 경우 입원, 외래, 처방조치를 각각 구분하여 계산합니다. 각 계약별 비례분담액 = [(각 계약의 보상대상의료비 중 최고액 - 각 계약의 피보험자 부담 공제금액 중 최소액) X (각 계약별 보상책임액/ 각 계약별 보상책임액을 합한 금액)]

제36조 (연대책임) ① 2009년 10월 1일 이후에 신규로 체결된 보험수익자가 동일한 다수보험의 경우 보험수익자는 보험금 전부 또는 일부의 지급을 다수계약이 체결되어 있는 회사 중 한 회사에 청구할 수 있고, 청구를 받은 회사는 해당 보험금을 이 계약의 보험가입금액 한도 내에서 지급합니다.

3. 중복보험 법리의 상해보험에의 준용 여부

(1) 의 의

동일한 보험계약의 목적과 동일한 사고에 관하여 수개의 보험계약이 동시에 또는 순차로 체결된 경우 그 보험금액의 총액이 보험가액을 초과하는 보험을 중복보험이라 한다(상법 제672조 제1항). 즉 중복보험이라 함은 보험계약자가 수인의 보험자와 동일한 피보험이익에 대하여 보험계약을 체결하고 그 보험금액의 총액이 보험가액을 초과하는 보험을 말한다. 중복보험은 책임보험과 같은 소극보험의 경우에도 가능한 것으로 본다.

광의로는 각 계약에 의한 보험금액의 합계액이 보험가액에 미달되는 경우도 수인의 보험자와 계약을 체결하고 있으면 중복보험에 해당한다고 볼 수도 있으나, 이 경우는 일부보험의 병존에 불과한 것으로 일부보험의 규정으로 해결된다. 그런데 상법은 중복보험의 제목하에 광의의 의미에 관한 규정도 아울러 두고 있다(상법 제672조 제2항).

중복보험은 고가물에 대한 보험이나 1인의 보험자와의 보험계약만으로는 불안한 경우, 매도인과 매수인 간의 연락이 안 되어 중복하여 운송보험계약이 체결되는 경우, 손해보험계약이 타인을 위한 것과 자기를 위한 것이 모두 체결된 경우 등에서 나타난다.

(2) 요 건

1) 피보험이익의 동일

수개의 보험계약이 동일한 피보험이익에 대한 것이어야 한다. 중복보험에서는 보험계약자가 동일할 필요는 없으나 피보험이익의 주체가 되는 피보험자가 동일인일 것이 요구된다는 것도 같은 취지이다.[124] 따라서 임가공업자가 소유자로부터 공급받은 원·부자재 및 이를 가공한 완제품에 대하여 동산종합보험을 체결한 경우, 그 보험계약은 임가공업자가 자신이 보관하고 있는 그 보험목적물의 멸실·훼손으로 인하여 손해가 생긴 때의 손해배상책임을 담보하는 소극적 이익을 피보험이익으로 한 책임보험의 성격을 가진 것이므로, 소유자가 동일한 목적물에 대한 소유자의 이익을 부보하기 위하여 체결한 동산종합보험계약과는 피보험이익이 서로 달라 중복보험에 해당하지 않는다.[125]

2) 보험사고의 동일

보험사고가 동일하여야 한다.[126] 보험사고가 다르면 피보험이익이 같더라도 중복보험이 될 수 없다. 예컨대 화재보험과 도난보험은 동일한 목적물에 대한 것이라 하더라도 보험사고가 다르므로 중복보험이 되지 않는다. 그러나 보험사고가 일부 중첩되는 부분이 있다면 그 범위 내에서는 중복보험이 된다.

3) 보험기간의 동일 또는 중복

수개의 각 보험계약의 보험기간은 전부 공통될 필요는 없으나 적어도 중복되는 기간이 있어야 중복보험이 된다.[127]

4) 2인 이상의 보험자

수개의 보험계약을 수인의 보험자와 체결하여야 한다. 따라서 보험목적의 양도가 있더라도 양수인이 그 승계를 포기하고 단독으로 한 보험자와 하나의 보험계

---

124) 대법원 2005. 4. 29. 선고 2004다57687 판결(한편 수개의 보험계약의 보험계약자가 동일할 필요는 없으나 피보험자가 동일인일 것이 요구되고, 각 보험계약의 보험기간은 전부 공통될 필요는 없고 중복되는 기간에 한하여 중복보험으로 보면 된다).

125) 대법원 1997. 9. 5. 선고 95다47398 판결.

126) 대법원 1989. 11. 14. 선고 88다카29177 판결(산업재해보상보험과 자동차종합보험(대인배상보험)은 보험의 목적과 보험사고가 동일하다고 볼 수 없는 것이어서 사용자가 위 보험들에 함께 가입하였다고 하여도 동일한 목적과 동일한 사고에 관하여 수개의 보험계약이 체결된 경우를 말하는 상법 제672조 소정의 중복보험에 해당한다고 할 수 없다).

127) 대법원 2005. 4. 29. 선고 2004다57687 판결.

약을 체결한 경우는 중복보험이 아니다.[128)]

5) 각 보험금액의 총액이 보험가액을 초과

각각의 보험금액을 합친 것이 보험가액을 초과하여야 한다. 초과보험과 다른 점은 보험자가 2인 이상이라는 점 이외에도, 보험금액이 보험가액을 '현저하게' 초과하는 것을 요건으로 하지 않는다는 점이다.

6) 보험계약자의 동일은 불필요

피보험이익의 주체로서의 피보험자가 동일인일 것이 요구되지만 보험계약자가 동일인일 필요는 없다.[129)]

(3) 효 력

중복보험의 경우 피보험자가 보상액으로서 보험금의 전부를 지급받게 되면 보험가액 이상의 이득을 취하게 되므로 그와 같은 초과이득의 발생을 금지하기 위하여 초과보험에서의 법리와 같이 규율한다.

1) 선의의 경우

① 연대비례주의

보험자는 각자의 보험금액의 한도에서 연대책임을 진다. 이 경우에는 각 보험자의 보상책임은 각자의 보험금액의 비율에 따른다(상법 제672조 제1항). 중복보험의 효과에 대한 입법주의로는 우선주의, 비례주의, 연대주의 등으로 나뉜다. 우리 상법은 동시중복보험이든 이시중복보험이든 묻지 않고 각 보험자는 각자의 보험금액의 한도에서 연대책임을 지고, 각 보험자의 보상책임을 각자의 보험금액의 비율에 따르도록 함으로써 연대비례주의를 취하고 있다(상법 제672조 제1항). 예컨대 보험가액이 2억원의 주택에 대하여 보험금액을 각각 2억원, 1억 2천만원, 8천만원으로 하여 甲, 乙, 丙의 보험자와 각 화재보험계약을 체결한 경우, 전손의 보험

---

128) 대법원 1996. 5. 28. 선고 96다6998 판결(상법 제679조의 추정은 보험목적의 양수인에게 보험승계가 없다는 것이 증명된 경우에는 번복된다고 할 것인데, 보험목적의 양수인이 그 보험목적에 대한 1차 보험계약과 피보험이익이 동일한 보험계약을 체결한 사안에서, 제1차 보험계약에 따른 보험금청구권에 질권이 설정되어 있어 보험사고가 발생할 경우에도 보험금이 그 질권자에게 귀속될 가능성이 많아 1차보험을 승계할 이익이 거의 없고, 또한 그 양수인이 그 보험목적에 관하여 손해의 전부를 지급받을 수 있는 필요충분한 보험계약을 체결한 경우, 양수인에게는 보험승계의 의사가 없었다고 봄이 상당하고, 따라서 1차보험은 양수인에게 승계되지 아니하였으므로 양수인이 체결한 보험이 중복보험에 해당하지 않는다).

129) 대법원 2005. 4. 29. 선고 2004다57687 판결.

사고가 발생하면 甲은 1억원, 乙은 6천만원, 丙은 4천만원을 지급하여야 하지만, 피보험자가 모든 보상을 받을 때까지는 甲은 2억원, 乙은 1억 2천만원, 丙은 8천만원의 한도 내에서 연대책임을 진다.

② 보험자 1인에 대한 권리의 포기

보험자 1인에 대한 권리의 포기는 다른 보험자의 권리와 의무에 영향을 미치지 않는다(상법 제673조). 이는 피보험자가 한 보험자와 통모하여 다른 보험자를 해치는 것을 방지하기 위한 것이다. 중복보험에 있어 각 보험자는 보험금액의 비율에 따라 보상책임을 지게 되므로 보험사고가 발생한 때 각 보험자의 부담부분이 정해지고 따라서 피보험자가 어느 보험자에 대한 권리를 포기하였을 때에는 그 부분에 대한 권리를 다른 보험자에게도 주장할 수 없다. 위 예에서 만약 피보험자가 乙에 대한 권리를 포기하였다 하더라도 甲과 丙의 책임은 변함이 없다는 것이고, 따라서 甲이 연대책임을 지는 부분인 2억원에 대하여 모두 지급을 하였다면 甲은 乙의 부담부분인 6천만원에 대하여도 구상권을 행사할 수 있다.

③ 구상권의 소멸시효

위 예에서 보험금 전액을 지급한 보험자 甲이 보험자 乙 또는 보험자 丙에 대하여 가지는 구상권의 소멸시효기간은 얼마인지가 문제된다. 피보험자가 각 보험자에 대하여 가지는 보험금청구권의 소멸시효는 3년이므로 3년이라고 주장할 여지도 있겠으나, 이는 피보험자의 권리를 대위하여 취득하는 것이 아니고 상법 제672조 제1항에 따라 취득하는 구상권이어서 상사채권 소멸시효인 5년이라고 보아야 한다. 요컨대 각 보험자들 사이의 구상금 청구권은 근본적으로 상행위에 해당하는 보험계약을 기초로 하여 발생한 것이고, 중복보험에 의한 구상관계에서는 당사자 쌍방이 모두 상인인 보험회사로서 그로 인한 거래관계를 신속하게 해결할 필요가 있는 점 등에서 상사채권의 소멸시효기간이 5년이라고 보는 것이 타당하고, 그 기산점은 보험자가 현실로 보험금을 지급한 날이 된다. 판례도 그러하다.[130)]

④ 보험금액과 보험료의 감액청구

보험금액이나 보험료의 감액청구에 대하여는 상법에 규정이 없다. 각 보험자의

---

130) 대법원 2006. 11. 23. 선고 2006다10989 판결; 대법원 2006. 11. 10. 선고 2005다35516 판결(각각의 보험계약은 상행위에 속하는 점, 원고와 피고는 상인이므로 중복보험에 따른 구상관계는 가급적 신속하게 해결할 필요가 있다고 보여지는 점 등에 비추어, 상법 제64조가 적용되어 5년의 소멸시효에 걸리는 것으로 보아야 할 것이다).

보험금액의 비율에 따라 감액을 청구하는 방법, 특정 보험자의 보험금액의 감액만을 청구하는 방법 등이 있겠으나, 어느 방법에 의하든 보험사고의 발생 이전에는 보험계약자가 언제든지 보험계약의 전부 또는 일부를 해지할 수 있으므로(상법 제649조 제1항) 문제없다.

2) 사기의 경우

중복보험이 보험계약자의 사기로 인한 경우에는 모든 계약이 당연 무효가 된다. 또한 보험계약자는 각 보험자가 그 사실을 안 때까지의 보험료를 지급하여야 한다(상법 제672조 제3항, 제669조 제4항). 여기서의 사기라 함은 초과보험의 경우와 마찬가지로 보험계약자가 위법하게 재산적 이익을 얻을 목적으로 그 사실을 숨기고 각 보험계약을 체결한 경우이다.

4. 소 결

판례의 입장은 상해보험 일반에 중복보험규정을 적용할 수 있을지의 여부에 대한 것은 아니지만, 무보험자동차특약보험을 '손해보험형 상해보험'이라 하면서 약관상 준용규정이 없는 경우에도 그 적용을 긍정한다. 하지만 이는 의문이다. 판례의 입장을 지지하는 견해에서는 구체적 법률관계에 따라 피보험자의 손해보험적 측면이 강하게 나타나거나 강하게 적용할 필요성이 있는 경우 중복보험 규정을 적용할 수 있다고 주장하나,[131] 법적 안정성의 측면에서 그 명확한 기준이 필요하다. 상해보험이 손해보험적 성격을 갖고 있기는 하나, 여전히 인보험의 성격 또한 지니는 까닭에 약관상 명문의 규정이 없는 한 중복보험 규정이 당연히 준용되는 것으로 볼 수는 없다.

현행 질병·상해보험 표준약관과 손보상해약관, 생보상해약관에서 중복보험 규정을 두지 않는 것은 이러한 비판을 반영한 것으로 옳다. 그 반면, 실손의료보험 표준약관은 보험자 간의 보험금 분담에 대한 조항을 두고 비례분담하도록 규정한다. 실손의료보험은 보험목적이 신체이기 때문에 상법상 손해보험으로 분류될 수는 없다. 그러나 실손의료보험은 피보험자가 질병, 상해로 입원하거나 통원 치료를 받은 경우 실제 부담한 의료비의 일부를 보험회사가 보상하는[132] 손해보험의 부정액형 보상방식을 취하고 있다. 정액보험형 인보험의 경우 손해의 유무나 실제

131) 김하늘, 앞의 논문, 282면.
132) 금융감독원·생명보험협회·손해보험협회, 「실손의료보험 길라잡이」, 2015, 4면.

손해의 액수와 관계없이 약정된 보험금을 지급하는 것이지만, 손해보험의 부정액 보험은 손해전보를 목적으로 구체적인 손해액을 산정하여 손해의 공평부담 등 손해배상의 원리를 원용하여 보험금을 지급하는 것이다. 즉 정액보험에 적용될 수 없는 손해보험상의 실손보상 원칙이 실손의료보험에는 적용되고, 보험자 사이의 보험금 분담에 대한 조항을 두고 비례분담하도록 규정하는 실손의료보험 표준약관은 타당한 것으로 평가한다.

제2장

상해보험계약의 체결

제1절 보험계약의 성립
제2절 약관의 교부 및 설명의무
제3절 고지의무
제4절 청약철회
제5절 계속보험료의 지급지체와 그 효과

제2장

상해보험계약의 체결

제1절 보험계약의 성립

Ⅰ. 보험계약의 청약과 승낙

1. 의 의

(1) 보험계약의 청약

모든 계약은 청약과 승낙에 의하여 성립하는 것이고, 낙성계약에 있어서는 청약과 승낙이 어떤 방식에 따르도록 하는 것은 아니다. 보험계약도 보험계약 당사자의 의사가 합치되면 그 계약은 성립되어 효력이 생기는 것이 원칙이다. 그러나 보험계약에 있어서는 보험설계사 등의 권유에 따라 보험계약청약서에 의하여 일정한 사항을 기재하여 청약하고, 특히 생명보험 등 진단보험의 경우에는 피보험자의 신체검사를 거쳐 보험자가 그 보험의 인수 여부를 결정한다. 보험계약청약서는 보험자가 그 인수할 위험과 관련되는 여러 가지 사항에 관한 질문란을 두어 보험계약자로 하여금 이를 기재하도록 한다. 따라서 보험계약자가 그 청약서의 필요사항을 기재하여 보험자에게 교부할 때 보험계약을 청약한 것으로 된다. 이러한 보험계약의 청약은 보험계약자의 대리인이 할 수도 있다(상법 제646조 참조).

(2) 보험계약의 승낙

보험자의 승낙은 특정한 보험계약의 청약에 대하여 보험자가 보험계약의 성립을 목적으로 하는 의사표시로서 보험계약의 청약에 대하여 보험자가 승낙의 통지를 발송한 때에 성립한다(민법 제531조). 승낙의 방법에는 제한이 없고 명시적이든 묵시적이든 상관없다. 실무에서는 보험증권의 교부로 승낙에 갈음하고 있다.

2. 보험계약자 보호의 필요성

원칙적으로 보험계약의 성립은 청약과 승낙이 있은 이후이고, 보험계약의 효력이 발생하여야 보험자의 급부의무도 개시된다. 그러나 이러한 원칙을 관철시키고자 한다면 보험계약자 보호와 관련하여 큰 결함이 생겨날 수 있다. 보험자가 승낙을 지체하는 경우 소비자들이 보험보호를 받을 수 없고, 또한 청약과 승낙에 관한 이해가 없는 소비자들은 최초보험료를 납부한 때로부터 보험보호를 누리는 것으로 생각하는 경우도 많다. 현실 거래에서도 보험자는 보험설계사 등을 동원하여 불특정다수인을 상대로 보험계약의 청약을 유인하여 보험계약의 청약과 함께 보험료상당액을 받고 있는 실정이다. 이러한 실정도 감안하여 상법은 보험계약자 보호를 위한 제도를 두고 있고, 낙부통지의무와 승낙의제제도(상법 제638조의2 제1항과 제2항), 그리고 승낙전 보험보호제도(상법 제638조의2 제3항)가 그것이다.

(1) 낙부통지의무

보험계약자의 청약에 대하여 보험자의 승낙이 있어야만 보험자의 책임이 개시되는 것을 보험계약에도 엄격히 적용한다면, 보험자는 가능한 한 승낙을 지연시키고자 할 수도 있다. 보험자의 승낙이 존재하지 않는 한 보험보호가 있을 수 없기 때문이다. 경우에 따라서는 피보험자가 신체검사절차에 통과되었음에도 불구하고 보험자가 승낙절차를 부당하게 장기간 지체하는 상황에서 피보험자가 사망한 경우에도 보험자의 책임은 없다. 이에 보험계약자의 보호를 위하여 보험자가 승낙을 해태함으로써 보험계약자가 불이익을 받는 일이 없도록 상법은 특별규정을 두고 있다. 즉 보험자가 보험계약의 청약과 함께 보험료상당액의 전부 또는 일부의 지급을 받은 때에는 30일 이내에 그 상대방에 대하여 낙부의 통지를 발송하여야 한다(상법 제638조의2 제1항). 인보험계약에서 신체검사를 요하는 경우 위 기간은 신체검사를 받은 날로부터 기산한다(상법 제638조의2 제1항 단서).

(2) 승낙의제제도

보험거래에 있어서는 보험계약청약자가 보험모집인 등의 권유에 따라 보험계약청약서를 작성하여 보험료의 전부 또는 일부에 상당하는 금액과 함께 보험자에게 교부하고, 보험자는 그 청약서를 근거로 보험인수 여부를 결정함에 따라, 그 청약 후 상당한 기간이 경과하도록 보험자의 승낙통지가 없을 때에는 이를 어떻게 처리할지가 문제된다. 이에 상법은 다른 약정이 없으면 30일 이내에 낙부의 통지를 해태하게 되면 보험자가 승낙한 것으로 본다(상법 제638조의2 제2항). 이 규정은 보험자가 보험계약자로부터 보험계약의 청약과 함께 보험료 상당액의 전부 또는 일부를 지급받은 경우에 한하여 적용되는 것이므로, 그 이외에는 적용되지 않는다.

승낙의제제도는 승낙전 보험보호제도(상법 제638조의2 제3항)와도 차이가 있다. 승낙의제제도는 승낙전 보험보호제도와 청약과 함께 보험료 상당액의 전부 또는 일부를 받고 인보험에서의 신체검사를 받아야 하는 등의 요건은 동일하나, 승낙의제제도는 적격피보험체(適格被保險體)의 여부를 묻지 않고 30일의 경과로 승낙을 의제한다는 점이다.

3. 약 관

제18조 (보험계약의 성립)

① 계약은 계약자의 청약과 회사의 승낙으로 이루어집니다.

② 회사는 피보험자가 계약에 적합하지 않은 경우에는 승낙을 거절하거나 별도의 조건(보험가입금액 제한, 일부보장 제외, 보험금 삭감, 보험료 할증 등)을 붙여 승낙할 수 있습니다.

③ 회사는 계약의 청약을 받고, 제1회 보험료를 받은 경우에 건강 진단을 받지 않는 계약은 청약일, 진단계약은 진단일(재진단의 경우에는 최종 진단일)부터 30일 이내에 승낙 또는 거절하여야 하며, 승낙한 때에는 보험증권을 드립니다. 그러나 30일 이내에 승낙 또는 거절의 통지가 없으면 승낙된 것으로 봅니다.

④ 회사가 제1회 보험료를 받고 승낙을 거절한 경우에는 거절통지와 함께 받은 금액을 계약자에게 돌려 드리며, 보험료를 받은 기간에 대하여 평균공시이율 +1%를 연단위 복리로 계산한 금액을 더하여 지급합니다. 다만, 회사는 계약자가 제1회 보험료를 신용카드로 납입한 계약의 승낙을 거절하는 경우에는 신용카드의 매출을 취소하며 이자를 더하여 지급하지 않습니다.

⑤ 회사가 제2항에 따라 일부보장 제외 조건을 붙여 승낙하였더라도 청약일로부터 5년(갱신형 계약의 경우에는 최초 청약일로부터 5년)이 지나는 동안 보장이 제외되는 질병으로 추가 진단(단순 건강검진 제외) 또는 치료 사실이 없을 경우, 청약일로부터 5년이 지난 이후에는 이 약관에 따라 보장합니다.

⑥ 제5항의 '청약일로부터 5년이 지나는 동안'이라 함은 이 약관 제28조(보험료의 납입이 연체되는 경우 납입최고(독촉)와 계약의 해지)에서 정한 계약의 해지가 발생하지 않은 경우를 말합니다.

⑦ 이 약관 제29조(보험료의 납입연체로 인한 해지계약의 부활(효력회복))에서 정한 계약의 부활이 이루어진 경우 부활을 청약한 날을 제5항의 청약일로 하여 적용합니다.

제25조 (제1회 보험료 및 회사의 보장개시) 회사는 계약의 청약을 승낙하고 제1회 보험료를 받은 때부터 이 약관이 정한 바에 따라 보장을 합니다. 또한, 회사가 청약과 함께

> 제1회 보험료를 받은 후 승낙한 경우에도 제1회 보험료를 받은 때부터 보장이 개시됩니다. 자동이체 또는 신용카드로 납입하는 경우에는 자동이체신청 또는 신용카드매출승인에 필요한 정보를 제공한 때를 제1회 보험료를 받은 때로 하며, 계약자의 책임 있는 사유로 자동이체 또는 매출승인이 불가능한 경우에는 보험료가 납입되지 않은 것으로 봅니다.
>
> ② 회사가 청약과 함께 제1회 보험료를 받고 청약을 승낙하기 전에 보험금 지급사유가 발생하였을 때에도 보장개시일부터 이 약관이 정하는 바에 따라 보장을 합니다.
>
> ③ 회사는 제2항에도 불구하고 다음 중 한 가지에 해당되는 경우에는 보장을 하지 않습니다.
>
> 1. 제14조(계약 전 알릴 의무)에 따라 계약자 또는 피보험자가 회사에 알린 내용이나 건강진단 내용이 보험금 지급사유의 발생에 영향을 미쳤음을 회사가 증명하는 경우
> 2. 제16조(알릴 의무 위반의 효과)를 준용하여 회사가 보장을 하지 않을 수 있는 경우
> 3. 진단계약에서 보험금 지급사유가 발생할 때까지 진단을 받지 않은 경우. 다만, 진단계약에서 진단을 받지 않은 경우라도 상해로 보험금 지급사유가 발생하는 경우에는 보장을 해드립니다.

상법 규정과의 차이점을 살펴 보면 조건부 승낙이 가능하다고 것과 5년이 경과한 경우의 효과에 관한 규정, 승낙을 거절한 경우 복리로 계산한 금액을 더하여 환급한다는 등의 상세한 규정 등을 둔다.

Ⅱ. 승낙전 보험보호제도

1. 의 의

승낙의제제도에 의하면 보험자는 30일 이내에 낙부통지의무를 부담하고 이 기간의 경과로 보험자의 책임이 개시된다. 하지만 거래의 실정상 보험계약청약서를 작성함과 동시에 보험료 상당액을 납부하는 것이 현실이고 소비자로서는 이때부터 보험이 담보되는 것으로 생각하는 경우도 많다. 이러한 소비자의 이유있는 오신(誤信)을 구제하고 보험산업에 대한 신뢰를 확보하기 위하여, 승낙전 보험보호제도가 1991년 개정시 상법 제638조의2 제3항으로 신설되어 상법의 일반적인 제도로 수용되었다. 상법 제638조의2 제3항은 "보험자가 보험계약자로부터 보험계약의 청약과 함께 보험료 상당액의 전부 또는 일부를 받은 경우 그 청약을 승낙하기 전에 보험계약에서 정한 보험사고가 생긴 때에는 그 청약을 거절할 사유가 없는 한 보험자는 보험계약상의 책임을 진다. 그러나 인보험계약의 피보험자가 신체검사를 받아야 하는 경우 그 검사를 받지 아니한 때에는 그러하지 아니하다"고 정한다.

2. 성립요건 및 효과

(1) 요 건

첫째, 최초보험료의 지급이 있어야 한다. 대리권을 가진 보험대리상이 보험계약자에 대하여 보험료의 대납약정을 하는 경우 약정일에 보험료가 지급된 것으로 해석한다. 판례도 보험회사를 대리하여 보험료를 수령할 권한이 부여되어 있는 보험대리점이 보험계약자에 대하여 보험료의 대납약정을 하였다면 그것으로 곧바로 보험계약자가 보험회사에 대하여 보험료를 지급한 것과 동일한 법적 효과가 발생하는 것이라 본다.[1)]

둘째, 청약을 거절할 사유가 없는 적격피보험체일 것이 요구된다. '청약을 거절할 사유'란 보험계약의 청약이 이루어진 바로 그 종류의 보험에 관하여 해당 보험회사가 마련하고 있는 객관적인 보험인수기준에 의하면 인수할 수 없는 위험상태 또는 사정이 있는 것으로서, 통상 피보험자가 보험약관에서 정한 적격피보험체가 아닌 경우를 말한다.[2)] 고지의무 위반사실 등을 일컫는 것이 아님을 유의하여야 한다.

셋째, 승낙전 보험사고의 발생이다. 보험자가 청약을 승낙하기 전에 보험계약에서 정한 보험사고가 발생하여야 한다. 청약을 하면서 최초보험료를 납입한 이후 보험자가 승낙하기 전에 보험사고가 발생한 경우이다. 그런데 보험계약의 성립은 청약과 승낙이 있어야 하는 것으로 승낙이 있기 전의 사고는 소급보험에 해당하는 것은 아닌가 하는 의문이 있을 수 있고, 이 점은 아래에서 다룬다.

(2) 효 과

보험자의 승낙이 있기 전이라 하더라도 이상의 요건에 해당하면 보험자는 보험계약상의 책임을 부담한다. 그러나 보험자의 승낙 이전에는 보험계약은 아직 존재하지 아니하는 것이고 보험자의 승낙이 의제된다고 입론하는 것도 아니어서, 엄격히는 보험계약상의 책임으로 보기는 어렵다. 결국 보험계약은 성립되지 아니하였음에도 불구하고 상법규정에 의하여 보험자에게 특별히 인정된 법정책임이라고 풀이하는 것이 타당하다. 법문상의 '보험계약상의 책임'이란 보험계약이 성립하였

---

1) 대법원 1995. 5. 26. 선고 94다60615 판결. 박세민, 「보험법」, 박영사, 2019, 150면; 한기정, 「보험법」, 박영사, 2018, 186면.
2) 대법원 2008. 11. 27. 선고 2008다40847 판결.

으면 보험자가 부담할 책임의 뜻으로 해석하고, 이 책임은 법정책임으로 본다.

3. 적격피보험체

(1) 청약을 거절할 사유

'청약을 거절할 사유'란 보험계약의 청약이 이루어진 바로 그 종류의 보험에 관하여 해당 보험회사가 마련하고 있는 객관적인 보험인수기준에 의하면 인수할 수 없는 위험상태 또는 사정이 있는 것을 말한다. 판례는 '청약을 거절할 사유'를 보험회사가 마련하고 있는 객관적인 보험인수기준이라고 보고 있다. 따라서 보험인수기준에 부합하지 않는 것이 아니라 보험자의 책임발생 이후 무사고확인서와 같은 허위기재의 사정은 '청약을 거절할 사유'에 해당하지 않는다고 하였다.[3)]

(2) 입증책임

그런데 입증책임을 누가 부담하는지에 관하여 견해가 대립된다. 보험가입자 측에 입증책임이 있다는 견해로서 "승낙전 보험보호제도는 선의의 보험가입자측을 보호하려는 취지에서 예외적으로 계약의 성립 전에도 보험자의 책임을 인정하는 것이므로, 보호를 주장하는 보험가입자측이 적극적으로 부보적격체였음을 입증하도록 함이 형평에 맞다" 등의 주장이 있고,[4)] 그 반면 입증책임은 보험자가 진다

---

3) 대법원 2008. 11. 27. 선고 2008다40847 판결이 중요한 의의가 있다. 이 사건의 사실관계를 보면, 상수도공사 중 철근콘크리트공사를 시행하던 A회사는 2005. 4. 4. B보험자에게 보험기간을 2005. 1. 20.부터 2005. 5. 31.까지로 하고 A회사 및 원도급업체를 피보험자로 하여 사용자배상책임을 담보하는 국내근로자재해보장책임보험계약을 청약하고 보험료 전액을 납입한 후 B로부터 보험료영수증을 교부받았다. C는 2005. 4. 13. A회사와 근로계약을 체결하고 같은 날 17:50경 공사현장의 도로에서 수신호로 차량통제를 하고 있었는데 같은 차로에서 작업중이다가 후진하던 포크레인의 바퀴부분에 부딪혀 상해를 입는 사고가 발생하였다. 그런데 A회사는 2005. 4. 14. B에게 관련 서류를 제출하면서 "당사는 2005. 1. 20.~2005. 4. 14. 현재까지 무사고임을 확인합니다"라고 기재된 무사고확인서를 제출하였고, B는 A회사로부터 위 무사고확인서 등 관련서류를 받은 후 이 사건 보험계약의 청약을 승낙하고 A회사에게 보험증권을 발급하였다. 이 사건에서 대법원은 "상법 제638조의2 제3항에 의하면 보험자가 보험계약자로부터 보험계약의 청약과 함께 보험료 상당액의 전부 또는 일부를 받은 경우에 그 청약을 승낙하기 전에 보험계약에서 정한 보험사고가 생긴 때에는 그 청약을 거절할 사유가 없는 한 보험자는 보험계약상의 책임을 진다고 할 것인데, 여기에서 청약을 거절할 사유란 보험계약의 청약이 이루어진 바로 그 종류의 보험에 관하여 해당 보험회사가 마련하고 있는 객관적인 보험인수기준에 의하면 인수할 수 없는 위험상태 또는 사정이 있는 것으로서 통상 피보험자가 보험약관에서 정한 적격 피보험체가 아닌 경우를 말하고, 이러한 청약을 거절할 사유의 존재에 대한 증명책임은 보험자에게 있다. 그리고 이른바 승낙 전 보험사고에 대하여 보험계약의 청약을 거절할 사유가 없어서 보험자의 보험계약상의 책임이 인정되면, 그 사고발생사실을 보험자에게 고지하지 아니하였다는 사정은 청약을 거절할 사유가 될 수 없고, 보험계약 당시 보험사고가 이미 발생하였다는 이유로 상법 제644조에 의하여 보험계약이 무효로 된다고 볼 수도 없다"고 판결하였다.

4) 김성태, 앞의 책, 184면; 박세민, 앞의 책, 151면; 한기정, 앞의 책, 186면.

고 하는 견해[5]가 있다. 판례[6]는 청약을 거절할 사유의 존재에 대한 입증책임은 보험자에게 있다고 한다.

생각건대, 법문이 '청약을 거절할 사유가 없는'이라고 규정하는 점, 적격피보험체의 의미가 해당 보험회사가 마련하고 있는 객관적인 보험인수기준에 바탕하는 점을 본다면, 보험자에게 입증책임이 있다고 보아야 한다.

4. 일부보장제외 조건부 인수 계약의 예외적 보장

표준약관에서 일부보장 제외 조건을 붙인 승낙의 경우의 효과에 대하여 2018. 7. 10. 신설하였다. 회사가 일부보장 제외 조건을 붙여 승낙하더라도 청약일로부터 5년이 지나는 동안 보장이 제외되는 질병으로 추가 진단(단순 건강검진 제외) 또는 치료 사실이 없을 경우, 청약일로부터 5년이 지난 이후에는 이 약관에 따라 보장한다(표준약관 제18조 제5항). 이 때의 '청약일로부터 5년이 지나는 동안'이라 함은 보험료의 납입이 연체되는 경우의 계약 해지(표준약관 제28조 보험료의 납입이 연체되는 경우 납입최고(독촉)와 계약의 해지)가 발생하지 않은 경우이다(표준약관 제18조 제6항). 표준약관 제29조 보험료의 납입연체로 인한 해지계약의 부활(효력회복)에서 정한 계약의 부활이 이루어진 경우 '부활을 청약한 날'을 '청약일'로 하여 적용하며(표준약관 제18조 제7항), 갱신계약의 경우에는 '최초 계약의 청약일'로부터 5년 기간을 산정할 수 있다(표준약관 제18조 제5항). 보험계약자 보호를 위하여생명보험 표준사업방법서 제6조 제7항에 의하면, 조건부 인수 방법 중 일부 보장을 제외하고 인수한 경우 당해 보험약관에서 정한 보장 제외 기간이 경과하였거나 청약일로부터 5년(갱신형 계약의 경우에는 최초 청약일로부터 5년)이 경과한 경우에는 보장 제외기간의 종료 등을 서면(우편 등), 전화(음성녹음 포함) 또는 전자문서(문자메시지 포함) 등으로 계약자에게 안내하도록 하고 있다.

5) 최기원, 앞의 책, 105면.
6) 대법원 2008. 11. 27. 선고 2008다40847 판결.

제2절 약관의 교부 및 설명의무

Ⅰ. 보통보험약관

1. 의 의

약관규제법 제2조 제1항은 "약관"이라 함은 그 명칭이나 형태 또는 범위를 불문하고 계약의 일방 당사자가 다수의 상대방과 계약을 체결하기 위하여 일정한 형식에 의하여 미리 마련한 계약의 내용이 되는 것을 말한다"고 정의한다.[7] 이에 의하면 보험약관은 그 명칭이나 형태 또는 범위를 불문하고 보험자가 다수의 상대방과 보험계약을 체결하기 위하여 미리 마련한 계약의 내용이 되는 것으로서 보통거래약관의 일종을 말한다. 보험약관은 위험단체라는 관념을 기초로 다수의 가입자를 전제하고 있어 그 내용을 정형화하여야 할 실질적인 이유가 있다. 보험약관의 존재이유는 다음과 같다.

첫째, 보험은 위험단체의 개념에 기초를 두고 있어, 그 구성원들을 개별적으로 다루지 않고 평등하고 동일하게 취급하여야 한다. 보험업법 제98조의 특별이익의 제공금지가 이를 뒷받침한다.[8]

둘째, 거래비용을 절감하기 위한 것이다. 다수의 거래상대방과 계약을 체결하면서 개별적인 계약에 대하여 일일이 협상하여 계약내용을 정하는 경우, 시간 및 노력 등 각종 경비의 면에서 상당한 부담이 들고 불가능할 수도 있다. 이에 미리 작성한 정형적인 계약내용에 의하도록 함으로써 각종의 거래비용을 절감하기 위한 것이다.

---

7) 이러한 취지에서 다수의 수요자에게 전기를 공급하는 공급규정은 공급계약조건을 당사자가 개별적으로 협정하는 것을 금지하고 오로지 공급규정의 정함에 따를 것을 규정하고 있어, 그 공급규정은 보통계약약관으로서의 성질을 가진다. 대법원 2002. 4. 12. 선고 98다57099 판결(전기사업법은 다수의 일반 수요자에게 생활에 필수적인 전기를 공급하는 공익사업인 전기사업의 합리적 운용과 사용자의 이익보호를 위하여 계약자유의 원칙을 일부 배제하여 일반 전기사업자와 일반 수요자 사이의 공급계약조건을 당사자가 개별적으로 협정하는 것을 금지하고 오로지 공급규정의 정함에 따를 것을 규정하고 있는바, 이러한 공급규정은 일반 전기사업자와 그 공급구역 내의 현재 및 장래의 불특정 다수의 수요자 사이에 이루어지는 모든 전기공급계약에 적용되는 보통계약약관으로서의 성질을 가진다).

8) 동조는 보험계약의 체결 또는 모집에 종사하는 자는 그 체결 또는 모집과 관련하여 보험계약자나 피보험자에게 다음 각 호의 어느 하나에 해당하는 특별이익을 제공하거나 제공하기로 약속하여서는 아니 된다고 규정하고 있어 단체성에 입각하고 있다.

셋째, 보험제도는 공공성과 사회성이 있어 사회경제적으로 약자인 보험계약자를 보호할 필요가 있다. 이에 국가가 후견적 입장에서 보험계약자의 이익을 보호하기 위하여 미리 정형화된 계약서를 작성하게 하고 이를 감독하는 것이다. 여기서 보험계약자에 대한 규제나 감독이 필요하게 된다.

2. 구성요소 및 종류

(1) 구성요소

보험약관의 의의를 몇가지로 분설하면 다음과 같다.

첫째, 보험자가 일방적으로 작성하는 것이다. 보험자가 보험계약자와 계약체결시에 협상하여 개별적으로 내용을 정하는 것이 아니라 보험자가 일방적으로 작성한다.

둘째, 다수의 계약을 체결하기 위한 것이다. 이러한 점에서 보험계약은 부합계약성을 띠는 것이다.

셋째, 사전에 미리 작성하여 둔다. 계약체결시 작성하는 것이 아니라 미리 작성하여 두는 것으로, 보험자는 보험사업의 허가를 취득하고자 할 때 금융위원회에 보험약관을 제출하여야 한다.

위 요건을 충족하는 경우 보험약관이 되고 그 명칭이나 형태 등을 불문한다. 즉 약관의 명칭을 사용하지 않는 경우에도 위 세 가지 요소가 있다면 약관으로 분류되고 약관규제법의 적용을 받는다. 판례도 이러한 취지에서 "약관법의 적용대상이 되는 약관이라 함은, 그 명칭이나 형태 또는 범위를 불문하고 계약의 일방 당사자가 다수의 상대방과 계약을 체결하기 위하여 일정한 형식에 의하여 미리 마련한 계약의 내용이 되는 것을 말한다"고 한다.[9)]

---

9) 약관이라는 명칭을 사용하지 않는 경우에도 약관의 범주에 들어간다고 한 판결로 대법원 1998. 12. 23. 선고 96다38704 판결(지방자치단체가 택지공영개발사업에 의하여 조성된 택지를 그 지상에 주택을 신축하여 분양하고자 하는 여러 건설업체들에게 공급하게 될 것을 예상하여 미리 그 계약의 내용을 위 지방자치단체의 택지공영개발선수금운영규정에서 별지 서식에 의한 형태로 마련하여 두고 있던 중, 위 택지개발사업으로 조성된 택지를 분양받아 주택을 신축하고자 하는 약 30개의 건설업체들과 사이에 택지공급계약을 체결함에 있어 거의 대부분의 계약 내용은 위 운영규정에서 미리 정하여 둔 별지 서식에 따르되 일부 조항만 수정한 택지공급계약서를 미리 마련한 후 그 택지공급계약서에 의하여 택지공급계약을 체결한 경우, 지방자치단체가 택지개발사업에 참여한 약 30개의 건설업체와 사이에 택지공급계약을 체결할 것을 예정하여 위 운영규정상의 별지 서식에 따라 만든 택지공급계약서는 지방자치단체가 다수의 상대방과 계약을 체결하기 위하여 일정한 형식에 의하여 미리 마련한 계약의 내용이 되는 것으로서 약관의규제에관한법률 소정의 약관에 해당한다고 할 것이므로, 당해 건설업체와 지방자치단체 간의 위 택지공급계약은 약관의규제에관한법률 소정의 약관

(2) 종 류

보험약관의 규제내용을 보면 상법의 규정을 그대로 원용하는 원용조항, 상법의 규정을 변경하는 변경조항, 상법의 규정을 보충하는 보충조항으로 나눌 수 있다. 또한 보험증권이 하나의 증거증권으로서의 성질을 가지고 있으므로 상법은 보험약관에 그 증권내용의 정부에 관한 이의를 제기할 수 있는 이른바 이의약관을 둘 수 있음을 규정한다(상법 제641조).

3. 관련 분쟁 및 약관 규정

(1) 무형의 보험상품과 부합계약

무형의 상품을 특징으로 하는 보험 등 금융 분야에서는, 보험계약자인 소비자가 인식하거나 이해하는 상품의 樣態는 보험자가 상품을 어느 범위까지 또한 어떤 방식으로 설명하느냐에 달려 있다. 보험상품을 설계하여 제조하고 판매하는 자는 보험자이기 때문에 상품의 정보를 소비자에게 여하히 설명하느냐에 따라 보험계약자는 자신이 원하는 보험상품을 구매할 수 있는지 여부가 결정되게 된다. 이같이 보험이라는 금융상품의 특성상, 보험소비자로서는 상품의 내용과 특성 등에 대하여는 보험자의 설명에 절대적으로 의존할 수밖에 없다. 그리고 보험은 약관을 중심으로 한 부합계약을 특성으로 가지고 있으므로 상품에 대한 정보제공의무와 관련하여 약관 등의 중요한 사항에 대한 설명의무의 쟁점이 있으며, 이에 보험소비자 보호를 위하여 모든 국가에서 설명의무를 강화하고 있는 추세이다.

(2) 관련의 분쟁 증가와 판례의 입장

국내에서도 설명의무 관련의 분쟁사건은 상당하다. 자살재해사건[10]이 그러하였고, 최근의 즉시연금사건[11]도 설명의무가 주된 쟁점이다. 관련 대법원 판결을 보

에 의한 계약에 해당하여 같은 법의 적용 대상이 된다). 골프클럽의 운영에 관한 회칙도 약관이라 한 경우로서 대법원 2000. 3. 10. 선고 99다70884 판결(회원 가입시에 일정 금액을 예탁하였다가 탈퇴 등의 경우에 그 예탁금을 반환받는 이른바 예탁금 회원제로 운영되는 골프클럽의 운영에 관한 법률관계는 회원과 클럽을 운영하는 골프장 경영 회사 사이의 계약상 권리ㆍ의무관계이고, 그 운영에 관한 회칙은 불특정 다수의 입회자에게 획일적으로 적용하기 위하여 골프장을 경영하는 회사가 제정한 것으로서 이를 승인하고 클럽에 가입하려는 회원과 회사와의 계약상 권리ㆍ의무의 내용을 구성하며, 그 중 회원권의 양도ㆍ양수 절차와 같은 당사자의 권리ㆍ의무에 관한 규정은 약관으로서의 성질을 가진다).

10) 대법원 2016. 5. 12. 선고 2015다243347 판결. 장덕조, “재해사망보험금지급약관의 유효성”, 「금융법연구」 제13권 제2호, 한국금융법학회, 2016 참조.

면, 대법원 2013. 6. 13. 선고 2010다34159 판결은 "보험회사 또는 보험모집종사자는 고객과 사이에 보험계약을 체결하거나 모집함에 있어서 보험료의 납입, 보험금·해약환급금의 지급사유와 그 금액의 산출 기준, 변액보험계약인 경우 그 투자형태 및 구조 등 개별 보험상품의 특성과 위험성을 알 수 있는 보험계약의 중요사항을 명확히 설명함으로써 고객이 그 정보를 바탕으로 보험계약 체결 여부를 합리적으로 판단을 할 수 있도록 고객을 보호하여야 할 의무가 있고, 이러한 의무를 위반하면 민법 제750조 또는 구 보험업법 제102조 제1항에 기하여 이로 인하여 발생한 고객의 손해를 배상할 책임을 부담한다"고 하여 약관설명의무와 별도로 고객보호의무로서의 설명의무를 인정하면서 그 위반시에는 보험자에게 불법행위로 인한 손해배상책임을 부과한다. 또한 그 설명의 범위에 대하여도 "보험계약의 중요사항은 반드시 보험약관에 규정된 것에 한정된다고 할 수 없으므로, 보험약관만으로 보험계약의 중요사항을 설명하기 어려운 경우에는 보험회사 또는 보험모집종사자는 상품설명서 등 적절한 추가자료를 활용하는 등의 방법을 통하여 개별 보험상품의 특성과 위험성에 관한 보험계약의 중요사항을 고객이 이해할 수 있도록 설명하여야 한다"고 하여 보험계약의 성립 여부가 문제되는 약관설명의무 논의와는 다른 관점에서 상품설명서 등도 설명의 대상이 된다고 하여 약관의 범위에 국한되지 않는다. 이와 유사한 판결로서 대법원 2014. 10. 27. 선고 2012다22242 판결; 대법원 2018. 4. 12. 선고 2017다229536 판결 등이 있다. 특히 후자 판결에서는 보험계약의 중요사항에 대한 설명의무를 위반한 사건으로 보면서 "보험계약의 중요사항을 명확히 설명하지 않음으로써 설명의무를 위반하였다고 볼 수 있다고 하면서 만약 보험계약자가 충분한 설명을 들어 위와 같은 착오에 빠지지 않았더라면 이 사건 계약을 체결하지는 않았을 것이 명백하다고 하면서 보험계약자가 착오를 이유로 이 사건 계약을 취소할 수 있다"고 하였다.

(3) 약관 규정

> 제20조 (약관교부 및 설명의무 등)
> ① 회사는 계약자가 청약할 때에 계약자에게 약관의 중요한 내용을 설명하여야 하며, 청약 후에 지체 없이 약관 및 계약자 보관용 청약서를 드립니다. 다만, 계약자가 동의하는 경우 약관 및 계약자 보관용 청약서 등을 광기록매체(CD, DVD 등), 전자우편 등 전자적 방법으로 송부할 수 있으며, 계약자 또는 그 대리인이 약관 및 계약자 보관용 청약서 등을 수신하였을 때에는 해당 문서를 드린 것으로 봅니다. 또한 통신판매계약

11) 금융분쟁조정위원회 2017. 11. 14. 조정결정, 조정번호 제2017－17호.

의 경우, 회사는 계약자의 동의를 얻어 다음 중 한 가지 방법으로 약관의 중요한 내용을 설명할 수 있습니다.

- 인터넷 홈페이지에서 약관 및 그 설명문(약관의 중요한 내용을 알 수 있도록 설명한 문서)을 읽거나 내려받게 하는 방법. 이 경우 계약자가 이를 읽거나 내려받은 것을 확인한 때에 당해 약관을 드리고 그 중요한 내용을 설명한 것으로 봅니다.
- 전화를 이용하여 청약내용, 보험료납입, 보험기간, 계약 전 알릴 의무, 약관의 중요한 내용 등 계약을 체결하는 데 필요한 사항을 질문 또는 설명하는 방법. 이 경우 계약자의 답변과 확인내용을 음성 녹음함으로써 약관의 중요한 내용을 설명한 것으로 봅니다.

② 회사가 제1항에 따라 제공될 약관 및 계약자 보관용 청약서를 청약할 때 계약자에게 전달하지 않거나 약관의 중요한 내용을 설명하지 않은 때 또는 계약을 체결할 때 계약자가 청약서에 자필서명(날인(도장을 찍음) 및 전자서명법 제2조 제2호에 따른 전자서명 또는 동법 제2조 제3호에 따른 공인전자서명을 포함합니다)을 하지 않은 때에는 계약자는 계약이 성립한 날부터 3개월 이내에 계약을 취소할 수 있습니다.

③ 제2항에도 불구하고 전화를 이용하여 계약을 체결하는 경우 다음의 각 호의 어느 하나를 충족하는 때에는 자필서명을 생략할 수 있으며, 제1항의 규정에 따른 음성녹음 내용을 문서화한 확인서를 계약자에게 드림으로써 계약자 보관용 청약서를 전달한 것으로 봅니다.

1. 계약자, 피보험자 및 보험수익자가 동일한 계약의 경우
2. 계약자, 피보험자가 동일하고 보험수익자가 계약자의 법정상속인인 계약일 경우

④ 제2항에 따라 계약이 취소된 경우에는 회사는 이미 납입한 보험료를 계약자에게 돌려드리며, 보험료를 받은 기간에 대하여 보험계약대출이율을 연단위 복리로 계산한 금액을 더하여 지급합니다.

상법 규정과의 차이점은 다음과 같다.

첫째, 보다 구체적 이행방법을 규정하여 전자적 방법 등에 의한 이행을 정하고 특히 통신판매의 경우 상세한 규정을 둔다.

둘째, 설명을 듣지 않은 경우뿐 아니라 자필서명을 하지 않은 경우에도 3월 이내 계약을 취소할 수 있는 것으로 정한다.

셋째, 전화를 이용한 경우도 규정한다.

Ⅱ. 주요국의 입법례[12)]

1. 독 일

보험계약자가 여러 가지 보험상품을 놓고 합리적인 선택을 하기 위해서는 보험

12) 최병규, "약관설명의무에서 정보제공의무로의 발전 방안 – 보험 분야를 중심으로 – ", 「경제법연구」 제11권 제1호, 한국경제법학회, 2012, 107–139면.

시장에서 과연 어떠한 보험자가 적절한 역할을 수행할 정도의 경쟁력을 갖추고 보험상품을 판매하고 있는지가 중요한 기준이 된다. 보험상품에 대하여 정확한 정보가 제공된다면 보험계약자는 보험소비자로서 보호를 받을 수 있을 것이다. 독일 보험계약법 제7조(보험계약자의 정보) 제1항에 따라 보험자는 보험계약자에게 보통보험약관을 포함하여 동조 제2항에 의한 시행령에 의하여 정하여진 정보를 계약체결에 대한 의사표시를 하기 전, 적시에 서면(텍스트) 형식으로 통보해야만 한다. 동조는 독일 보험계약법 개정의 핵심적 내용에 해당한다. 구두나 전화상의 구두로의 통지는 요건을 갖춘 정보제공이 되지 못한다. 또한 노트북 등의 컴퓨터 화면에서 자료를 보여주는 것만으로는 지속적인 재생가능성이 없어 서면의 요건을 갖춘 정보제공이 되지 못한다.[13] 독일 보험계약법 제7조에서 원문상 '계약표시 전 적시에(rechtzeitig vor Abgabe von dessen (Versicherungsnehmer) Vertragserklärung)'라고 하는 시점은 개정된 독일 민법(BGB) 제312c조[14] 제1항[15]을 받아들인 것이다.[16] 여기서 적시라는 추상적인 표현을 쓴 것은 청약모델에서 보험계약자에게 정보를 얼마나 사전에 제공하여야 하느냐와 관련하여 일률적인 날짜에 의한 기간을 제시하는 것이 보험상품의 복잡성 등을 고려하면 불가능한 까닭에 그러한 표현을 쓸 수밖에 없었다고 한다.[17] 적시라는 표현은 결국 법의 취지와 목적을 고려하여 해석하여야 하고, 장래 판례를 통하여 유형화하여야 할 것으로 보고 있다.[18] 보험계약자가 충분히 생각할 수 있는 시간을 부여하여 주고 자유로운 그리고 충분히 제공된 정보에 근거한 결정을 내릴 수 있다면 적시에 정보를 제공한 것이 된다. 보험계약자는 계약의 의사표시를 하기 전에 계약의 세부내용에 대해 숙지할 수 있어야 하고, 보험자는 그를 시간적으로 압박하여 독촉하여서는 아니된다.[19]

---

13) Pohlmann, in: Looschelders/Pohlmann, Versicherungsvertragsgesetz, Köln, 2010, S. 280.
14) Palandt, Bürgerliches Gesetzbuch, 69. Aufl., München, 2010, SS. 506 ff.
15) 독일 민법(BGB) 제312c조 제1항: 사업자는 사용되는 원격통신수단에 적절한 방식으로 명확하고 이해할 수 있게 소비자의 계약상 의사표시 전의 적시에 그에게 민법 시행법 제240조에 의한 법규명령에서 정하여진 정보를 거래상의 목적으로 제시하면서 제공하여야 한다. 그가 전화를 걸어 통화를 함에 있어서 사업자는 자신이 누구라는 것과 그 통화의 거래상 목적을 통화개시의 시점에 이미 명확하게 밝혀야 한다.
16) Niederleithinger, Auf dem Weg zu einer VVR-Reform, VersR 2006, S. 440.
17) Schimikowski, in: Rüffer/Halbach/Schimikowski, Versicherungsvertragsgesetz, Baden-Baden, 2009, S. 136.
18) Wandt, in: Halm/Engelbrecht/Krahe, Handbuch des Fachanwalts Versicherungsrecht, 3. Aufl., Luchterhand, 2008, S. 83.
19) Brömmelmeyer, in: Rüffer/Halbach/Schimikowski, Versicherungsvertragsgesetz, Baden-Baden, 2009, S. 73.

보험자의 보험계약자에 대한 정보제공은 정해진 의사전달수단에 따라 명백하고 이해가능하게 전달되어져야 한다. 동시에 현재 사용되고 있는 통신수단을 고려하여 합당한 방법으로 정보가 전달되어야 한다.[20] 언어와 관련하여 독일에서 보험계약을 체결하려는 경우 계약정보를 독일어로 제공하면 족하나, 보험계약이 보험계약자의 모국어인 다른 언어로 주로 교섭이 이루어지는 경우에는 그 모국어로 이행되어야 한다.[21] 보험자의 정보제공의무의 이행시기와 관련하여 독일의 입법자는 보험계약자가 보험계약의 체결을 위하여 청약을 하게 되는 청약모델을 염두에 둔 것이라 본다.[22]

만약 보험계약자가 계약체결에 대한 의사표시 이전에 정보를 서면으로 제공하지 않아도 된다는 의사표시를 명시적으로 함에 따라 전화나 다른 통신수단을 사용하여 계약이 체결되어졌다 하더라도, 그 정보는 계약체결 후 지체 없이 서면으로 보충되어져야 한다.[23] 독일보험계약법 제7조 제2항은 독일 법무부로 하여금 의회 동의가 없이도 관련 부처와의 협조하에 보험계약자에게 제공되어야 하는 보험정보를 정할 수 있도록 함으로써, 보험시장의 변화에 신속하게 대처하려는 의지를 보여주고 있었다. 그 정보 내용은 보험계약법 시행령에서 정하였다. 또한 독일보험계약법 제7조 제3항은 보험자로 하여금 보험계약의 체결시뿐 아니라 그 계약이 지속되는 동안에도 서면으로 보험 관련의 정보를 제공하도록 한다. 특히 이전에 보험자가 제공했던 정보가 변경된 경우, 의료보험에서 보험료가 증가될 경우, 요율에 변경이 있을 경우 및 생명보험에서의 이익배당에 관한 경우에는 정보제공의무를 이행할 것을 규정하고 있다. 독일 보험계약법 제7조 제4항은 보험계약자는 보험자에게 보통보험약관을 포함한 계약상의 규정을 서면으로 송달하여 줄 것을 계약기간 중 언제든지 요구할 수 있으며, 그로 인한 비용은 첫 번째의 것에 대하여는 보험자가 부담하는 것으로 정한다.

2. 일 본

일본은 2008년 보험법을 독립 단행법화하는 논의 과정에서 보험계약에 대한

20) 유주선, “보험자의 정보제공의무”, 「보험학회지」 제79집, 2008, 102면.

21) Schimikowski, in: Rüffer/Halbach/Schimikowski, Versicherungsvertragsgesetz, Baden-Baden, 2009, S. 139.

22) 김은경, “독일 보험계약법상 보험자의 정보제공의무 등에 대한 고찰”, 「기업법연구」 제23권 제2호, 2009, 178면.

23) Wandt, in: Halm/Engelbrecht/Krahe, Handbuch des Fachanwalts Versicherungsrecht, 3. Aufl., Luchterhand, 2008, S. 84.

신의칙과 보험자의 정보제공의무를 신설하려 하였다. "보험자, 보험계약자, 피보험자 및 보험수익자는 보험계약이 상호 신뢰관계에 기하여 성립됨에 따라 보험계약의 체결 또는 존속에 있어서 신의에 따라 성실히 행동하여야 하고, 아울러 적정하고 신속한 보험급부의 실시 기타 보험계약상의 권리의 행사 또는 의무의 이행에 필요한 정보를 제공하기 위하여 노력하여야 한다"는 규정을 초안으로 마련하였으나, 그러한 규정을 두는 것은 입법체계상 문제가 있다는 비판으로 중단되었다.[24]

이미 금융상품거래법에서 판매업자에게 중요사항의 설명의무를 부과하였고 그 위반시 무과실의 손해배상의무 및 손해액 추정의 규정을 두어(일본 금융상품거래법 제3조~제6조) 금융상품판매에 있어 소비자보호를 위한 포괄적인 대응을 하고 있었기 때문이고, 따라서 보험 분야에 특별히 설명의무에 대한 추가적 규정이 필요없다고 본 것이다. 이에 추가하여 상인과 소비자 간에 체결된 모든 계약을 규율대상으로 하는 소비자계약법에서 상인에게 정보제공의무를 부과하여 중요한 사항이 소비자에게 부실하게 고지된 경우 소비자에게 취소권을 인정하고(일본 소비자계약법 제3조, 제4조), 부당한 계약을 무효화하는 등의 규정을 두고 있었다. 또한 보험업법에서도 보험회사 및 보험모집인 등에게 보험계약의 체결 또는 보험모집에 관하여 보험계약자 또는 피보험자에 대한 계약조항의 중요사항에 대한 불고지 및 부실고지를 금지하고(일본 보험업법 제300조 제1항), 보험회사가 중요한 사항을 고객에게 설명하도록 하는 조치를 취하도록 하는 의무를 부과하는 등(일본 보험업법 제100조의 2)의 규정이 있어 보험법상 보험자의 설명의무는 별도로 규정하지는 아니하였던 것이다.[25] 그럼에도 불구하고 여전히 보험자측으로부터의 정보제공의무가 일본 보험법에 추가적인 보완이 필요하다고 하는 견해도 있다.[26]

3. 프랑스

프랑스에서는 동 보험법 L. 112-2조에서 보험자의 정보제공의무를 규정하고 있다. 동조는 정보제공의무가 2단계의 의무이행으로 충족된다고 규정하는데, 우선 보험가입예정자에 대한 가격 및 담보내용에 대한 정보제공카드의 교부가 있어야 하고, 그 다음으로 가입예정자에 대하여 계약기획서 및 보통보험약관과 같은 서류

24) 김선정, "일본의 보험법개정과 시사점", 「상사법연구」 제28권 제4호, 2010, 40면.
25) 김선정, 위의 논문, 40면.
26) 김형기, "일본 신보험법과 국내 상법과의 비교 고찰", 「보험법연구」 제3권 제2호, 2009, 153면.

를 교부하여야 한다. 즉 보험자의 면책사유를 부가한 보장내용 및 보험계약자의 의무를 명확하게 명시한 계약에 관한 정보제공서의 교부가 그것이다. 정보제공카드의 경우는 보험고객이 보험신청서에 서명하지 않더라도 정보제공으로써 교부하여야 하는 것인데, 계약기획서는 고객이 이미 보험신청서에 서명하고 보험계약을 체결하려는 의도를 구체화한 경우에 교부하여야 하는 것이다. 프랑스에서 정보제공의무가 제외될 수 있는 예외의 경우로는 대형위험이 인수의 대상인 경우, 계약기간이 초단기간인 경우 또는 계약의 특수성에 기하여 정보제공의무가 면제되는 특별한 경우가 이에 해당한다.

4. 유럽보험계약법

유럽보험계약법 원칙(PEICL) 제2:201조에서는 보험자가 계약체결 전에 제안된 청약조건과 관련되어 일정한 정보를 포함하는 서류를 보험계약자에게 제공할 것을 규정하고 있다. 이는 과거 약관교부의무에 해당하는 것이었지만 그보다는 더욱 상세한 것으로 이를 서면제공의무라고 한다. 이 규정은 적시하여야 할 사항에 대하여 상당히 구체적으로 적시하고 있고 그 사항은 ① 계약당사자의 성명과 주소, ② 피보험자와 보험수익자의 성명과 주소, ③ 보험대리인의 성명과 주소, ④ 보험목적과 담보위험, ⑤ 보험금액과 자기부담금, ⑥ 보험료와 보험료 산출의 방법, ⑦ 보험료의 지급시기, 지급장소 및 지급방법, ⑧ 계약기간과 보험기간, ⑨ 청약을 철회할 권리와 제2:203조에 따른 계약을 취소할 권리, ⑩ 계약에 적용되는 법 또는 법의 선택이 허용되는 경우 보험자에 의하여 제안된 법, ⑪ 법원 이외 분쟁의 해결 방법 등이 그것이다. 보험자는 위 사항이 기재된 관련 자료를 제공하고 이를 설명하여야 한다. 또한 보험자는 계약 내용이 될 만한 것들도 함께 정리하여 서면으로 제공하여야 하며, 소비자가 계약체결 여부를 신중하게 결정할 수 있도록 충분한 시간을 부여하여야만 한다. 그 밖에 추가되는 제공의무에는 청약서나 보험자에 의하여 제공된 질문표에 의하여 소비자가 보험의 청약 단계에 진입한 경우에는 이러한 서류에 대한 복사본을 함께 제공할 의무도 포함된다. 유럽보험계약법원칙 제2:202에 의하여 보험자는 계약을 체결할 때 보험자가 제공할 부보의 내역과 소비자가 원하는 담보의 내용이 일치하지 않는 경우에는 이를 소비자에게 명시적으로 알려야 할 의무가 있다. 결국 보험자는 정보제공의무를 다함으로써 보험소비자가 계약의 상황과 형태 등을 이해할 수 있도록 하여야 한다.

Ⅲ. 설명의무에 대한 구체적 검토

1. 두 가지 의의로서의 설명의무

보험자의 설명의무는 크게 두 가지의 의의가 있다. 그 하나가 약관설명의무에 관한 상법 제638조의3 규정이고, 다른 하나는 상법에 규정은 없으나 학설과 판례에 의하여 법리가 발전되었다가 보험업법과 금융소비자보호법에 규정된 고객보호의무로서의 설명의무가 그것이다.

2. 약관설명의무 – 상법 제638조의3

(1) 의 의

보험계약을 체결할 때 보험자는 자기가 작성한 보험약관을 보험계약자에게 제시하여 이해할 수 있도록 하여야 한다. 이에 상법은 보험자는 보험계약을 체결할 때에 보험계약자에게 보험약관을 교부하고 그 약관의 중요한 내용을 설명하여야 한다고 규정한다(상법 제638조의3 제1항). 또한 약관규제법에 의하면 사업자는 계약체결에 있어서 고객에게 약관의 내용을 계약의 종류에 따라 일반적으로 예상되는 방법으로 명시하고, 고객이 요구할 때에는 당해 약관의 사본을 고객에게 교부하여 이를 알 수 있도록 하여야 하고, 또한 사업자는 약관에 정하여져 있는 중요한 내용을 고객이 이해할 수 있도록 설명하여야 한다(약관규제법 제3조 제2항, 제3항). 해당 약관의 내용에 대한 인식가능성이 존재하더라도 그것만으로는 충분한 고객보호가 이루어진 것이 아니고, 이를 명확히 고객에게 제시하여 고객이 해당 내용을 인식할 수 있는 상태가 될 수 있게끔 해당 내용과 정보를 적극적으로 제공할 의무가 있다.

(2) 중요한 내용과 약관설명의무 위반의 효과

계약의 조항 중에서 설명의 대상이 되는 중요한 내용이 무엇이냐는 각 보험의 특성을 감안하여 파악할 문제이나, 일반적으로 보험금액・보험기간・보험자의 면책사유・보험사고・보험계약의 해지사유 등은 중요한 내용으로서 명시설명을 하여야 할 것이다. 판례도 설명의무의 대상이 되는 '중요한 내용'이라 함은 사회통념에 비추어 고객이 계약체결의 여부 또는 대가를 결정하거나 계약체결 후 어떤 행동을 취할지에 관하여 직접적인 영향을 미칠 수 있는 사항을 말하고,[27] 약관조항

중에서 무엇이 중요한 내용에 해당하는지에 관하여는 일률적으로 말할 수 없으며, 구체적인 사건에서 개별적 사정을 고려하여 판단하여야 한다고 판시한다.[28)]

그 위반의 효과와 관련하여서는 판례 및 통설은 계약설에 입각하여 있고, 대법원 1985. 11. 26. 선고 84다카2543 판결은 "보통보험약관이 계약당사자에 대하여 구속력을 갖는 것은 그 자체가 법규범 또는 법규범적 성질을 가진 계약이기 때문이 아니라 보험계약당사자 사이에서 계약내용에 포함시키기로 합의하였기 때문이라고 볼 것인바, 일반적으로 당사자 사이에서 보통보험약관을 계약내용에 포함시킨 보험계약서가 작성된 경우에는 계약자가 그 보험약관의 내용을 알지 못하는 경우에도 그 약관의 구속력을 배제할 수 없는 것이 원칙이나 다만 당사자 사이에서 명시적으로 약관에 관하여 달리 약정한 경우에는 위 약관의 구속력은 배제된다"고 하였고, 이후 이러한 판례의 입장은 일관된다.[29)]

3. 고객보호의무로서의 설명의무

(1) 연혁과 개별 입법

고객보호의무로서의 설명의무는 계약의 내용들을 제대로 설명하지 아니하여 보험계약자 등에게 손해를 입힌 경우 그 손해배상책임을 부담하는 의무이다.

금융기관의 고객보호의무가 먼저 판례[30)] 등을 통하여 도입된 것으로, 이 의무는 민법 제2조에 근거를 둔 계약당사자간 보호의무를 근거로 한 것으로서, 보험자가 일반보험계약자에게 보험계약 권유 등을 하는 경우, 보험계약의 중요사항을 일반보험계약자가 이해하도록 설명하여야 할 의무이다.[31)] 먼저 이를 규정한 것은

---

27) 대법원 2016. 9. 23. 선고 2016다221023 판결.

28) 대법원 2010. 7. 15. 선고 2010다19990 판결; 대법원 2008. 12. 16. 자 2007마1328 결정.

29) 그 판결들로는 대법원 1986. 10. 14. 선고 84다카122 판결; 대법원 1989. 3. 28. 선고 88다4645 판결; 대법원 1989. 11. 14. 선고 88다카29177 판결; 대법원 1990. 4. 27. 선고 89다카24070 판결; 대법원 1991. 9. 10. 선고 91다20432 판결; 대법원 1996. 10. 11. 선고 96다19307 판결; 대법원 1997. 9. 5. 선고 95다47398 판결; 대법원 1999. 4. 9. 선고 98다20714 판결; 대법원 2004. 11. 11. 선고 2003다30807 판결; 대법원 2007. 6. 29. 선고 2007다9160 판결 등이 있다.

30) 대법원 1996. 8. 23. 선고 94다38199 판결; 대법원 1999. 6. 11. 선고 97다58477 판결 등.

31) 대법원 2013. 6. 13. 선고 2010다34159 판결(보험회사 또는 보험모집종사자는 고객과 사이에 보험계약을 체결하거나 모집함에 있어서 보험료의 납입, 보험금·해약환급금의 지급사유와 그 금액의 산출 기준, 변액보험계약인 경우 그 투자형태 및 구조 등 개별 보험상품의 특성과 위험성을 알 수 있는 보험계약의 중요사항을 명확히 설명함으로써 고객이 그 정보를 바탕으로 보험계약 체결 여부를 합리적으로 판단을 할 수 있도록 고객을 보호하여야 할 의무가 있고, 이러한 의무를 위반하면 민법 제750조 또는 구 보험업법 제102조 제1항에 기하여 이로 인하여 발생한 고객의 손해를 배상할 책임을 부담한다).

자본시장법[32]이고, 동법 제47조 제1항에서 "금융투자업자는 일반투자자를 상대로 투자권유를 하는 경우에는 금융투자상품의 내용, 투자에 따르는 위험, 그 밖에 대통령령으로 정하는 사항을 일반투자자가 이해할 수 있도록 설명하여야 한다"고 규정한다. 2010년 개정 보험업법은 보험자의 설명의무를 일반적 의무로 규정하고 있다.

(2) 보험업법에서의 설명의무

보험업법 제95조의2 제1항에서 "보험회사 또는 보험의 모집에 종사하는 자는 일반보험계약자에게 보험계약 체결을 권유하는 경우에는 보험료, 보장범위, 보험금 지급제한 사유 등 대통령령으로 정하는 보험계약의 중요사항을 일반보험계약자가 이해할 수 있도록 설명하여야 한다"고 규정한다. 자본시장법과 구별되는 점은 보험계약의 체결시만 아니라 계약체결 이후에도 적용된다는 점이다. 예컨대 제4항에서는 "보험회사는 일반보험계약자가 보험금 지급을 요청한 경우에는 대통령령으로 정하는 바에 따라 보험금의 지급절차 및 지급내역 등을 설명하여야 하며, 보험금을 감액하여 지급하거나 지급하지 아니하는 경우에는 그 사유를 설명하여야 한다"고 규정한다.

이 의무는 법제의 형식면에서 보면 보험업법에 규정된 것으로, 보험업법은 보험회사에 대한 감독을 기본적 취지로 한 공법으로 분류된다. 그러나 보험업법에는 공법적 규정뿐만 아니라 사법적 권리의무의 관계에 영향을 미치는 규정들이 다수 존재하고 이러한 규정들도 충분히 참작하여야 한다.

설명의 객체는 일반보험계약자이다. 일반보험계약자는 전문보험계약자가 아닌 자를 말하고 '전문보험계약자'란 보험계약에 관한 전문성, 자산규모 등에 비추어 보험계약의 내용을 이해하고 이행할 능력이 있는 자로서 국가, 한국은행, 대통령령으로 정하는 금융기관, 주권상장법인, 그 밖에 대통령령으로 정하는 자를 말한다(보험업법 제2조 19호). 보험자가 설명할 사항은 보험료, 보장범위, 보험금 지급제한 사유 등 대통령령으로 정하는 중요사항이다(보험업법 제95조의2 제1항). 또한 보험자는 일반보험계약자가 설명을 거부하는 경우를 제외하고는 보험계약의 체결시부터 보험금 지급시까지의 주요 과정을 대통령령으로 정하는 바에 따라 설명하여야 한다(보험업법 제95조의2 제3항). 그리고 일반보험계약자가 보험금 지급을 요청한 경우에는 대통령령으로 정하는 바에 따라 보험금의 지급절차 및 지급내역

32) '자본시장과 금융투자업에 관한 법률'을 말한다.

등을 설명하여야 하며, 보험금을 감액하여 지급하거나 지급하지 아니하는 경우 그 사유를 설명하여야 한다(보험업법 제95조의2 제4항). 설명의 정도에 관하여 보험업법은 "일반보험계약자가 이해할 수 있도록" 설명할 것을 요구한다(보험업법 제95조의2 제1항). 그리고 그 설명한 내용을 일반보험계약자가 이해하였음을 서명, 기명날인, 녹취, 그 밖에 대통령령으로 정하는 방법으로 확인을 받아야 한다(보험업법 제95조의2 제2항).

(3) 의무위반의 효과

자본시장법은 설명의무 위반의 효과에 대한 중요한 규정을 두고 있다. 소비자의 입장에서 설명의무 위반만 입증하면 손해의 발생과 손해액, 그리고 의무위반과 손해 사이의 인과관계는 추정된다는 규정을 둔 것이다.[33] 그런데 보험업법에서는 설명의무 위반의 효과에 대하여 규정을 두지 않고 있으나 손해배상책임이 발생한다고 봄은 판례와 통설이다.[34] 다만 설명의무위반으로 손해배상책임이 발생하려면 그 의무위반이 고객보호의무라는 신의칙으로서의 계약위반으로 인정되거나 또는 불법행위를 구성하는 정도의 위법성을 가져야 한다.

4. 고객보호의무로서의 설명의무와 약관설명의무의 비교검토

(1) 용어 및 법률체계상의 정리[35]

과거 보험거래에서는 주로 보험약관의 설명의무가 문제되었고, 이는 보험자가 약관설명의무를 위반하면 계약의 내용이 되지 않는다는 것이었다. 그런데 판례에 의하여 발전된 고객보호의무의 법리가 보험거래에도 적용됨으로써, 용어 사용 자체에서 일부 어려움이 있다. 예컨대 설명의무라고 하면 그것이 약관설명의무인지, 또는 고객보호 차원에서의 설명의무를 일컫는 것인지 하는 점이다. 양자는 효과 자체도 다르고 그 설명의 대상도 다르다.

33) 자본시장법 제48조에서는 "① 금융투자업자는 제47조 제1항 또는 제3항을 위반한 경우 이로 인하여 발생한 일반투자자의 손해를 배상할 책임이 있다. ② 금융투자상품의 취득으로 인하여 일반투자자가 지급하였거나 지급하여야 할 금전 등의 총액(대통령령으로 정하는 금액을 제외한다)에서 그 금융투자상품의 처분, 그 밖의 방법으로 그 일반투자자가 회수하였거나 회수할 수 있는 금전 등의 총액을 뺀 금액은 제1항에 따른 손해액으로 추정한다"고 규정한다.

34) 대법원 2014. 10. 27. 선고 2012다22242 판결 등.

35) 장덕조, 「보험법」 제5판, 법문사, 2020, 179－180면.

(2) 양 의무의 비교 및 정리

약관설명의무와 고객보호의무로서의 설명의무와의 관계를 보면, 양자는 그 입법도 상이하고 발전되어 온 양태도 다르다. 하지만 고객에 대한 정보제공 의무에 기초하였다는 유사한 점도 있다.

1) 유사점

약관설명의무(전자)와 고객보호의무로서의 설명의무(후자)는 다음의 점에서 유사하다.

첫째, 거래당사자 사이의 정보비대칭성으로 인한 문제가 발생하므로, 소비자를 보호하겠다는 취지가 동일하다. 계약의 체결 과정에서 무형의 상품에 대하여 소비자의 합리적 선택을 유도하고 그 상품을 이해한 이후 구입하도록 한다는 취지에서 상품에 관한 충분한 정보를 제공하겠다는 것이다. 둘째, 약관(전자) 또는 계약(후자)의 모든 사항이 아니라 중요한 사항에 대하여 설명하도록 하는 점에서도 동일하다. 하지만 전자가 인정되는 것은 어디까지나 소비자가 알지 못하는 가운데 약관에 정하여진 중요한 사항이 계약 내용으로 되어 소비자가 예측하지 못한 불이익을 받는 것을 피하고자 하는 데 그 근거가 있음에 반하여,[36] 후자는 과거에는 주로 투자상품의 영역에서 자기책임원칙과 관련한 전제로서 발달되어 왔다.

2) 차이점

첫째, 설명의무의 대상에서 차이가 있다. 전자는 원칙적으로 약관의 중요한 사항을 설명하여야 한다. 그러나 후자는 약관이 아니라 하더라도 당해 상품의 선택에 있어 중요한 사항이라면 그 사항을 설명하여야 한다.[37] 즉시연금사건에서 고객보호의무로서의 설명의무를 보자면, 약관에서의 특정에 의한 지시 등을 논할 필요도 없이, 보험자는 산출방법서상의 연금월액에 관하여 설명하여야 한다.

둘째, 전자인 약관설명의무에 대하여는 판례가 법령에 규정된 사항, 고객이나 그 대리인이 약관의 내용을 충분히 잘 알고 있는 경우,[38] 그리고 거래상 일반적이고 공통된 것이어서 당사자가 알고 있다고 예상할 수 있는 사항[39] 등에 그 예외

---

36) 대법원 2001. 7. 27. 선고 99다55533 판결.
37) 대법원 2013. 11. 28. 선고 2013다23891 판결.
38) 대법원 1998. 4. 14. 선고 97다39308 판결.
39) 대법원 1990. 4. 27. 선고 89다카24070 판결; 대법원 1992. 5. 22. 선고 91다36642 판결; 대법원 2004. 4. 27. 선고 2003다7302 판결; 대법원 2003. 5. 30. 선고 2003다15556 판결.

를 인정하고 있다. 하지만 후자는 이러한 예외를 인정할 수 없다. 왜냐하면 고객의 주관적 사정과는 무관하게 보험자는 그 상품에 대한 객관적 설명의무를 다하여야 하기 때문이다. 과거 타인의 사망보험계약에서 계약체결시 피보험자의 서면에 의한 동의가 필요하다는 사실을 설명하지 아니한 경우 계약내용으로서의 문제가 아니라 손해배상책임을 논하는 판례는[40] 이러한 점에서 수긍할 수 있다. 일반적인 보험거래에서도 보험자는 보험소비자가 일반보험계약자로 인정되는 한 예외 없이 계약의 체결에 영향을 미치는 중요사항에 대하여 설명의무를 다하여야 한다.

셋째, 전자는 계약의 편입과 관련하여 계약의 성립시에 문제되는 것이나, 후자는 계약의 성립시뿐 아니라 존속시 등에도 문제된다. 보험자는 고객보호의무로서의 설명의무에 대하여 계약의 성립시뿐 아니라 존속시에도 설명의무를 이행하여야 한다.

넷째, 마지막으로 위반의 효과이다. 전자를 위반한 경우에는 계약의 내용이 되지 않음에 반하여, 후자를 위반한 경우 손해배상책임이 논하여진다. 보험자가 고객보호의무로서의 설명의무 위반시 계약의 내용이 되는지 여부는 별론으로 하고 손해배상책임을 부담한다.

결론적으로, 양자 모두 정보비대칭성으로 인한 문제를 극복하기 위하여 소비자를 보호하겠다는 취지인 점은 같으나, 약관설명의무는 그 설명의무의 대상이 원칙적으로 약관임에 반하여 보험자의 설명의무는 자기책임 원칙의 전제로서 발전된 것으로서 그 설명의 대상이 약관에 국한되지 아니한다. 그리고 그 위반의 효과도 다르다. 고객보호의무로서의 설명의무는 약관의 특정이나 지시 등에 대한 판단을 할 필요도 없이, 보험자는 계약체결에 영향을 미치는 중요사항에 대하여는 마땅히 설명하여야 하므로 최근 문제되고 있는 즉시연금사건에서 연금월액의 변동사항과 최저보증이율을 하회한 연금월액의 지급가능성 등에 대하여 설명하여야 한다. 이 의무를 위반하였다면 보험자는 손해배상책임을 부담한다.

5. 금융소비자보호법에서의 설명의무

(1) 의 의

상법과 약관규제법, 자본시장법, 그리고 보험업법 이외에도 '금융소비자보호에

40) 대법원 1998. 11. 27. 선고 98다23690 판결; 대법원 2001. 11. 9. 선고 2001다55499, 55505 판결; 대법원 2007. 9. 6. 선고 2007다30263 판결 등.

관한 법률'(이하 "금융소비자보호법"이라 한다)에서도 설명의무에 관하여 규정하고 있다. 금융소비자보호법이 최초로 발의한 지 약 9년 만인 2020. 3. 5. 국회를 통과하여 2020. 3. 24. 공포되었으며, 2021. 3. 25.부터 시행되었다. 금융소비자보호법에서 설명의무란 금융상품판매업자 등이 금융상품의 내용, 위험도의 수준 등을 종합적으로 고려하여 금융상품에 관한 중요한 사항을 일반금융소비자가 이해할 수 있도록 설명해야 할 의무를 말한다. 동법은 금융상품판매업자 등이 일반금융소비자에게 계약체결을 권유하는 경우 및 일반금융소비자가 설명을 요청하는 경우에 설명하도록 규정하고 있다(금융소비자보호법 제19조).

설명의무 적용대상 상품은 예금성 상품, 투자성 상품, 보장성 상품, 대출성 상품 등 모든 금융상품이며, 설명해야 할 공통사항은 청약철회에 관한 사항과 대통령령으로 정하는 사항이다. 금융상품 유형별로 설명해야 할 중요사항을 각각 규정하고 있는데, 보장성 상품인 경우에는 보장성 상품의 내용, 보험료, 보험금 지급제한 사유 및 지급절차, 위험보장의 범위 등을 설명하여야 한다. 설명의무는 금융상품에 대한 전문성 및 위험감수 능력이 다소 낮은 일반금융소비자에게 모든 금융상품에 대한 구매권유시 중요사항을 설명하도록 의무화함으로써 금융소비자의 피해를 예방하려는 취지이다.[41]

(2) 보험업법과 금융소비자보호법에서의 설명의무 비교

보험업법에서도 설명의무가 규정되어 있고, 보험자로 하여금 보험계약 체결을 권유하는 경우 일반보험계약자에게 보험료, 보장범위, 보험금 지급제한 사유 등을 중요사항으로 설명하도록 하고, 보험계약 체결시부터 보험금 지급시까지의 주요 과정, 보험금의 지급절차 및 지급내역 등도 설명하여야 하며, 일반보험계약자의 보험금청구시에는 보험금을 감액하거나 지급하지 아니하는 경우 그 사유를 설명하도록 한다. 금융소비자보호법과 보험업법의 설명의무를 비교하여 정리하면 다음 표와 같다.

---

41) 전상수, 「금융소비자보호법안 등 검토보고서」, 48면.

금융소비자보호법 제19조(설명의무)	보험업법 제95조2(설명의무 등)
① 금융상품판매업자등은 일반금융소비자에게 계약체결을 권유(금융상품자문업자가 자문에 응하는 것을 포함한다)하는 경우 및 일반금융소비자가 설명을 요청하는 경우에는 다음 각 호의 금융상품에 관한 중요한 사항을 일반금융소비자가 이해할 수 있도록 설명하여야 한다. 1.다음 각 목의 구분에 따른 사항 가. 보장성 상품 1) 보장성상품의 내용 2) 보험료 3) 보험금 지급제한 사유 및 지급절 차 4) 위험보장의 범위 5) 그 밖에 위험보장기간 등 보장성 상품에 관한 중요한 사항으로서 대통령령으로 정하는 사항 2. 제46조에 따른 청약철회의 기한·행사방법·효과에 관하는 사항 3. 그 밖에 금융소비자보호를 위하여 대통령령으로 정한 사항 ② 금융상품판매업자등은 제1항에 따른 설명에 필요한 설명서를 일반금융소비자에게 제공하여야 하며, 설명한 내용을 일반금융소비자가 이해하였음을 서명, 기명날인, 녹취 또는 그 밖에 대통령령으로 정하는 방법으로 확인을 받아야 한다. 다만, 금융소비자보호 및 건전한 거래질서를 해칠 우려가 없는 경우로서 대통령령으로 정하는 경우에는 설명서를 제공하지 아니할 수 있다.	① 보험회사 또는 보험의 모집에 종사하는 자는 일반보험계약자에게 보험계약 체결을 권유하는 경우에는 보험료, 보장범위, 보험금 지급제한사유 등 대통령령으로 정하는 보험계약의 중요사항을 일반보험계약자가 이해할 수 있도록 설명하여야 한다. ② 보험회사 또는 보험의 모집에 종사하는 자는 제1항에 따라 설명한 내용을 일반보험계약자가 이해하였음을 서명, 기명날인, 녹취, 그 밖에 대통령령으로 정하는 방법으로 확인을 받아야 한다. ③ 보험회사는 보험계약 체결시부터 보험금 지급시까지의 주요 과정을 대통령령으로 정하는 바에 따라 일반보험계약자에게 설명하여야 한다. 다만, 일반보험계약자가 설명을 거부하는 경우에는 그러하지 아니하다. ④ 보험회사는 일반보험계약자가 보험금 지급을 요청한 경우에는 대통령령으로 정하는 바에 따라 보험금의 지급절차 및 지급내역 등을 설명하여야 하며, 보험금을 감액하여 지급하거나 지급하지 아니하는 경우에는 그 사유를 설명하여야 한다.

금융소비자보호법에서 설명의무 위반자에 대해서는 1억원 이하의 과태료를 부과하도록 하여 적합성 원칙, 적정성 원칙 위반자에 대한 3천만원보다 높고, 보험업법의 1천만원 이하의 과태료 부과보다 매우 높은 수준이다. 또한, 금융소비자보호법은 보험회사, 보험회사 소속 임직원, 보험회사의 전속 대리·중개업자가 설명의무를 위반한 경우 위반행위와 관련된 계약으로 얻은 수입 등의 100분의 50 이내에서 보험회사에게 과징금을 부과(금융소비자보호법 제57조)할 수 있도록 함으로써 보험업법[42] 보다 과징금 부과대상이 확대되었다.

또한, 금융소비자보호법은 설명의무 위반으로 금융소비자에게 손해를 발생시킨 경우 손해배상책임을 지우면서 설명의무 위반의 입증책임을 금융상품판매업자 등

42) 보형법법 제196조(과징금) 제2항에는 보험회사가 소속 임직원, 보험설계사가 위반한 경우 보험회사에게 과징금을 부과할 수 있도록 하고 있다.

에게로 전환하였으며(금융소비자보호법 제44조 제2항), 또한 설명의무 위반시 위법계약을 해지도 할 수 있게 규정하였다(금융소비자보호법 제47조). 이는 보험업법 보다 상당히 강한 제재를 부과한 것으로 금융상품판매업자 등에게 설명의무의 이행을 철저히 준수하도록 하기 위한 것이다.

Ⅳ. 의무의 이행 및 위반의 효과

1. 구체적 이행

(1) 의무이행의 당사자

약관의 교부명시의무자는 보험자이다. 보험대리점 중에서 체약대리점은 보험자를 대리할 수 있는 계약체결권을 가지고 있으므로 약관의 교부명시의무자가 되는 것이나, 보험설계사와 보험중개인은 보험계약의 체결권을 가지고 있지 않으므로 그 의무자인지 의문이 있다. 그러나 판례는 보험계약자는 그들을 통하여 보험계약을 청약하고 보험료를 지급하고 있으므로 그들에 의하여 교부명시의무가 이루어지는 것을 인정한다.[43] 2014년 개정법은 명시적으로 보험설계사에게 보험료수령권한과 보험증권의 교부권한을 인정한다(상법 제646조의2 제3항). 이 점에 관하여는 보험설계사의 계약체결대리권 부분에서 상론한다. 그리고 그 설명의 상대방이 반드시 보험계약자 본인일 필요는 없고, 보험계약자의 대리인과 보험계약을 체결하는 경우에는 그 대리인에게 하는 것으로 족하다.[44]

(2) 중요한 내용

보험자는 보험계약을 체결할 때에 보험계약자에게 보험약관을 교부하여 주고, 계약조항에서 중요한 내용을 밝히고 설명하여야 한다. 계약의 조항 중에서 중요한 내용이 무엇이냐는 각 보험의 특성을 감안하여 파악할 문제이나, 일반적으로 보험

---

43) 대법원 2007. 9. 6. 선고 2007다30263 판결(타인의 사망을 보험사고로 하는 보험계약의 체결에 있어서 보험모집인은 보험계약자에게 피보험자의 서면동의 등의 요건에 관하여 구체적이고 상세하게 설명하여 보험계약자로 하여금 그 요건을 구비할 수 있는 기회를 주어 유효한 보험계약이 체결되도록 조치할 주의의무가 있고, 그럼에도 보험모집인이 위와 같은 설명을 하지 아니하는 바람에 위 요건의 흠결로 보험계약이 무효가 되고 그 결과 보험사고의 발생에도 불구하고 보험계약자가 보험금을 지급받지 못하게 되었다면 보험자는 보험업법 제102조 제1항에 기하여 보험계약자에게 그 보험금 상당액의 손해를 배상할 의무가 있다).

44) 대법원 2001. 7. 27. 선고 2001다23973 판결(그 설명의무의 상대방은 반드시 보험계약자 본인에 국한되는 것이 아니라, 보험자가 보험계약자의 대리인과 보험계약을 체결할 경우에는 그 대리인에게 보험약관을 설명함으로써 족하다).

금액·보험기간·보험자의 면책사유·보험사고·보험계약의 해지사유 등은 중요한 사항으로서 명시설명을 하여야 할 것이다. 판례도 설명의무의 대상이 되는 '중요한 내용'이라 함은 사회통념에 비추어 고객이 계약체결의 여부 또는 대가를 결정하거나 계약체결 후 어떤 행동을 취할지에 관하여 직접적인 영향을 미칠 수 있는 사항을 말하고,[45] 약관조항 중에서 무엇이 중요한 내용에 해당하는지에 관하여는 일률적으로 말할 수 없으며, 구체적인 사건에서 개별적 사정을 고려하여 판단하여야 한다고 판시한다.[46]

(3) 방 법

소비자가 약관의 전체에 대하여 인지할 수 있는 가능성을 제공하는 것이 명시이고, 명시된 약관 중 중요한 내용에 대하여 구두나 문서를 통하여 이해유무에 관계없이 설명하도록 한다. 설명의무의 이행은 고객에 대하여 직접 구두로 하는 것이 원칙이나, 특별히 중요한 조항을 일목요연하게 정리한 문서에 서명날인을 받음으로써 설명에 갈음할 수 있는 것으로 본다.[47] 설명의 정도는 구체적이고 상세한 것이어야 하나, 그 조항의 법적 의미와 효과까지 상세하게 설명하여야 하는 것은 아니다. 설명의무의 입증책임은 보험자에게 있으며, 입증을 위하여 구두 설명의 경우 설명필의 확인서를, 별도의 설명문으로 대신하는 경우에는 설명문에 서명날인을 받아둘 필요가 있다. 일방적 설명이 있으면 되고 당해 조항에 대한 고

---

45) 대법원 2016. 9. 23. 선고 2016다221023 판결(위 보험계약은 화물자동차 운수사업법에 따라 일정 규모 이상의 화물자동차를 소유하고 있는 운송사업자나 특정 화물을 취급하는 운송주선사업자 등이 반드시 가입하여야 하는 의무보험으로서, 보험계약자인 甲 회사로서는 보험금 지급대상이 되는 보험사고가 '차량운송 및 화물운송 부수업무'가 이루어지는 육상운송 과정 동안에 발생한 보험사고에 한정되고 수탁화물을 적재한 차량이 선박에 선적되어 선박을 동력수단으로 해상구간을 이동하는 경우에는 제외된다는 설명을 들었더라도 보험계약을 체결하였을 것으로 보이므로, 위 약관조항은 명시·설명의무의 대상이 되는 보험계약의 중요한 내용이라고 할 수 없다).

46) 대법원 2010. 7. 15. 선고 2010다19990 판결; 대법원 2008. 12. 16. 자 2007마1328 결정.

47) 손지열, 「민법주해 XII」, 박영사, 320면; 김진환, "약관의 계약편입과 전자약관", 「법조」 제50권 제6호에서는 "이제까지의 일반적인 형태의 계약 체결 방법인 대면거래와 점차 보편화될 것으로 예상되는 새로운 형태의 계약 체결 방법인 비대면거래의 차이는, 약관의 설명의무의 '정도'에 있는 것이 아니라, 그 '방식'에 있다고 하여야 한다. 따라서 비대면거래 유형에서도 대면거래에서 행하는 설명과 동일한 정도의 효과를 얻을 수 있는 설명 방식을 취하였다면 규범적으로 의당 약관법상의 설명의무를 이행한 것으로 평가하여야 할 것이다."고 서술한다. 판례로는 운전자연령 26세 이상 한정운전 특별약관을 알리기 위하여 구두로 설명함과 아울러 그 취지가 기재된 보험료영수증, 연령스티커 등을 교부한 경우에 설명의무가 이행된 것으로 판시한 대법원 1998. 6. 23. 선고 98다14191 판결과, 주운전자의 고지의무와 관련하여 보험계약자로부터 주운전자 변경시 연락을 하겠다는 서면확약을 받은 경우 설명의무가 이행되었을 개연성이 높다는 취지로 판시한 대법원 1997. 3. 14. 선고 96다53314 판결이 있다.

객의 구체적이고 개별적 동의를 얻을 필요까지는 없다. 수령인이 관심을 가지고 실제로 들었는가, 읽었는가 또는 인지하였는가 등은 묻지 않는다. 요컨대 보험회사가 소비자에게 관련 정보를 구체적으로 이해시킬 의무가 아니라, 정보를 적극적으로 제공할 의무를 규정하는 것이다.

2. 새로운 형태의 보험계약 체결

(1) 판 례

정보통신기술의 발달로 통신판매 또는 인터넷을 이용한 보험계약의 체결이 이루어지고 있다. 이런 방식의 경우 전통적인 명시설명의무가 그대로 적용되기 어려운 면이 있고 그 구체적인 범위에 관한 연구가 필요하다. 판례는 통신판매의 경우 보험약관의 명시설명의무를 인정하면서, 통신판매 방식으로 체결된 상해보험계약에서 보험자가 약관 내용의 개요를 소개한 것이라는 내용과 면책사고에 해당하는 경우를 확인하라는 내용이 기재된 안내문과 청약서를 보험계약자에게 우송한 것만으로는 보험자의 면책약관에 관한 설명의무를 다한 것으로 볼 수 없다고 하였다.[48)]

(2) 통신판매에서의 의무 이행

약관은 통신판매의 경우 인터넷 홈페이지에서 약관 및 그 설명문(약관의 중요한 내용을 알 수 있도록 설명한 문서)을 읽거나 내려받게 하는 방법의 경우 보험계약자가 이를 읽거나 내려받은 것을 확인한 때에 그 중요한 내용을 설명한 것으로 본다.

첫째, 인터넷홈페이지를 통한 방법이다. 약관뿐만 아니라 그 설명문을 읽은 경우 이외에도 내려받은 경우 확인이 된다면 설명한 것으로 본다는 취지이다. 이에 관하여는 아직 관련 판례는 찾을 수는 없다. 그런데 그 설명의 정도가 일방적 설명이 있으면 되고 당해 조항에 대한 고객의 구체적이고 개별적 동의를 얻을 필요

---

48) 대법원 1999. 3. 9. 선고 98다43342, 43359 판결에서 통신판매에 의한 상해보험계약에서 청약을 유인하는 안내문에 보험약관의 내용을 추상적 개괄적으로 소개하고, 보험약관의 개요를 소개한 것이라는 내용과 면책사고에 해당하는 경우를 확인하라는 내용이 기재된 안내문과 청약서를 보험계약자에게 우송한 경우에도 면책약관에 대한 설명의무를 이행하였다고 보기 어렵다고 한 사례가 있다. 그리고 대법원 1997. 9. 26. 선고 97다4494 판결에서는 보험계약을 체결한 이후 보험약관을 우송하면서 주운전자를 허위로 기재하면 보험금을 지급받지 못하는 경우가 있으므로 기존의 계약내용중 잘못된 내용이 있으면 이를 즉시 신고하여야 한다는 취지의 안내문을 동봉하여 우송한 경우 설명의무를 이행하지 않았다고 보았다. 하지만 후자의 판례에 대하여는 의문이 있다.

까지는 없으나 약관과 설명문을 내려받은 것으로 설명의무를 이행한 것으로 볼 수 있을지 여부는 의문이다.

둘째, 전화를 통한 방법이다. 전화의 경우는 중요한 사항을 질문 또는 설명하는 방법으로 가능한데 이 경우 계약자의 답변과 확인내용을 음성 녹음함으로써 약관의 중요한 내용을 설명한 것으로 본다고 규정한다. 관련 판례를 찾을 수는 없으나 이 약관상 규정은 타당한 것으로 본다.

3. 위반의 효과

(1) 계약설

판례는 계약설에 입각하여 있고, 상법 제638조의3과 관련하여서는 중첩적 적용설에 의한다. 대법원 1985. 11. 26. 선고 84다카2543 판결은 "보통보험약관이 계약당사자에 대하여 구속력을 갖는 것은 그 자체가 법규범 또는 법규범적 성질을 가진 계약이기 때문이 아니라 보험계약당사자 사이에서 계약내용에 포함시키기로 합의하였기 때문이라고 볼 것인바, 일반적으로 당사자 사이에서 보통보험약관을 계약내용에 포함시킨 보험계약서가 작성된 경우에는 계약자가 그 보험약관의 내용을 알지 못하는 경우에도 그 약관의 구속력을 배제할 수 없는 것이 원칙이나 다만 당사자 사이에서 명시적으로 약관에 관하여 달리 약정한 경우에는 위 약관의 구속력은 배제된다"고 하였고, 이는 보통보험약관의 효력을 계약설에서 구한 효시가 되는 판결이다. 이후 판례는 일관되게 계약설에 입각하여 있다.[49]

(2) 설명의무의 면제

판례는 설명을 하지 않아도 계약의 내용이 되는 사항으로 크게 세 가지의 예외를 인정한다. 그 세 가지의 예외의 경우는 규범설에 의한 결론과 동일하다. 다만 보험자가 고객에게 약관의 내용을 따로 설명할 필요가 없는 특별한 사정이 있다는 점은 이를 주장하는 보험자가 증명하여야 한다.[50]

---

49) 그 판결들로는 대법원 1986. 10. 14. 선고 84다카122 판결; 대법원 1989. 3. 28. 선고 88다4645 판결; 대법원 1989. 11. 14. 선고 88다카29177 판결; 대법원 1990. 4. 27. 선고 89다카24070 판결; 대법원 1991. 9. 10. 선고 91다20432 판결; 대법원 1996. 10. 11. 선고 96다19307 판결; 대법원 1997. 9. 5. 선고 95다47398 판결; 대법원 1999. 4. 9. 선고 98다20714 판결; 대법원 2004. 11. 11. 선고 2003다30807 판결; 대법원 2007. 6. 29. 선고 2007다9160 판결 등이 있다.

50) 대법원 2001. 7. 27. 선고 99다55533 판결; 대법원 2003. 8. 22. 선고 2003다27054 판결; 대법원 2010. 7. 15. 선고 2010다19990 판결 등 참조.

1) 보험계약자나 그 대리인이 약관의 내용을 충분히 잘 알고 있는 경우

이 면제를 정확히 적용한 보험약관 사건은 주운전자에 관한 것이다.[51] 여기서는 보험계약자가 주운전자의 고지의무에 관한 보험약관상의 내용을 충분히 잘 알면서 보험료 절감을 위하여 주운전자를 허위로 고지하였다고 보아, 보험자가 그에 관한 약관설명의무를 다하지 아니하였다는 보험계약자의 항변을 배척하고 고지의무 위반을 이유로 보험계약의 해지를 인정하였다. 이러한 사안에서 보험계약자가 해당 약관의 내용을 충분히 잘 알고 있었다는 점에 대한 입증책임은 보험자가 부담한다.[52]

2) 거래상 일반적이고 공통된 것이어서 당사자가 알고 있다고 예상할 수 있는 사항

이 예외에서 판례는 해당 약관을 보험거래에서 일반적으로 사용하고 있다는 근거를 내세운다. 그 판례들로 자동차종합보험의 대인배상에서 피해자가 피보험자의 피용자로서 근로기준법에 의한 재해보상을 받을 수 있는 경우를 면책사유로 한 조항,[53] 비사업용 자동차의 경우 요금이나 대가를 받고 자동차를 사용한 때에 생긴 사고로 인한 손해에 대하여는 보험자에게 책임이 없는 것으로 규정한 조항,[54] 작업기계로 사용되는 중기를 교통승용구로 보지 않는다는 조항[55] 등을 예시할 수 있다.[56]

상해보험약관의 기왕증 감액규정이 설명의무의 대상이 되는지 여부가 문제된 사안에서, 판례[57]는 정액보험인 상해보험에서는 기왕장해가 있는 경우에도 약정보험금 전액을 지급하는 것이 원칙이고 예외적으로 감액규정이 있는 경우에만 보

51) 대법원 1998. 4. 14. 선고 97다39308 판결.
52) 대법원 2003. 8. 22. 선고 2003다27054 판결; 대법원 2001. 7. 27. 선고 99다55533 판결 등 참조.
53) 대법원 1990. 4. 27. 선고 89다카24070 판결.
54) 대법원 1992. 5. 22. 선고 91다36642 판결.
55) 대법원 2002. 2. 8. 선고 2001다72746 판결.
56) 그런데 다음의 판결들은 면제사유가 아니라 하였다. 선박미확정의 해상적하보험계약에서 사용된 영국협회선급약관(대법원 2001. 7. 27. 선고 99다55533 판결), '피보험자가 자동차정비업, 주차장업, 급유업, 세차업, 자동차판매업 등 자동차 취급업무상 수탁받은 자동차를 운전중 생긴 사고로 인한 손해' 조항이 보험계약의 중요한 내용에 대한 것으로서 설명의무의 대상이 된다고 판단한 사례이나 이는 모든 자동차보험회사가 그 약관에 포함시키고 있다(대법원 2001. 9. 18. 선고 2001다14917, 14924 판결). 자기신체사고보험의 공제(대법원 2004. 11. 25. 선고 2004다28245 판결).
57) 대법원 2015. 3. 26. 선고 2014다229917, 229924 판결. 또한 그 "감액규정이 이미 법령에 정하여진 것을 되풀이하거나 부연하는 정도에 불과한 사항이라고 볼 수도 없다. 따라서 보험계약자나 그 대리인이 그 내용을 충분히 잘 알고 있지 않는 한 보험자는 위 감액규정을 명시·설명할 의무가 있다"고 하였다.

험금을 감액할 수 있으므로, 기왕장해에 해당하는 보험금 부분을 감액하는 것이 거래상 일반적이고 공통된 것이어서 보험계약자가 별도의 설명 없이도 충분히 예상할 수 있는 내용이라고 볼 수 없다고 하였다. 타당한 판결이다.

3) 법령에 규정된 사항

법령에 규정된 사항을 구체적으로 부연하는 정도에 불과한 경우에는 설명의무가 면제된다. 자동차보험약관에서 통지의무조항,[58] 수출계약의 의미,[59] 화재보험보통계약상의 증개축시 통지의무이행,[60] 증권에 관한 판례[61]들이 그것이다. 어떤 면허를 가지고 운전하여야 무면허운전이 되지 않는지에 관한 조항,[62] 보험약관상 고지의무에 관한 조항,[63] 계약자 또는 피보험자가 손해의 통지 또는 보험금청구에 관한 서류에 고의로 사실과 다른 것을 기재하였거나 그 서류 또는 증거를 위조하거나 변조한 경우를 면책사유로 정한 조항[64] 등을 예시할 수 있다.

4) 기타 특별한 사정

'자동차종합보험의 가족운전자 한정운전 특별약관에서의 가족의 범위에 기명피보험자의 자녀와 사실혼관계에 있는 사람은 포함되지 않는다는 것이 문제된 사안이었다. 판례[65]는 그 특별약관은 보험자의 면책과 관련되는 중요한 내용에 해당하는 사항으로서 일반적으로 보험자의 구체적이고 상세한 명시·설명의무의 대상이 된다고 하면서도, 그러나 보험계약자가 기명피보험자의 사위나 며느리가 될 자가

58) 대법원 1998. 11. 27. 선고 98다32564 판결. 자동차 구조변경 등과 관련된 약관상 통지의무가 상법 제652조 제1항에서 이미 규정된 통지의무를 구체적으로 부연한 정도에 불과한 경우 그 약관 내용에 관하여 보험자에게 별도의 설명의무가 없으며, 보험계약자가 자동차의 구조변경(크레인장착) 사실을 통지하지 않은 경우 상법 제652조 제1항에 의하여 보험계약자의 통지의무위반을 이유로 보험계약을 해지할 수 있다고 한 사례이다.

59) 대법원 1999. 9. 7. 선고 98다19240 판결.

60) 대법원 2000. 7. 4. 선고 98다62909, 62916 판결(화재보험보통약관에서 보험계약을 체결한 후 뚜렷한 위험의 변경 또는 증가와 관련된 피보험 건물의 구조변경·개축·증축 등의 경우 보험계약자 또는 피보험자는 지체 없이 이를 보험자에게 알릴 의무를 규정하고 있다고 하더라도 이는 상법 제652조 제1항에서 이미 정하여 놓은 통지의무를 화재보험에서 구체적으로 부연한 정도의 규정에 해당하여 그에 대하여는 보험자에게 별도의 설명의무가 인정된다고 볼 수가 없다).

61) 증권에 관한 것으로 대법원 2003. 12. 11. 선고 2001다33253 판결(이 사건 투자신탁약관 제16조 제3항의 규정은 구 투신업법 제7조 제4항 단서에 규정된 내용과 동일한바 위와 같이 약관의 내용이 이미 법령에 의하여 정하여진 것을 되풀이 하는 것에 불과한 경우에는 약관 작성자에게 명시·설명의무가 있다고 할 수 없으므로).

62) 대법원 2000. 12. 12. 선고 2000다48036 판결.

63) 대법원 2001. 1. 5. 선고 2000다31847 판결.

64) 대법원 2003. 5. 30. 선고 2003다15556 판결.

65) 대법원 2014. 9. 4. 선고 2013다66966 판결.

자동차를 운전하다가 발생하는 사고에 대하여도 종합보험을 적용받기 원하는 의사를 표시하는 등의 특별한 사정이 없는 한, 보험자가 기명피보험자의 자녀가 사실혼관계에 있을 경우를 상정하여 그 자녀와 사실혼관계에 있는 사람은 가족의 범위에 포함되지 않는다고까지 약관을 명시·설명할 의무가 있다고 볼 수는 없다고 하였다. 요컨대 관련된 사고가 대단히 예외적이면서도 특별한 경우이므로 이런 모든 경우까지 예상하여 설명할 필요는 없다는 근거이다.

그러하다면 판례는 예외사유를 하나 더 추가한 것으로 볼 수 있다. 기존의 세 가지 예외사유 이외에도 특별한 경우를 상정하여 그에 대하여는 설명할 의무가 없다고 한 것이다. 그런데 설명의무와 관련한 많은 사건이 새로우면서도 특별한 경우의 다툼이라면 법적 안정성의 측면에서 의문이 생긴다. 판례가 계약설에 입각하고 있어 법리적으로 택할 수 있는 범위가 제한되는 점에서 이해되는 면도 있으나, 장기적으로는 고객보호의무로서의 설명의무의 법리 등으로 해결하는 방향을 고려해야 한다.

Ⅴ. 약관의 검토 등 제안

1. 약관 검토

약관상 의무위반의 효과도 상법 규정과 별반 다르지 않다. 3개월의 기간을 정한 것도 상법과 같으며, 약관규제법의 적용 여부 등에 대하여는 규정이 없으나 그 해석은 위에서와 같은 결과가 될 것이다. 다만 추가된 것으로 계약자가 자필서명을 하지 않은 경우에도 3개월 이내에 계약을 취소할 수 있다고 규정하여 보험소비자 보호를 강화하고 있고 그 유효성을 인정함에 문제가 없다.

2. 평가 및 제안

여러 법률들에서 설명의무라는 용어를 사용하고 있어 그 이해와 적용에 어려움이 있을 수 있다. 그러나 약관설명의무와 고객보호의무로서의 설명의무는 그 요건이나 효과 등에 차이가 있기 때문에, 용어의 단일화만을 근거로 하여 설명의무를 일률적으로 규정하기는 어려운 작업이고, 또한 그렇게 입법할 필요도 없다고 본다. 현재의 설명의무의 입법체계에 관하여 다음과 같은 평가와 제안을 한다.

첫째, 고객보호의무로서의 설명의무는 상법에 규정을 두지 않고, 소비자보호에 관한 특별법인 금융소비자보호법에 맡겨두는 것이 국가 전체적인 입법체계와 정합성의 측면에서 옳다고 평가한다. 금융소비자보호법이 금융소비자와 관련하여서는 특별법으로서의 지위가 부여되어 있어 고객보호의무로서의 설명의무에 대한 법리는 금융소비자보호법에 맡겨두고, 상법에서는 약관설명의무에 관한 규정을 정비하는 것이 국가 전체적인 입법의 방향으로 보아 타당하다고 판단된다. 예를 들면, 보험자가 고객보호의무로서의 설명의무를 제대로 이행하지 아니한 경우 금융소비자보호법 제44조가 보험자에게 손해배상책임을 지우고 그 입증책임마저 보험자에게 부과하는 등 보험소비자 보호를 강화하는 타당한 규정을 두고 있다. 그런데 이를 상법 보험편으로 도입하는 것은 법체계상 쉬운 일이 아니며, 그렇게 할 필요도 없다고 본다.

둘째, 약관설명의무와 관련하여서는 상법 보험편의 일부 개정이 필요하다고 제안한다. 상법 제638조의3 보험약관의 설명의무에서 보험자가 설명하여야 할 중요한 내용의 범위를 비록 추상적이라 하더라도 보다 명확하게 제시하여야 하는 규정이 필요하다. 보다 구체적인 정함은 상법시행령으로 위임하되, 그 기본적 내용은 예측가능성을 부여하기 위하여 상법에 규정하는 것이다. 그리고 약관설명의무 위반의 효과에 대하여도 불필요한 논쟁을 방지하기 위하여 판례에 의하여 확립된 법리를 규정하는 것이 옳다고 본다.[66] 판례[67]와 통설은 설명되지 않은 약관의 내용이 계약에 편입되지 않는다는 것이므로, 그에 따른 규정을 상법에 명시적으로 두는 것이다.

> 상법 제638조의3 (보험약관의 교부 · 설명의무)
> ① 보험자는 보험계약을 체결할 때에 보험계약자에게 보험약관을 교부하고 보험자 면책사유, 계약해지사유, 고지와 통지의 대상과 위반의 효과 등 그 약관의 중요한 내용을 설명하여야 한다. 중요한 내용에 대하여는 대통령령으로 정한다.
> ② 보험자가 제1항을 위반한 경우 보험계약자는 보험계약이 성립한 날부터 3개월 이내에 그 계약을 취소할 수 있고, 약관규제법 제3조의 규정을 준용한다.

66) 박세민, "보험자의 정보제공의무에 관한 영국, 독일 및 유럽보험계약법 준칙의 비교 분석에 관한 연구", 「안암법학」 제47권, 2015, 143－187면.

67) 대법원 2004. 11. 11. 선고 2003다30807 판결; 대법원 1999. 3. 9. 선고 98다43342 판결; 대법원 1998. 11. 27. 선고 98다32564 판결; 대법원 1991. 9. 10. 선고 91다20432 판결; 대법원 1986. 10. 14. 선고 84다카122 판결; 대법원 1985. 11. 26. 선고 84다카2543 판결 등.

제3절 고지의무

Ⅰ. 의의 및 약관 규정

1. 고지의무의 의의

(1) 의의 및 인정이유

고지의무는 보험계약자 또는 피보험자는 보험계약을 체결함에 있어서 보험자에 대하여 중요한 사실을 고지하고, 부실의 사실을 고지하지 아니할 의무이다(상법 제651조). 고지의무는 보험계약자 또는 피보험자에게 보험계약의 체결에 즈음하여 보험사고 발생의 가능성을 측정하는 데 보험자에게 도움이 되는 중요한 사항을 진실하게 알릴 것을 요구하는 보험계약상의 특수한 의무이다.[68]

보험계약은 우연한 사고의 발생을 전제로 하여 보험자가 책임을 지는 사행계약의 일종이므로, 보험금을 지급하게 되는 보험자로서는 보험계약을 체결함에 있어 보험기술상의 개별적인 위험상황을 정확하게 파악할 필요가 있다. 보험자는 보험료율을 산출함에 있어 과거의 경험에 입각한 확률 원리에 의존한다.[69] 이것을 위하여 보험자는 개별적인 위험상황을 정확하게 조사할 수도 있으나, 다수의 보험계약자를 상대로 하는 보험계약에 있어서는 보험자의 일방적인 조사만으로는 부족하고 이러한 상황을 잘 알 수 있는 보험계약자의 협력을 얻어야 한다. 이러한 과정을 통하여 적정한 보험료를 산출할 수 있을 뿐만 아니라 동질적인 우연한 사고의 범위에 속하지 아니하는 불량한 위험에 대하여는 이를 배제할 수 있게 된다. 그 과정에서 보험계약자나 피보험자가 진실한 사실을 알려야 한다는 것은 보험계약에서 필수적 요소가 된다. 일반적으로 계약을 체결할 때 진실을 알려야 한다는 원칙은 민법상의 신의성실에서도 찾아 볼 수 있는 것으로(민법 제2조 제1항), 특히 보험계약에서의 고지의무는 선의계약성을 대표하는 것으로 설명되고,[70] 보험관계

---

68) 양승규, "고지의무에 관한 연구", 「서울대학교 법학」 제26권 제1호, 1985, 152면.
69) 예를 들면 생명보험에 있어서는 과거에 경험한 사망 통계나 생존 통계에 확률 이론을 적용하여 생명표나 생존표를 작성하고 보험료율을 결정하며, 화재보험에 있어서는 과거 경험한 지역별, 위험종목별, 구조별 이재(罹災)경험에 입각하여 장래의 우연한 사고발생가능성을 추정하여 보험료율을 산출하게 된다.
70) Seaton v. Burnand 1 QB 782, 792 (1899); Greenhill v. Federal Ins. 1 KB 65, 76 (1927); 고지의무의 근거에 관한 제학설에 관한 설명은 최기원, 앞의 책, 132－142면 참조.

에서 중요한 지위를 차지하고 있다.

고지의무의 근거에 대하여는 여러 가지 설로 갈려 있으나 보험의 기술적 기초에 있다고 풀이하는 기술설 또는 위험측정설이 다수설이다.[71] 보험제도는 동질적인 위험에 놓여 있는 다수의 보험계약자가 이른바 위험단체를 구성하여 공동비축금에 의하여 보험사고에 대비하는 것을 그 본질로 하므로, 보험금과 대가관계에 있는 보험료산출을 위하여 필요한 위험률의 측정을 가급적 정확하게 하여야 한다. 그런데 보험자가 직접 모든 사항을 조사할 수는 없으며 보험계약자 등의 협력을 구할 수밖에 없고, 여기에서 고지의무제도의 인정 근거를 구한다.

(2) 위험변경증가의 통지의무와의 구별

고지의무는 계약체결시에 부담하는 의무라는 점에서 계약존속 중의 의무인 위험변경증가의 통지의무와 구별된다.[72] 상법 제652조에 의하면 보험계약자 또는 피보험자가 사고발생의 위험이 현저하게 변경 또는 증가된 사실을 안 때에는 지체없이 보험자에게 통지하여야 한다. 그 정도의 위험이 계약체결 당시에 존재하였다면 적어도 동일한 조건으로는 그 계약을 체결하지 아니하였으리라고 생각되는 위험의 변경 또는 증가가 통지의 대상이며, 이 의무를 위반하였을 때 보험자는 그 사실을 안 때로부터 1월내에 계약을 해지할 수 있다(상법 제652조 제1항 후단). 그러나 그 구별의 법적 실익은 없는 듯하다. 상법에서 고지의무 위반과 위험변경증가의 통지의무 위반의 효과가 보험자는 그 사실을 안 날로부터 1월 내에 해지권을 행사하는 등으로 동일하다.[73]

---

71) 양승규, 앞의 책, 117면.

72) 영미법상으로는 고지의무와 위험변경증가의 통지의무의 구별이 엄격하지 아니하다. 영미에서는 보험상의 담보위험의 성질을 변경하거나 그 범위를 보험자의 동의없이 변경하는 것이 금지되고 이러한 행위는 고지의무 위반의 효과와 마찬가지로 계약취소(avoidance)의 사유가 된다고 한다. 이와 같이 당해 위험이 증가하여 만약에 그 위험이 계약체결시에 존재하였다면 보험자의 계약체결에 영향을 미쳤을 것이라는 전제하에 새로운 계약이 성립한 것으로 보고 고지의무의 문제로 해결하고 있다.

73) 영미에서도 고지의무 위반의 효과와 보험자의 동의없는 위험변경증가의 효과로 동일하게 계약의 취소권이 부여되고 있다. St. Nicholas Ins. Co. v. Merchants' Mut Fire & Marine Ins. Co., 83 N.Y. 604; 그러나 Faneuil Hall Ins. Co. v. Liverpool & London & Globe Ins. Co., 26 N.E. 244, 153 Mass. 63. 사건에서는 그 계약의 조건을 취소하는 것이 선의의 적법한 절차에 의하여 이루어지고 재보험자의 책임부담을 증가시킨다거나 손해의 발생에 아무런 영향을 미치지 아니하면 문제되지 아니한다고 한다.

(3) 법적 성질

고지의무 위반의 효과는 보험자가 보험계약을 해지할 수 있을 뿐이고(상법 제651조 본문), 보험계약자 등에게 직접 그 의무이행을 강제하거나 불이행으로 인한 손해배상을 청구할 수는 없다. 이런 점에서 고지의무는 보험계약의 전제조건으로서 보험계약자 등이 지는 간접의무이고, 보험계약자 등이 자기의 불이익을 방지하기 위한 자기의무라고 한다(통설).[74] 또한 고지의무는 보험계약에 의하여 부과되는 의무가 아니라 상법에 의하여 당연히 인정되는 법정의무이다.

2. 약관 규정

제14조 (계약 전 알릴 의무) 계약자 또는 피보험자는 청약할 때(진단계약의 경우에는 건강진단할 때를 말합니다) 청약서에서 질문한 사항에 대하여 알고 있는 사실을 반드시 사실대로 알려야(이하 "계약 전 알릴의무"라 하며, 상법상 "고지의무"와 같습니다) 합니다. 다만, 진단계약의 경우 의료법 제3조(의료기관)의 규정에 따른 종합병원과 병원에서 직장 또는 개인이 실시한 건강진단서 사본 등 건강상태를 판단할 수 있는 자료로 건강진단을 대신할 수 있습니다.

제16조 (알릴 의무 위반의 효과) ① 회사는 아래와 같은 사실이 있을 경우에는 손해의 발생여부에 관계없이 이 계약을 해지할 수 있습니다.

1. 계약자 또는 피보험자가 고의 또는 중대한 과실로 제14조(계약 전 알릴 의무)를 위반하고 그 의무가 중요한 사항에 해당하는 경우
2. 뚜렷한 위험의 증가와 관련된 제15조(상해보험계약 후 알릴 의무) 제1항에서 정한 계약 후 알릴 의무를 계약자 또는 피보험자의 고의 또는 중대한 과실로 이행하지 않았을 때

② 제1항 제1호의 경우에도 불구하고 다음 중 하나에 해당하는 경우에는 회사는 계약을 해지할 수 없습니다.

1. 회사가 계약당시에 그 사실을 알았거나 과실로 인하여 알지 못하였을 때
2. 회사가 그 사실을 안 날부터 1개월 이상 지났거나 또는 제1회 보험료를 받은 때부터 보험금 지급사유가 발생하지 않고 2년(진단계약의 경우 질병에 대하여는 1년)이 지났을 때
3. 계약을 체결한 날부터 3년이 지났을 때
4. 회사가 이 계약을 청약할 때 피보험자의 건강상태를 판단할 수 있는 기초 자료(건강진단서 사본 등)에 따라 승낙한 경우에 건강진단서 사본 등에 명기되어 있는 사항으로 보험금 지급사유가 발생하였을 때(계약자 또는 피보험자가 회사에 제출한 기초자료의 내용 중 중요사항을 고의로 사실과 다르게 작성한 때에는 계약을 해지할 수 있습니다)

---

74) 양승규, 앞의 책, 116면; 박세민, 앞의 책, 188면; 한기정, 앞의 책, 194면.

5. 보험설계사 등이 계약자 또는 피보험자에게 고지할 기회를 주지 않았거나 계약자 또는 피보험자가 사실대로 고지하는 것을 방해한 경우, 계약자 또는 피보험자에게 사실대로 고지하지 않게 하였거나 부실한 고지를 권유했을 때. 다만, 보험설계사 등의 행위가 없었다 하더라도 계약자 또는 피보험자가 사실대로 고지하지 않거나 부실한 고지를 했다고 인정되는 경우에는 계약을 해지할 수 있습니다.

③ 제1항에 따라 계약을 해지하였을 때에는 제34조(해지환급금) 제1항에 따른 해지환급금을 계약자에게 지급합니다.

④ 제1항 제1호에 의한 계약의 해지가 보험금 지급사유 발생 후에 이루어진 경우에 회사는 보험금을 지급하지 않으며, 계약 전 알릴 의무 위반사실(계약해지 등의 원인이 되는 위반사실을 구체적으로 명시)뿐만 아니라 계약 전 알릴 의무사항이 중요한 사항에 해당되는 사유를 "반대증거가 있는 경우 이의를 제기할 수 있습니다"라는 문구와 함께 계약자에게 서면 등으로 알려 드립니다. 〈개정 2020.7.31.〉

⑤ 제1항 제2호에 의한 계약의 해지가 보험금 지급사유 발생 후에 이루어진 경우에는 제15조(상해보험계약 후 알릴 의무) 제4항 또는 제5항에 따라 보험금을 지급합니다.

⑥ 제1항에도 불구하고 알릴 의무를 위반한 사실이 보험금 지급사유 발생에 영향을 미쳤음을 회사가 증명하지 못한 경우에는 제4항 및 제5항에 관계없이 약정한 보험금을 지급합니다.

⑦ 회사는 다른 보험가입내역에 대한 계약 전 알릴 의무 위반을 이유로 계약을 해지하거나 보험금 지급을 거절하지 않습니다.

제17조(사기에 의한 계약) 계약자 또는 피보험자가 대리진단, 약물사용을 수단으로 진단절차를 통과하거나 진단서 위·변조 또는 청약일 이전에 암 또는 인간면역결핍바이러스(HIV) 감염의 진단 확정을 받은 후 이를 숨기고 가입하는 등 사기에 의하여 계약이 성립되었음을 회사가 증명하는 경우에는 계약일부터 5년 이내(사기사실을 안 날부터 1개월 이내)에 계약을 취소할 수 있습니다.

상법에서 규정하는 고지의무와의 중요한 차이점을 보면 약관상 고지의무는 상법과는 달리 수동의무로 규정되어 있고, 고지의무 위반의 경우에도 해지환급금을 지급한다고 규정하고, 또한 사기에 의한 계약의 경우 취소할 수 있음을 명시한다.

Ⅱ. 고지의무의 이행

1. 고지의무자

(1) 보험계약자와 피보험자

보험계약상의 고지의무자는 보험계약자와 피보험자이다(상법 제651조). 보험계약자가 여러 명이 있는 경우에는 각 보험계약자 모두가 이 의무를 진다. 피보험자는 인보험계약의 피보험자 이외에 손해보험에 있어서의 피보험자를 포함하느냐는 의문이 있다. 상법은 손해보험과 인보험을 일률적으로 규정하고 있고 손해보험에서의 피보험자는 피보험이익의 소유자로서 이해관계를 가지므로 그 의무를 진다. 따라서 보험계약자와 인보험의 피보험자뿐 아니라 손해보험의 피보험자도 고지의무자가 된다. 그러나 생명보험의 보험수익자는 고지의무자에 포함되지 아니한다.

(2) 타인을 위한 손해보험

타인을 위한 손해보험의 타인인 피보험자도 고지의무를 부담한다. 다만 타인을 위한 손해보험계약의 경우 피보험자는 계약의 당사자가 아니어서 그 계약의 체결을 알지 못할 수 있고 따라서 고지의무를 이행하지 못할 수도 있다. 그리고 만약 타인을 위한 손해보험의 경우 그 타인의 위임이 없는 때에는 보험계약자는 이를 보험자에게 고지하여야 하고, 그 고지가 없는 때에는 그 타인이 보험계약이 체결된 사실을 알지 못하였다는 사유로 보험자에게 대항하지 못한다(상법 제639조 제1항 단서).

(3) 대리인

상법은 "대리인에 의하여 보험계약을 체결한 경우에 대리인이 안 사유는 그 본인이 안 것과 동일한 것으로 한다"고 규정한다(상법 제646조). 대리인에 의하여 고지할 때에는 본인이 알고 있는 사실뿐 아니라 대리인 자신이 알고 있는 사실도 고지하여야 한다. 이는 대리인의 독자적인 고지의무를 인정하는 결과가 되어, 보험계약자는 전혀 모르는 사항이라 하더라도 대리인만이 알고 있는 사항을 대리인이 고지하지 않으면, 보험자가 고지의무 위반을 이유로 계약을 취소할 수 있다. 하지만 이 규정은 검토의 여지가 있다.

이 규정은 1906년 영국해상보험법 제19조에 기원을 두는 것이나,[75] 영국에서도 대리인의 독립적 귀책사유에 의하여 피보험자가 보험금을 받지 못하는 것은 부당

75) 영국해상보험법 제19조는 다음과 같이 규정되어 있다.
"고지할 필요가 없는 사항에 관한 전조의 규정에 반하지 않는 한, 보험계약이 피보험자를 위하여 대리인에 의하여 체결된 경우, 대리인은 다음 사항을 보험자에게 고지하여야 한다.
(a) 대리인이 알고 있는 모든 중요한 사항, 그리고 보험을 부보하는 대리인은 그의 통상의 업무수행과정에서 당연히 알고 있어야 하거나 또는 대리인에게 당연히 통지되었어야 할 모든 사항은 알고 있는 것으로 간주된다.
(b) 피보험자가 고지하여야 할 의무를 지는 모든 중요한 사항, 단 피보험자가 늦게 알게 되었기 때문에 대리인에게 통지할 수 없었던 사항은 제외한다."

하다 보고, 최소한 가계보험에서만큼은 삭제하였다.

2. 고지수령권자

고지를 수령할 수 있는 자는 보험자와 보험자를 위하여 고지를 받을 대리권을 가지고 있는 자이다. 따라서 보험자와 보험대리상은 고지수령권을 가지나, 보험중개사는 대리권이 없으므로 고지수령권도 가지지 않음이 원칙이다. 인보험의 경우 피보험자의 신체검사를 하는 보험의는 계약체결권이나 보험료수령권은 없으나, 고지수령권은 가진다. 보험계약상 고지수령권과 관련하여 문제가 되는 자는 보험설계사이다. 보험설계사는 개별소비자와 접촉하고 보험가입을 권유하고 계약청약서를 수령하는 실정에서 보험설계사에게 고지수령권을 인정하자는 주장이 있다. 그러나 보험설계사는 보험계약의 체결을 중개하는 사실행위만을 하는 자로서 대리권을 인정할 수 없고, 고지의무의 이행은 보험계약청약서를 통하여 이루어지고 있으며, 또한 만약 고지수령권을 인정한다면 연고모집으로 인한 보험계약자와의 담합이 생길 수 있다는 등의 이유로 고지수령권이 인정되지 않는다(통설). 판례도 같은 취지이다.[76]

3. 고지의 시기와 방법

고지의 시기는 보험계약 당시이다(상법 제651조). 보험계약의 청약시가 아니라 승낙시이고, 보험계약의 청약 이후 성립시까지 고지할 사항의 발생이나 변경이 있으면 이것도 고지하여야 한다.[77] 고지의 방법에는 법률상 특별한 제한이 없으나 실제 거래계에서는 보험계약청약서에 질문표를 두고 이에 답하는 방법으로 한다. 입법론으로는, 보험자의 질문에 한정하여 고지의무를 인정하는 고지의무의 수동화가 타당하다.

---

76) 대법원 1979. 10. 30. 선고 79다1234 판결(보험가입청약서에 기왕병력을 기재하지 아니하고 보험회사의 외무사원에게 이를 말한 것만으로는 위 기왕병력을 보험회사에 고지하였다고 볼 수 없다); 대법원 2006. 6. 30. 선고 2006다19672, 19689 판결(보험모집인은 특정 보험자를 위하여 보험계약의 체결을 중개하는 자일 뿐 보험자를 대리하여 보험계약을 체결할 권한이 없고 보험계약자 또는 피보험자가 보험자에 대하여 하는 고지나 통지를 수령할 권한도 없으므로). 대법원 1998. 11. 27. 선고 98다32564 판결도 같은 취지이다.

77) 그런데 최초보험료의 납입이 있었으나, 보험자의 승낙이전 고지의무의 이행이 없었던 경우 문제가 생길 수 있다. 판례의 입장대로 최초보험료 납입시부터 보험자의 승낙이전 사이에 보험자가 청약을 거절할 사유가 없어 책임을 지게 된다면, 그 기간 중의 고지의무 불이행의 처리가 문제될 수 있다.

4. 중요한 사항

(1) 중요한 사항

고지의무의 대상이 되는 사항은 중요한(material) 사항이다. 중요한 사항의 해석에 관하여는 과거 여러 견해가 있었다.

첫째, 보험자가 그 사실을 알았더라면 계약체결을 거절하였을 사실에 한한다는 것이나 이를 따르는 견해는 거의 없다.

둘째, 보험자가 그 사실을 알았더라면 계약체결을 거절하였을 사실과 보험자가 계약조건을 변경하였을 사실이라는 견해이다. 소위 결정적 영향설(decisive influence test)이다. 이는 합리적인 보험자가 알았다면 계약체결을 하지 않았으리라 또는 다른 조건 하에 계약을 체결하였으리라고 판단되는 것을 중요사항이라고 보는 입장이다. 보험자의 계약 여부나 조건에 '합리적으로 영향을 미쳤으리라' 여겨지는 사항만 중요사항이라고 보기 때문에, 다음의 비결정적 영향설보다 중요사항의 인정범위가 좁다.

셋째, 위의 경우 이외에도 보험자가 알았더라면 다른 계약조건을 체결할 '가능성'이 있었을 것이나 특정 경우에 있어서 당해 사실 하나만으로는 별다른 의의가 없는 사항도 포함한다는 견해이다. 중요의 정도를 가장 넓게 해석하는 견해로서 비결정적 영향설(non-decisive influence test)이라 한다. 이 견해는 중요성의 판단기준이 되는 것은 합리적인 보험자가 계약을 체결할 것인가의 여부 및 체결한다면 보험료는 어떻게 결정할 것인가를 판단하기 위해서 알기를 원했으리라고 판단되는 사항을 의미하고, 합리적인 보험자가 알기를 원했으리라고 판단되면 계약체결 여부나 조건이 달라지지 않았으리라고 판단되는 경우에도 중요사항이 된다. CTI 판결[78] 이후 영국법원은 이 기준을 따른다.

생각건대, 둘째의 견해인 결정적 영향설이 타당하다 본다. 고지의무에 있어서 중요성 판단의 기준으로 비결정적 영향설을 취한다면 중요한 사항의 판단기준이 보험자로 되어 있음에도 불구하고, 다시 그 기준마저 보험자가 알기를 원하는 사항으로 확대하는 것으로 바람직하지 않다. 통설[79]과 판례도 두 번째의 기준에 의

---

78) CTI v. Oceanus (1984) 1 Lloyd's Rep 476. "특정 보험자가 불고지의 결과 그 위험을 인수하고 그 조건을 택하였다고 하는 것은 요건이 아니다"라고 판시하였다; Pan Atlantic Insurance Co. v. Pine Top Insurance Co. (1994) 2 Lloyd's Rep. 427; Container Transport International Inc. v. Oceanus Mutual Understanding Association (1984) 1 Lloyd's Rep. 467.

한다.

(2) 판례의 기준

판례[80]는 "보험자가 보험사고의 발생과 그로 인한 책임부담의 개연율을 측정하여 보험계약의 체결 여부 또는 보험료나 특별한 면책조항의 부가와 같은 보험계약의 내용을 결정하기 위한 표준이 되는 사항으로서, 객관적으로 보험자가 그 사실을 안다면 그 계약을 체결하지 않든가 또는 적어도 동일한 조건으로는 계약을 체결하지 않으리라고 생각되는 사항"이라 한다.[81] 또한 어떠한 사실이 이에 해당하는가는 보험의 종류에 따라 달라질 수밖에 없는 사실인정의 문제로서 보험의 기술에 비추어 객관적으로 관찰하여 판단되어야 하고, 최종적으로는 보험의 기술에 정통한 전문가의 감정에 의하여 결정될 수밖에 없다 한다.[82] 판례의 기준은 다음과 같이 정리가 가능하다.

첫째, 중요한 사항의 판단기준은 보험계약자가 아니라 보험자이다. 보험자가 그 사실을 알았던 경우를 기준으로 한다. 따라서 고지의무자인 보험계약자 등이 중요한 사항을 판별하기는 쉬운 일이 아니므로 이 문제를 기술적으로 해결하기 위하여 질문표를 두고 있고, 상법은 질문표의 기재사항을 중요한 사항으로 추정한다(상법 제651조의2).[83]

둘째, 보험자가 그 사실을 안다면 계약을 체결하지 않든가 또는 적어도 동일한 조건으로는 계약을 체결하지 않으리라고 생각되는 사항이다. 위 둘째의 결정적 영향설에 해당한다.

셋째, 사실인정의 문제로서 보험의 종류에 따라 달라질 수밖에 없고, 객관적으로 판단되어야 한다.

5. 주관적 요건

상법은 고지의무 위반의 주관적 요건으로 고지의무자의 고의 또는 중대한 과실

79) 최기원, 앞의 책, 145면; 양승규, 앞의 책, 120면; 한기정, 앞의 책, 204면 등.
80) 대법원 1996. 12. 23. 선고 96다27971 판결.
81) 대법원 1997. 9. 5. 선고 95다25268 판결; 대법원 2001. 11. 27. 선고 99다33311 판결; 대법원 2003. 11. 13. 선고 2001다49623 판결; 대법원 2004. 6. 11. 선고 2003다18494 판결; 대법원 2005. 7. 14. 선고 2004다36215 판결 등도 모두 동일한 표현을 한다.
82) 대법원 1996. 12. 23. 선고 96다27971 판결 등.
83) 보험청약서에 기재되지 않은 사항에 관하여는 원칙적으로 고지의무 위반이 문제될 여지가 없다고 한 판례로 대법원 1996. 12. 23. 선고 96다27971 판결.

을 요구한다(상법 제651조).

(1) 고 의

고의와 중과실의 개념정의는 서로 연관되어 있고 고의의 개념부터 살핀다.

1) 광의로 파악

고지의무 위반의 주관적 요건이 되는 고의는 광의로 파악하여, 사기의 경우와는 달리 그 인정범위가 상당히 넓고 기타 법영역에서의 고의와 다르게 해석된다.[84] 그리고 이 점이 고지의무라는 제도를 도입함에 의하여 불량위험의 배제와 도덕적 위험의 방지, 기타 보험사고발생의 개연율을 측정하고, 특히 보험자를 위하여는 고지의무 위반시 민법상 사기로 인한 취소의 경우에 비하여 보다 쉽게 계약을 무효로 할 수 있는 장점이 된다.[85] 왜냐하면 보험자로서는 주관적 요건에 대한 입증책임이 사기 등의 경우와는 달리 상당히 경감되어 있어, 해지권 행사의 기간 이내이기만 하면 사기로 인한 취소를 하는 것보다는 고지의무 위반을 이유로 해지하는 편이 훨씬 간이하기 때문이다.

2) 두 가지의 인식

고의의 의의에 대하여 전통적으로 해당 중요사항 자체에 대하여 아는 것을 강조하여 왔으나, 그 사항이 고지의무의 대상이 된다는 인식을 고의의 내용에 포함시킬 것인지의 문제가 있다. 이 점에 대한 견해를 보면, 첫째 해칠 의사가 아니고 중요한 사항에 관하여 알면서 고지하지 아니하거나 부실의 고지를 한 것이라는 설명이다.[86] 둘째, 해의가 아니고 중요한 사항의 존재와 이를 고지하여야 된다는 것을 알면서도 고지하지 않았거나 사실과 다르게 고지한 것이라는 설명이 있다.[87]

---

84) 이상훈, "고지의무 위반의 효과", 「보험법의 쟁점」, 법문사, 2000, 151면; 장덕조, "고지의무 위반의 요건과 효과에 대한 체계적 해석", 「보험법연구」, 삼지원, 1999, 155－162면; 양승규, 앞의 책, 121면에서는 "고의라 함은 해칠 의사가 아니고 중요한 사항에 관하여 알면서 고지하지 아니하거나 부실의 고지를 한 것을 말한다. 다시 말하면 상법 제651조에서 정한 고의라 함은 사기 등의 방법으로 보험자를 착오에 빠지게 하려는 것이 아니고, 가령 피보험자가 지난날의 병력을 밝히고 싶지 아니하여 이를 고지하지 아니한 것이 이에 해당하는 것이다"라고 설명하고, 김성태, 223면에서도 "고의는 고지하지 아니한 중요한 사실의 존재를 알고 있거나 고지한 사항이 부실임을 알고 있음을 가리키며, 반드시 사기 등과 같은 적극적 기망의사를 요하지 않는다"고 한다.

85) Malcolm A. Clarke, The Law of Insurance Contracts, Lloyds of London Press (2006), p. 550.

86) 양승규, 앞의 책, 118면; 김성태, 앞의 책, 223면도 고지하지 아니한 중요한 사실의 존재를 알고 있거나, 고지한 사항이 부실임을 알고 있음이라면서 반드시 사기 등과 같은 적극적 기망의사를 요하지 않는다고 보아 같은 취지로 읽힌다.

87) 최기원, 앞의 책, 157면. "고의란 중요한 사항의 존재와 이를 고지하여야 된다는 것을 알면서도 고지하지 않았거나 사실과 다르게 고지한 것을 말하며 이 경우에 고지의무자의 해의까지를 필요로 하

양 설명의 차이는 고지의무의 대상이 된다는 인식을 포함시킬지 여부에 관한 것이다. 엄밀히 구분하면 '해당 중요사항 자체에 대한 인식'과 '고지의무의 대상이 된다는 인식'으로 구분하여, 후자인 '고지의무의 대상이 된다는 인식'을 구체적으로 파악한 것인지의 차이이다. '특정 사실을 인식'하는 것과 '그 사실이 고지할 중요사항에 해당'한다는 인식은 구별할 수 있기 때문이다.

생각건대 고지의 대상이 된다는 인식을 고의 개념에 포함시키는 후자의 설명이 보다 정확하다. 판례도 두 가지를 구별하면서 양자 모두의 인식이 있어야 고의라고 한다.[88] 대법원 2001. 11. 27. 선고 99다33311 판결은 "보험자가 다른 보험계약의 존재 여부에 관한 고지의무 위반을 이유로 보험계약을 해지하기 위하여는 보험계약자 또는 피보험자가 그러한 사항에 관한 고지의무의 존재와 다른 보험계약의 존재에 관하여 이를 알고도 고의로, 또는 중대한 과실로 인하여 이를 알지 못하여, 고지의무를 다하지 않은 사실이 입증되어야 할 것이다"고 하였다.[89]

(2) 중대한 과실

1) 의의(3단계로 파악)

고지의무자가 그 의무를 이행하는 과정은 다음의 세 단계로 구분해 볼 수 있다. 제1단계는 고지사항에 해당하는 중요한 사실을 인식하는 것이다. 제2단계로 고지사항에 해당하는 사실을 알고 있으면서 보험계약자의 주관적 판단으로 중요한 사항이라고 인식하는 것이다. 이것이 고의의 뜻에서 고지의무의 대상이 된다는 인식을 말하고, 질문표가 여기서 중요한 역할을 한다(상법 제652조의2). 제3단계에서는 고지의무자가 고지사항을 알고 있고 그 중요성에 대하여 인식하고 있는 상태에서, 고지를 착오 없이 하는 것이다. 위와 같이 세분화하여 단계별로 보면, (i) 제1단계로 중요한 사항의 존재를 알지 못한 경우, (ii) 제2단계로 고지대상이 된다는 것을 알지 못한 경우, (iii) 제3단계로 질문표에의 답변 등 고지의무이행 과

지 않는다"고 한다.

88) 대법원 2001. 11. 27. 선고 99다33311 판결.

89) 위 판결에서는 "보험계약을 체결할 때 작성된 청약서에는 다른 보험계약사항을 기재하도록 되어 있고, 고지의무자가 이를 기재하지 않은 사실은 인정되나, 나아가 고지의무자가 위와 같은 고의 또는 중과실로 보험자에게 다른 보험계약의 체결 사실을 알리지 않았다고 볼 만한 증거는 찾을 수 없으므로 피고 보험자는 그와 같은 고지의무 위반을 이유로 보험계약을 해지할 수 없다고 할 것이다"고 하면서 고지의무 위반으로 인한 해지권 행사를 인정하지 않았다. 그런데 질문표에 의하여 해당 사항이 질문되었음에도 불구하고 답을 하지 아니한 경우로서 질문된 사실의 인식이 문제되지 않는 것이라면 '그 사실이 고지되어야 할 중요사항'인지를 인식하였음에 대한 입증이 없었다는 뜻으로 읽힌다.

정에서 제대로 고지하지 못한 경우 등에서 중과실 여부가 문제된다.

2) 중대한 과실로 고지하여야 할 중요한 사실을 인식하지 못한 경우(제1단계에서의 중과실)

이는 제1단계의 문제로서, 고지의무자가 중요한 사항의 존재를 중과실로 알지 못한 경우 고지의무 위반이 되는가? (i) 불포함설로서 탐지의무를 근거로 하여 포함되지 않는다는 견해가 다수로 보인다.[90] 다만 적극적인 탐지의무는 없으나, 예외적으로 고지의무자의 개인적 직업이나 전문적인 지식으로 보아 당연히 알고 있어야 할 사항이나 업무상 당연히 알 수 있는 사항에 대하여는 중과실이 있다고 본다.[91] (ii) 이와 달리 "중요한 사항의 존재를 중대한 과실로 인하여 알지 못한 경우뿐만 아니라 그 사항을 불고지·부실고지했음을 중대한 과실로 인하여 알지 못한 경우를 포함한다"는 견해가 있다.[92] 하지만 포함한다는 견해도 새로운 사실의 존재를 탐지하여 고지할 것까지를 요구하지는 않아,[93] 양 학설은 그 결과에서는 별 차이가 없다. (iii) 판례는 과거의 판결문은 포함하지 않았으나,[94] 대법원 2013. 6. 13. 선고 2011다54631, 4648 판결에 이르러 "중대한 과실이란 현저한 부주의로 중요한 사항의 존재를 몰랐거나 중요성 판단을 잘못하여 그 사실이 고지하여야 할 중요한 사항임을 알지 못한 것을 의미하고"라고 하여 포함설의 입장을 취한다. 다만 그 판결에서 "피보험자와 보험계약자가 다른 경우에 피보험자 본인이 아니면 정확하게 알 수 없는 개인적 신상이나 신체상태 등에 관한 사항은, 보험계약자도 이미 그 사실을 알고 있었다거나 피보험자와의 관계 등으로 보아 당연히 알았을 것이라고 보이는 등의 특별한 사정이 없는 한, 보험계약자가 피보험자에게 적극적으로 확인하여 고지하는 등의 조치를 취하지 아니하였다는 것만으로 바로 중대한 과실이 있다고 할 것은 아니다"고 하는 제한적 입장을 취하여, 결국 그 결과에서는 학설과 큰 차이가 없다.

이는 탐지의무의 문제이나, 원칙적으로는 탐지의무를 부과하지 않는 것이 옳다. 고지의무자가 탐지를 하였다면 알 수 있었던 사실을 고지하지 않았다는 이유로

90) 양승규, 앞의 책, 122면; 김성태, 앞의 책, 224면; 정찬형, 앞의 책, 548면 등.
91) 양승규, 앞의 책, 122면.
92) 최기원, 앞의 책, 160면.
93) 최기원, 앞의 책, 160면.
94) 대법원 1996. 12. 23. 선고 96다27971 판결부터 대법원 2012. 11. 29. 선고 2010다38663, 38670 판결까지의 판례들로서 "중대한 과실이란 고지하여야 할 사실은 알고 있었지만 현저한 부주의로 인하여 그 사실의 중요성의 판단을 잘못하거나 그 사실이 고지하여야 할 중요한 사실이라는 것을 알지 못하는 것을 말한다"고 하고 있었다.

보험자의 해지권을 인정한다면 보험자와 고지의무자를 동일한 지위에 두겠다는 고지의무 부과의 취지와 어울리지 않기 때문이다.[95] 따라서 중과실로 고지하여야 할 중요한 사실을 알지 못한 경우 고지의무 위반이 되지 않음이 원칙이라고 봄이 옳다. 다만 제한된 범위 내에서는 예외적으로 탐지의무를 인정한다. 요컨대 원칙적으로는 탐지의무를 인정하지 않으나 제한적 범위에서 인정하는 것이다. 그 기준은 영국의 보험법이 되고 있다. 영국해상보험법 제18조 제1항은 "통상의 업무수행 과정에서 자신이 알고 있어야만 하는 모든 사항은 알고 있는 것으로 간주된다"고 하고 있다. 이 규정을 기초로 기준을 설정하여, 고지의무자가 그의 경험이나 업무상 객관적인 기준에 의하여 당연히 알고 있으리라고 요구되는 사항에 대하여는 그가 알지 못하였다는 이유로 항변할 수 없으므로, 그 부분까지는 탐지의무가 부과되는 셈이다.[96] 그 이상의 부분, 즉 객관적으로 요구되는 알았어야만 한다는 기준 이상에 대하여는 중요한 사실의 존재를 인식하지 못한데 대하여 중과실을 인정할 수는 없다. 결론적으로 탐지의무가 인정되지는 않으나, 보험계약의 체결시 고지의무자가 업무상으로나 경험상 그가 처한 지위에서 당연히 알고 있어야만 하는 사항을 고지하지 아니하였다면, 이는 중과실에 해당하고 보험자는 계약을 해지할 수 있다고 본다.

3) 중요한 사실을 알고는 있었으나 중요도 판단을 과실로 그르친 경우(제2단계에서의 중과실)

제2단계의 문제로서, 고지의무자가 중요한 사항을 알고는 있었으나 그가 주관적으로 중요한 사항이 아니라 판단하여 고지하지 아니한 경우, 중과실의 범위에 포함되는가? 이는 고의의 해석에서 관련 사항이 고지의무의 대상이 된다는 인식을 포함할 것인가와 표리를 이루는 논의이다. 중과실을 정의하는 과거의 학설상으로는 보험계약자 등이 조금만 주의를 기울였으면 제대로 고지할 수 있었을 것을 그 주의를 다하지 아니함으로써 불고지 또는 부실고지한 것이라면서 질문표에 의해서 고지할 때 기재사항을 한번만 훑어보았으면 잘못 고지된 것을 알 수 있었으나 이를 게을리 해서 알지 못한 경우라고만 하고 있어,[97] 이 경우를 배제하고 있

95) General Reinsurance Corp. v. Southern Surety Co. of Des Moines, 27 F.2d (1928).

96) 양승규, 앞의 책, 122면; 정찬형, 앞의 책, 559면. 이러한 취지로 Clark 교수는 다음과 같이 말하고 있다. "만약에 고지의무자가 그에게 경험이나 업무상 요구되는 지식 이외에 탐지(investigation)를 통하여 위험의 중대성에 관하여 알 수 있었다면, 그런데 그가 탐지를 하지 않았다면, 그것이 고지의무 위반이 되는가? 이에 대한 법적인 해답은 합리적인 사람이 그의 지위에 대하여 일반적으로 부과되는 수준 이상의 의무를 요구하지 않았다는 것이다"(Malcolm A. Clarke, 459).

는 것으로 읽힌다. 그러하다면, 이 경우 일견 고의에 해당하게 된다.[98] 그러나 '고지의무 대상이 된다는 인식'을 고의에 포함시킨다면 이 단계에서의 과실이 있는 것도 고의가 아니라 과실문제로 귀착된다. 따라서 이 단계에서 경한 과실만이 있는 경우에는 고지의무 위반이 되지 않는다.

생각건대 중요한 사항은 객관적으로 해석하여야 하므로 질문표에 기재되지 않은 사항도 중요한 사항은 그 '중요성'을 유지하나, 단지 그것을 보험계약자는 과실 없이 알지 못하였다고 보는 것이 논리적이다. 그리하여 중요한 사항이 되는 사실을 알고는 있었으나 고지의무자가 주관적으로 '중요한' 사항이 아니라고 판단한 경우, 즉 '고지의무의 대상이 된다는 인식'에 있어 과실이 있는 경우도 과실로 분류한다. 판례도 이러한 입장이다. 판례는 중대한 과실은 "고지하여야 할 사실은 알고 있었지만 현저한 부주의로 인하여 그 사실의 중요성의 판단을 잘못하거나 그 사실이 고지하여야 할 중요한 사실이라는 것을 알지 못하는 것을 말한다"고 하고 있어 같은 입장을 취한다.[99]

4) 주의를 기울이지 못하여 제대로 고지하지 못한 경우(제3단계에서의 중과실)

제3단계에서의 과실이다. 고지의무의 이행과정에서 주의를 기울이지 못하여 중과실로 질문표에 제대로 답하지 못한 경우 등이다.

---

97) 양승규, 앞의 책, 123면.

98) 예를 들어 과거의 병력이 중요한 사항이 됨에도 불구하고 고지하지 않은 심리상태는 다음과 같이 분류할 수 있지 않을까 한다. 먼저, 그것이 중요한 사항이 되는 것을 아는 상태에서 보험자를 기만하기 위하여 밝히지 않은 경우이다. 이것은 사기에 의한 경우로 민법과 상법의 적용을 받게 된다. 둘째는 그것이 중요한 사항이 되는 것을 아는 상태에서 사기 등의 의사는 없으나 위의 설명과 같이 단지 과거의 병력을 밝히고 싶지 아니하여 고지하지 아니한 경우(이러한 경우는 드물 것으로 보인다)이다. 이것은 고의에 해당한다고 본다. 셋째로, 과거의 병력이 중요한 사항이 되는 것을 알지 못하는 상태에서 고지하지 아니한 경우이다. 이 경우도 이상의 설명에 따르면 고의가 되는 것으로 보인다.

99) 대법원 2011. 4. 14. 선고 2009다103349, 103356 판결(중대한 과실에 대한 해석에 있어 '중대한 과실'이란 고지하여야 할 사실은 알고 있었지만 현저한 부주의로 인하여 그 사실의 중요성의 판단을 잘못하거나 그 사실이 고지하여야 할 중요한 사실이라는 것을 알지 못하는 것을 말한다); 대법원 2004. 6. 11. 선고 2003다18494 판결; 대법원 1996. 12. 23. 선고 96다27971 판결. 이 사건에서는 "보험자가 고지의무의 대상이 되는 사항에 관하여 스스로 제정한 보험청약서 양식을 사용하여 질문하고 있는 경우에 보험청약서에 기재되지 않은 사항에 관하여는 원칙적으로 고지의무 위반이 문제될 여지가 없다 할 것이므로, 보험자가 제공한 보험청약서에 당해 차량이 지입차량으로서 지입차주에 의하여 유상운송에 제공되고 있는지 여부에 관한 사항이 없었다면 그 사실을 특별히 부기하지 않았다고 하여 보험계약자인 렌터카 회사에게 중대한 과실이 없다고 볼 수 없다"고 하였다. 이후 대상판결에 이르기까지 판례는 이 입장이다.

〈고지의무 위반의 주관적 요건에 관한 판례〉

주관적 요건을 충족하여 고지의무 위반을 인정한 판례	주관적 요건을 충족하지 못하여 위반을 부정한 판례
대법원 2012. 11. 29. 선고 2010다38663, 38670 판결	대법원 2013. 6. 13. 선고 2011다54631, 4648 판결
대법원 2012. 8. 23. 선고 2010다78135, 78142 판결	대법원 2011. 4. 14. 선고 2009다103349, 103356 판결
대법원 2010. 10. 28. 선고 2009다59688, 59695 판결	대법원 2004. 6. 11. 선고 2003다18494 판결
대법원 1999. 11. 26. 선고 99다37474 판결	대법원 2001. 11. 27. 선고 99다33311 판결
대법원 1993. 4. 13. 선고 92다52085, 52092 판결	대법원 1996. 12. 23. 선고 96다27971 판결

6. 입증책임

고지의무 위반에 대한 입증은 보험자가 부담한다. 즉 고지의무 위반을 이유로 보험계약을 해지하고자 하는 보험자가 입증하여야 한다(통설, 판례).[100)]

Ⅲ. 고지의무 위반의 효과

1. 보험계약의 해지

(1) 해지권의 부분적 소급효

고지의무 위반이 있으면 보험자는 그 계약을 해지할 수 있다(상법 제651조 본문).[101)] 해지의 효력은 장래에 향하여 효력이 발생하는 것임에도 이미 지급한 보험금액이 있는 경우 그 보험금액의 반환을 청구할 수 있다(상법 제655조). 해지의 효력에도 불구하고 보험자가 이미 수령한 보험료반환의무를 부담하지 아니하는 것에 대하여 제재적 의미가 있다고 보는 견해는 “보험자는 이미 수령한 보험료를 반환할 필요가 없을 뿐만 아니라 오히려 미수의 보험료가 있으면 이를 ‘보험료 불가분의 원칙’에 의하여 청구할 수 있다”고도 한다.[102)] 그러나 인보험의 경우에는

100) 대법원 2013. 6. 13. 선고 2011다54631, 4648 판결; 대법원 2001. 11. 27. 선고 99다33311 판결 등.

101) 하지만 해지의 효력에도 불구하고 고지의무 위반의 주관적인 요건이 사기 등을 요구하지 아니하여 선의의 고지의무 위반자를 상정하고 있으므로 이에 대한 제재를 일방적으로 허용하는 점에 대하여는 숙고하여야 한다.

보험수익자를 위한 적립금을 보험계약자에게 지급하여야 한다(상법 제736조). 이는 인보험이 저축성 기능도 겸유하고 있어 고지의무 위반이 있더라도 보험료에서 저축을 위한 부분은 보험계약자에게 반환하도록 한 것이다.

(2) 보험목적이 수개인 경우

판례[103]는 경제적으로 독립한 여러 물건에 대하여 보험계약을 체결함에 있어 집합된 물건 전체에 대하여 단일의 보험금액으로써 계약을 체결하거나 물건을 집단별로 나누어 따로이 보험금액을 정하거나 간에, 수개의 물건 가운데 일부에 대하여만 고지의무 위반이 있는 경우 보험자는 나머지 부분에 대하여도 동일한 조건으로 그 부분만에 대하여 보험계약을 체결하지 않았으리라는 사정이 없는 한 그 고지의무 위반이 있는 물건에 대하여만 보험계약을 해지할 수 있다고 한다. 즉 고지의무 위반이 없는 나머지 부분에 대하여는 보험계약의 효력에 영향이 없다는 것이다.

생각건대, 경제적으로 독립한 물건들의 경우 일부 물건에 대한 고지의무 위반으로 나머지 부분에 대한 계약체결 여부나 계약의 조건에 영향을 미치지 아니한다면 계약 전체를 해지할 수 없다는 판례의 입장은 타당하다.

(3) 해지권 행사의 상대방

해지권은 계약의 상대방인 보험계약자 또는 그 대리인에 대하여 일방적 의사표시로 행사할 수 있다. 그런데 보험계약의 당사자가 아닌 보험수익자에 대하여 한 계약해지의 의사표시는 효력이 없다.[104] 다만 보험계약자가 사망한 경우라면 보험

---

102) 최기원, 앞의 책, 166면.

103) 대법원 1999. 4. 23. 선고 99다8599 판결. 화재보험계약의 사건이다. 다만 이 경우 보험계약자가 일부 물건에 대하여 고지하지 아니한 사항이 보험계약의 나머지 부분에 있어서도 상법 제651조에서 정한 중요한 사항에 해당하는 경우에만 그 불고지를 들어 계약 전체를 해지할 수 있다.

104) 대법원 1989. 2. 14. 선고 87다카2973 판결(생명보험계약에 있어서 고지의무 위반을 이유로 한 해지의 경우에는 계약의 상대방 당사자인 보험계약자나 그의 상속인(또는 그들의 대리인)에 대하여 해지의 의사표시를 하여야 하고, 타인을 위한 보험에 있어서도 보험금 수익자에게 해지의 의사표시를 하는 것은 특별한 사정(보험약관상의 별도기재 등)이 없는 한 효력이 없다); 대법원 2002. 11. 8. 선고 2000다19281 판결(보증보험계약은 보험계약자인 채무자의 채무불이행으로 인하여 채권자가 입게 되는 손해의 전보를 보험자가 인수하는 것을 내용으로 하는 타인을 위한 손해보험계약이라고 할 것인바, 이러한 보증보험계약에 있어서 보험계약자의 고지의무 위반을 이유로 한 해지의 경우에 계약의 상대방 당사자인 보험계약자나 그의 상속인에 대하여 해지의 의사표시를 하여야 하고, 보험금 수익자에게 해지의 의사표시를 하는 것은 특별한 사정이 없는 한 효력이 없다고 할 것이며, 이러한 결론은 그 보증보험계약이 상행위로 행하여졌다거나 혹은 보험계약자의 소재를 알 수 없다는 이유만으로 달라지지는 않는다).

계약자의 상속인에 대하여 해지권을 행사하면 된다.

2. 해지권의 제한

해지권이 제한되는 경우는 크게 세 가지이다. 제척기간의 경과, 인과관계의 부존재, 보험자의 악의 또는 중과실이 그것이다.

(1) 제척기간의 경과

보험자가 고지의무 위반의 사실을 안 날로부터 1월, 계약이 성립한 날로부터 3년이 지나면 그 계약을 해지할 수 없다(상법 제651조 본문). 이 기간은 제척기간으로서 이 기간이 경과된 후에는 고지의무 위반의 사실을 다툴 수 없고, 당 약관을 '불가쟁약관'이라 부른다. 그런데 '안 때'에 대한 해석에 있어, 고지의무 위반사실이 있음을 의심할 만한 사유가 있는 때가 아니라 "고지의무 위반에 관한 확실한 증거를 잡은 때"라고 해석하는 견해,[105] "단순히 의심이 가는 경우를 말하는 것이 아니라 해지권의 행사를 위하여 필요한 요건을 확인하는 때"라는 견해가 있다.[106]

생각건대, '안 때'를 '의심이 가는 때'라고 하는 해석은 타당하지 않다. 그런데 '안 때'를 지나치게 엄격하게 해석하면 법률관계를 속히 확정하려는 취지와 어긋나고, 반면 의심이 가는 경우 등으로 완화하여 해석하는 것은 고지의무제도와 부합하지 않을 수 있다. 판례는 "불고지가 보험계약자의 고의 내지 중대한 과실에 기인된 것임을 알았다고 봄이 상당할 것인바"라 하고 있으나,[107] 그 기산점을 분명히 밝히지는 않고 있다. 고지의무 위반에 대한 입증책임을 보험자가 부담하는 이상 가급적 엄격하게 해석하여야 하겠다.

---

105) 양승규, 앞의 책, 122면.

106) 최기원, 앞의 책, 174면.

107) 대법원 1986. 11. 25. 선고 85다카2578 판결(보험자인 피고로서는 위 보고서를 통하여 보험계약자인 소외 ○○사가 위와 같은 일련의 사실을 알면서도 그와 같은 사실을 숨기고 이건 보험계약을 체결한 사실을 알았을 것으로 짐작되고 설사 그렇지 않다고 하더라도 앞서본 을 각 호증에 의하면 이건 보험사고 발생후 수사기관에서 위 사고선박의 선장 ○○○을 업무상과실 선박파괴죄로 입건하여 조사하는 과정에서 소외 ○○사는 이건 보험계약 체결당시 이미 선장 ○○○으로부터의 전문보고를 통하여 위 선박이 고장으로 표류중에 있었던 사실을 알고 있었음이 명백히 밝혀진 사실을 인정할 수 있으므로 이와 같은 일련의 사정을 종합하면 보험금 지급의무의 유무와 관련하여 이건 보험사고의 발생경위에 남달리 관심을 기울여야 할 지위에 있던 피고로서는 늦어도 위 ○○○이 기소될 무렵인 1982. 11. 26경에는 위에서 본 중요사항의 불고지가 보험계약자인 소외 ○○사의 고의 내지 중대한 과실에 기인된 것임을 알았다고 봄이 상당하다 할 것인바).

(2) 인과관계 부존재

1) 상법규정과 비판론

보험계약자가 고지의무에 위반한 사실이 위험의 발생과 인과관계가 없다는 것을 증명한 때에는 보험금을 청구할 수 있다(상법 제655조 단서). 따라서 고지의무자가 불고지 또는 부실고지한 사항과 위험의 발생 간에 인과관계가 없으면 보험자는 보험금을 지급하여야 한다. 그런데 이 규정을 삭제해야 한다는 입법론적 비판이 상당하고 그 근거들도 설득력이 있다.[108] 비판의 근거는 첫째 보험사고 발생 이전에는 보험자가 보험계약을 해지할 수 있었을 것임에도 사고의 발생 전후에 따라 효과가 달라지는 점, 둘째 보험자가 관련 사실을 알았더라면 적어도 동일한 계약조건으로는 보험계약을 맺지 않았을 것이라는 점, 셋째 불량위험을 배제하고자 하는 고지의무제도 자체의 존재의의와 반하는 점, 넷째 비교법적 예를 찾기가 쉽지 않다는 점[109] 등이다. 이 규정의 해석시 비판 논거들을 충분히 고려하여야 한다.

2) 입증책임

① 입증책임의 부담

고지의무 위반의 사실과 보험사고발생과의 인과관계의 부존재에 관한 입증책임은 보험계약자에게 있다(통설, 판례).[110] 다만, 입증책임의 소재에 관하여 당사자 간에 특약이 있으면 특별한 사정이 없는 한 그에 따르는 것으로, 약관상 고지의무 위반이 보험사고의 발생에 영향을 미쳤다는 사실에 대한 입증책임이 보험자에게 있다고 규정한 경우에는 그에 의한다.[111]

② 입증의 정도

원칙적으로 보험계약자에게 입증책임을 부담시키면서, 강한 정도의 입증을 요구한다. 따라서 만일 그 인과관계의 존재를 조금이라도 엿볼 수 있는 여지가 있

---

108) 양승규, 앞의 책, 126면.

109) 영국에서는 이에 관한 논의가 없고, 미국에서는 부실고지에 관하여 이 문제를 논의하고 있는데 절대다수 법원의 견해는 고지의무 위반사실과 보험사고 간의 인과관계를 요구하고 있지 아니하다. Shafer v. John Hancock Mutual Life Insurance Company, 189 A.2d 234 (1963)(부실고지와 사망사고 사이에 인과관계는 요구되지 아니한다); Jones v. Prudential Insurance Company of America, 388 A.2d 476 (1978).

110) 대법원 1994. 2. 25. 선고 93다52082 판결.

111) 대법원 1997. 10. 28. 선고 97다33089 판결.

으면 보험자의 해지권을 제한하여서는 아니 된다.[112] 이와 같이 강한 입증을 요구하는 것은 이 규정에 대한 비판론이 설득력이 있는 까닭이다.

3) 해지권 인정

2014년 인과관계가 부존재하는 경우 보험금은 지급하되 해지권을 행사할 수 있다는 개정이 있었다(상법 제655조 단서). 그런 점에서 인과관계 부존재의 경우는 해지권의 제한 사유로 설명하기 어렵게 되었다. 개정이유는 현재 보험계약자 등이 고지의무를 위반한 상태에서 보험사고가 발생한 경우 보험자가 계약을 해지함으로써 면책되도록 하면서도, 고지의무 위반 등과 보험사고 사이에 인과관계가 인정되지 아니하는 경우에는 보험자가 면책되지 아니하는 것으로만 되어 있어, 이 경우 보험자에게 계약해지권이 인정되는지 여부에 관하여 해석상 논란이 있었고, 이에 고지의무 위반 등과 보험사고 사이에 인과관계가 인정되지 아니하더라도 보험자가 보험금은 지급하되 계약을 해지할 수 있도록 명문으로 규정한 것이다.[113]

(3) 보험자의 악의 또는 중과실

상법은 보험자가 계약 당시에 고지의무 위반의 사실을 알았거나 중대한 과실로 알지 못한 때에는 보험자는 그 계약을 해지할 수 없다고 규정한다(상법 제651조 단서). 표준약관도 마찬가지로 "회사가 계약당시에 그 사실을 알았거나 과실로 인하여 알지 못하였을 때"는 해지할 수 없다고 하여 같은 규정을 둔다(약관 제16조 제2항 제1호). 보험자 자신의 악의 또는 중과실이 아니더라도 고지수령권이 있는 보험대리상이나 보험의의 악의 또는 중과실이 있는 경우에도 보험자의 해지권은 인정되지 않는다.[114] 따라서 고지수령권이 없는 보험중개사나 보험설계사의 악의

112) 대법원 1994. 2. 25. 선고 93다52082 판결(만일 그 인과관계의 존재를 조금이라도 엿볼 수 있는 여지가 있으면 위 단서는 적용되어서는 안된다고 할 것이고, 그 인과관계의 존재여부에 관하여 법률적 가치판단을 하기 위하여는 그에 관한 사실관계가 먼저 확정되어야 함은 당연하다 할 것이다); 대법원 1992. 10. 23. 선고 92다28259 판결(보험계약을 체결함에 있어 중요한 사항의 고지의무를 위반한 경우 고지의무 위반사실이 보험사고의 발생에 영향을 미치지 아니하였다는 점, 즉 보험사고의 발생이 보험계약자가 불고지하였거나 부실고지한 사실에 의한 것이 아니라는 점이 증명된 때에는 상법 제655조 단서의 규정에 의하여 보험자는 위 부실고지를 이유로 보험계약을 해지할 수 없을 것이나, 위와 같은 고지의무 위반사실과 보험사고 발생과의 인과관계가 부존재하다는 점에 관한 입증책임은 보험계약자측에 있다 할 것이므로, 만일 그 인과관계의 존재를 조금이라도 규지할 수 있는 여지가 있으면 위 단서는 적용되어서는 안될 것이다).

113) 대한민국 정부, 위의 문서, 3면.

114) 대법원 2001. 1. 5. 선고 2000다40353 판결(보험계약 당시에 보험계약자 또는 피보험자가 고의 또는 중대한 과실로 인하여 중요한 사항을 고지하지 아니하거나 부실의 고지를 하였다고 하더라도 보험자가 계약 당시에 그 사실을 알았거나 중대한 과실로 인하여 알지 못한 때에는 그 고지의무

또는 중과실이 있는 경우에는 해지권 제한사유에 해당하지 않는다. 보험자의 악의 또는 중과실에 대한 입증책임은 보험계약자가 부담한다.

(4) 기타 해석상 제한사유

해석상 다음과 같은 경우에도 해지권이 제한된다.

첫째, 보험자의 해지권포기이다. 보험자는 보험계약 체결 이전에 고지받는 것에 관하여 전부 또는 일부를 포기할 수 있고, 계약체결 이후 보험자가 고지의무 위반을 발견하였으나 계약을 추인하고 그 효력의 유지를 원하는 것이다. 포기는 단독행위이므로 상대방의 동의없이 해지권의 포기가 가능할 것이고 또한 묵시적인 해지권의 포기도 인정할 수 있다.[115] 다만 묵시적인 해지권 포기의 경우도 보험자는 그 위반의 사실을 알고서 보험증권을 교부하거나 보험계약을 갱신하는 등의 행위가 있어야만 한다.[116]

둘째, 보험자의 귀책사유로 인한 고지의무 위반이다. 고지의무 위반이 보험자의 책임 있는 사유로 비롯된 경우에는 보험자는 해지권을 행사할 수 없다고 보아야 한다. 예를 들면 보험계약자가 질문표에 대한 상세한 질의를 하였음에도 기재하지 않아도 된다는 식의 답변을 한 경우이다.

(5) 약관 규정

표준약관에는 상법 규정에 더하여 제1회 보험료를 받은 때부터 보험금 지급사유가 발생하지 않고 2년(진단계약의 경우 질병에 대하여는 1년)이 지났을 때를 추가하고 있다. 최초보험료를 받은 때로부터 보험사고가 발생하지 않고 2년이 경과하

위반을 들어 계약을 해지할 수 없다고 할 것인바, 여기에서 말하는 보험자의 악의나 중대한 과실에는 보험자의 그것뿐만 아니라 이른바 보험자의 보험의를 비롯하여 널리 보험자를 위하여 고지를 수령할 수 있는 지위에 있는 자의 악의나 중과실도 당연히 포함된다고 할 것이나, 보험자에게 소속된 의사가 보험계약자 등을 검진하였다고 하더라도 그 검진이 위험측정자료를 보험자에게 제공하는 보험자의 보조자로서의 자격으로 행해진 것이 아니라면 그 의사가 보험자에게 소속된 의사라는 사유만으로 그 의사가 검진 과정에서 알게 된 보험계약자 등의 질병을 보험자도 알고 있으리라고 보거나 그것을 알지 못한 것이 보험자의 중대한 과실에 의한 것이라고 할 수는 없다고 할 것이며, 이와 같이 해석하는 것이 환자에 대한 비밀의 누설이나 기록의 공개를 원칙적으로 금지하고 있는 의료법의 취지에도 부합한다).

115) "보험자가 고지의무의 위반을 알았음에도 불구하고 보험증권을 교부하였거나, 계약의 연장을 인정하였거나, 손해를 인정한 경우 그리고 고지의무의 위반을 안 다음에도 보험료의 지급을 유예한 경우 등의 경우는 묵시적인 포기의 의사표시가 있는 것이라고 할 수 있다"(최기원, 앞의 책, 175면).

116) CNA Reins. of London, Ltd. v. Home Ins. Co., 58 Civ. 5681 (1990); Prudential Insurance Co. of America v. BMC Industries, Inc., 630 F.Supp. 1298 (1986)에서는 "추인이라고 하는 것은 해지권을 가진 보험계약의 당사자가 그 계약으로부터의 이익을 취하거나, 또는 해지가 가능한 시점으로부터의 상당기간 침묵한 때에도 발생한다"라 하였다.

는 경우에는 제척기간이 경과한다고 규정한 것이고, 이는 상법 규정에 비하여 보험계약자 등에게 유리한 것이므로 규정한 대로 효력이 발생하고, 타당한 것으로 평가한다.

해지권의 제한과 관련하여서는 표준약관은 제16조 제6항에서 "제1항에도 불구하고 알릴 의무를 위반한 사실이 보험금 지급사유 발생에 영향을 미쳤음을 회사가 증명하지 못한 경우에는 제4항 및 제5항에 관계없이 약정한 보험금을 지급합니다"라고 규정하여 판례와 학설을 반영한 규정을 둔다. 입증책임을 보험자가 부담한다는 점을 반영하여 관련 규정을 두고 있는 것이다.

3. 타보험가입사실의 불고지

(1) 약관 규정

상법에는 규정이 없으나 약관에 다음과 같은 규정이 있다.

> **약관 제16조** ⑦ 회사는 다른 보험가입내역에 대한 계약 전 알릴 의무 위반을 이유로 계약을 해지하거나 보험금 지급을 거절하지 않습니다.

2007년 제안된 상법개정안에 의하면, 손해보험과 생명보험을 구별하여 전자의 경우에는 보험계약자 등의 고의 또는 중과실로 다른 보험계약의 체결사실의 통지의무의 위반의 경우 보험계약을 해지할 수 있다고 하고(상법개정안 제672조의2), 후자의 경우에는 보험자의 질문이 있는 경우에 한하여 통지의무를 인정하고 위반의 경우에는 전자와 같은 효과를 부여한다(상법개정안 제732조의3)는 규정이 있었다.

(2) 학설과 판례

판례는 인보험의 경우 다른 보험계약의 체결사실이 중요한 사항에 해당한다고 보나, 손해보험의 경우에는 다른 손해보험계약의 체결사실이 중요한 사항이 아니라고 본다. 약관은 손해보험에서 사용되는 것이므로 판례에 의한 규정을 두고 있는 것이다.

1) 인보험

다른 생명보험에 가입한 사실은 고지의무의 대상이 되는 중요한 사항인가? 통설과 판례[117]는 타보험에 가입한 사실이 고지의무의 대상이 되는 '중요한 사항'에 해당하는 것으로 본다. 학설이 내세우는 근거는, 피보험자의 보험이용 실태는 상해보험의 경우 도덕적 위험의 여부를 판단하는 기준이 된다거나,[118] 인보험의 경우 다수의 생명보험계약을 체결하고 있는 때에는 피보험자의 생명에 대한 위험이 그만큼 증대된다고 하여 인위적 사고발생의 위험이 증가한다는 취지이다. 인보험에서는 피보험이익이 인정되지 않으므로 원칙적으로 각 보험자로부터 약정된 보험금액 전액을 받을 수 있다는 점에서도 중요한 사항이 된다.

2) 손해보험

학설은 손해보험에서도 다른 보험가입 사실이 고지의 대상이 되는 중요한 사항이라고 보는 견해도 있으나,[119] 판례[120]는 손해보험의 경우 인보험과는 달리 다른 보험에 가입한 사실이 중요한 사항이 아니라는 입장이다. 판례는 "부당한 이득을 얻기 위한 사기에 의한 보험계약의 체결을 사전에 방지하고 보험자도 하여금 보험사고 발생시 손해의 조사 또는 책임의 범위의 결정을 다른 보험자와 공동으로 할 수 있도록 하기 위한 것일 뿐, 보험사고발생의 위험을 측정하여 계약을 체결할 것인지 또는 어떤 조건으로 체결할 것인지 판단할 수 있는 자료를 제공하기 위한 것이라고 볼 수는 없으므로"라는 근거를 든다. 이 판결에 찬성하는 입장으로 화재보험과 같은 손해보험에서 다른 보험계약의 체결사실에 관하여 고지의무를 규정한 취지가 사기에 의한 중복보험을 방지하기 위한 것이거나 보험자가 각자 부담하는 보상비율을 알게 하기 위한 것일 뿐 다른 보험계약의 체결사실이 위험

117) 대법원 2001. 11. 27. 선고 99다33311 판결; 대법원 2004. 6. 11. 선고 2003다18494 판결.

118) 양승규, "다른 보험계약의 존재사실에 대한 고지의무", 「보험법연구」 4, 삼지원, 2002, 18면. "보험자가 보험계약청약서에 다른 보험에 관한 질문란을 두고 이를 명시적으로 질문한 것은 다른 보험에의 가입 여부는 보험계약자가 고지할 중요한 사항임을 뚜렷이 한 것이다."

119) 최기원, 앞의 책, 165면 등.

120) 대법원 2003. 11. 13. 선고 2001다49623 판결(상법 제672조 제2항에서 손해보험에 있어서 동일한 보험계약의 목적과 동일한 사고에 관하여 수개의 보험계약을 체결하는 경우에는 브험계약자는 각 보험자에 대하여 각 보험계약의 내용을 통지하도록 규정하고 있으므로, 이미 보험계약을 체결한 보험계약자가 동일한 보험목적 및 보험사고에 관하여 다른 보험계약을 체결하는 경우 기존의 보험계약에 관하여 고지할 의무가 있다고 할 것이나, 손해보험에 있어서 위와 같이 보험계약자에게 다수의 보험계약의 체결사실에 관하여 고지 및 통지하도록 규정하는 취지는, 손해보험에서 중복보험의 경우에 연대비례보상주의를 규정하고 있는 상법 제672조 제1항과 사기로 인한 중복보험을 무효로 규정하고 있는 상법 제672조 제3항, 제669조 제4항의 규정에 비추어 볼 때, 부당한 이득을 얻기 위한 사기에 의한 보험계약의 체결을 사전에 방지하고 보험자로 하여금 보험사고 발생시 손해의 조사 또는 책임의 범위의 결정을 다른 보험자와 공동으로 할 수 있도록 하기 위한 것일 뿐, 보험사고발생의 위험을 측정하여 계약을 체결할 것인지 또는 어떤 조건으로 체결할 것인지 판단할 수 있는 자료를 제공하기 위한 것이라고 볼 수는 없으므로 중복보험을 체결한 사실은 상법 제651조의 고지의무의 대상이 되는 중요한 사항에 해당되지 아니한다).

의 증가와 관련된 사항이기 때문은 아니고, 보험자도 다른 보험계약의 체결사실에 대하여 보험계약의 체결 여부를 결정하거나 보험료율을 결정하는 자료로 사용하지도 않은 이상 다른 보험계약 체결사실이 고지의무의 대상이 되는 중요한 사항에 해당된다고 볼 수 없다는 견해[121]가 있다.

3) 평 가

생각건대, 인보험뿐 아니라 손해보험에서도 다른 보험계약의 체결사실은 중요한 사항으로 보아야 한다. 보험자가 보험청약서에 질문란을 두어 다른 보험에 관한 정보를 취득하는 것이 초과나 중복보험을 미연에 방지하고 이로 인한 사고발생의 위험증가를 사전에 막고자 하는 취지인 점, 수개의 보험계약을 체결하는 일련의 행위로 인한 보험금 취득을 노린 기망적 보험인지 등에 대한 조사기회를 가지고자 하는 점, 보험자가 수개의 보험계약체결로 인한 인위적 사고발생의 가능성 등에 대비하기 위하여 자기보호수단으로 질문하는 점[122] 등이 그 근거이다. 그리고 중요사항에 대한 결정은 법률문제라기보다는 보험의 종류에 따라 달라질 수밖에 없는 사실인정의 문제로서 이는 보험자가 결정하는 점 등에서 본다면 판례의 입장은 비판의 여지가 있다.

또한 판례[123]는 중복보험 규정(상법 제672조)을 임의규정으로 파악하여 다른 보험계약이 담보하였을 손해에 관하여는 이를 담보하지 아니한다는 초과전보조항의 유효성을 인정하고 있어, 이 점에서도 다른 보험계약의 체결사실은 중요한 사항으로 보아야 한다.

(3) 소 결

초과전보보험을 비롯한 다양한 형태의 다수계약이 체결될 수 있고, 그 보험은 약관에 정한대로의 효력이 발생한다고 해석하므로, 관련 판례와 학설에 맡겨 두는 것이 옳다고 본다. 약관에서 관련 규정을 삭제하는 것이 옳다.

---

121) 문영화, "손해보험계약에 있어서 중복보험계약의 체결사실이 상법 제651조 소정의 고지의무의 대상이 되는 '중요한 사항'인지 여부", 「대법원판례해설」 제47호, 2004, 346면.

122) 특히 이러한 경우는 책임보험에서 많이 발생한다고 설명하기도 한다. 무과실책임의 경향과 관련하여 관련 피보험자는 보다 두터운 보험보호에 대한 요구가 있고 이것이 병존보험으로 이어질 수 있다는 설명이다. Marcy Louise Kahn, "The Other Insurance Clause", 19 Forum (1984), 591.

123) 대법원 2002. 5. 17. 선고 2000다30127 판결.

4. 사기에 의한 계약

(1) 약관 규정

상법에는 관련 규정은 없으나 약관 제17조에는 다음의 규정이 있다.

> **제17조 (사기에 의한 계약)** 계약자 또는 피보험자가 대리진단, 약물사용을 수단으로 진단절차를 통과하거나 진단서 위·변조 또는 청약일 이전에 암 또는 인간면역결핍바이러스(HIV) 감염의 진단 확정을 받은 후 이를 숨기고 가입하는 등 사기에 의하여 계약이 성립되었음을 회사가 증명하는 경우에는 계약일부터 5년 이내(사기사실을 안 날부터 1개월 이내)에 계약을 취소할 수 있습니다.

(2) 문제점

고지의무 위반과 민법상의 착오나 사기가 경합하는 경우, 보험자는 보험계약을 해지할 수 있는 이외에 민법상의 일반원칙에 따라 착오 또는 사기를 이유로 보험계약을 취소할 수 있는가의 문제이다. 만약 상법만이 적용된다면 보험계약은 원칙적으로 해지한 때부터 장래에 대하여만 무효가 되고 또한 보험자는 일정한 제척기간이 경과하면 해지할 수 없다. 그러나 민법도 적용된다고 보는 경우 보험자가 민법에 의하여 보험계약을 취소하면 그 계약은 처음부터 무효가 되고(민법 제141조), 또한 보험자는 상법상 일정한 제척기간이 경과한 이후에도 보험계약을 취소하여 무효로 할 수 있다. 따라서 이러한 경우 민법도 적용되는지 여부는 당사자자의 이해관계에 중대한 영향을 미치게 된다.

(3) 학설과 판례

1) 민·상법중복적용설(판례)

이 견해는 상법의 고지의무제도와 민법의 착오와 사기에 관한 규정은 근거와 요건, 효과를 달리하는 것이므로 민·상법의 규정이 중복하여 적용된다는 것이다. 상법상 고지의무제도가 보험자를 보호하기 위한 것인데 보험계약에 민법의 착오와 사기에 관한 규정의 적용을 배제한다면 보험자에게 현저하게 불리하므로 민법과 상법을 동시에 적용하는 것이 타당하다고 본다.[124] 판례가 취하는 견해로서, 사기의 경우[125] 보험자는 민법 규정에 의하여 보험계약을 취소할 수 있다고 하고,

---

124) 채이식, 앞의 책, 462면.

125) 대법원 2017. 4. 7. 선고 2014다234827 판결(보험계약을 체결하면서 중요한 사항에 관한 보험계

착오의 경우 보증보험에 관한 것이기는 하나 고지의무 위반의 경우 법률행위의 중요한 부분에 관한 착오로 인한 것으로서 민법의 일반원칙에 따라 보험자가 그 보험계약을 취소할 수 있다고 한다.[126] 판례는 같은 취지에서 "보험금을 부정취득할 목적으로 다수의 보험계약이 체결된 경우에 민법 제103조 위반으로 인한 보험계약의 무효와 고지의무 위반을 이유로 한 보험계약의 해지나 취소는 그 요건이나 효과가 다르지만, 개별적인 사안에서 각각의 요건을 모두 충족한다면 위와 같은 구제수단이 병존적으로 인정되고, 이 경우 보험자는 보험계약의 무효, 해지 또는 취소를 선택적으로 주장할 수 있다"고 한다.[127]

2) 민법적용배제설

상법이 보험계약자 등의 고지의무를 인정하는 것은 보험계약의 단체적, 기술적 요청에 기인한 것으로 고지의무에 위반할 경우 보험계약이 그 체결 당시에 소급하여 무효로 되는 것을 피하여 일부러 해지할 수 있는 것으로 하였으므로, 민법의 적용을 배제하고 상법 규정에 따라 해결하는 것이 옳다고 한다.

3) 착오 · 사기구별설(다수설)

이 설은 보험자의 착오의 경우에는 민법의 적용을 배제하나, 보험계약자의 사기의 경우에는 상법 외에 민법의 사기규정(민법 제110조)도 적용된다는 것이다. 이 견해가 다수설이다.[128] 고지의무자에게 사기가 있는 경우에는 그 이익을 보호할 필요가 없으나 착오의 경우에는 해의가 없으므로 보험자와 더불어 보험계약자의 이익도 고려하여야 하기 때문이라 한다.

약자의 고지의무 위반이 사기에 해당하는 경우에는 보험자는 상법의 규정에 의하여 계약을 해지할 수 있음은 물론 보험계약에서 정한 취소권 규정이나 민법의 일반원칙에 따라 보험계약을 취소할 수 있다. 따라서 보험금을 부정취득할 목적으로 다수의 보험계약이 체결된 경우에 민법 제103조 위반으로 인한 보험계약의 무효와 고지의무 위반을 이유로 한 보험계약의 해지나 취소는 그 요건이나 효과가 다르지만, 개별적인 사안에서 각각의 요건을 모두 충족한다면 위와 같은 구제수단이 병존적으로 인정되고, 이 경우 보험자는 보험계약의 무효, 해지 또는 취소를 선택적으로 주장할 수 있다); 대법원 1991. 12. 27. 선고 91다1165 판결; 대법원 1998. 6. 12. 선고 97다53380 판결.

126) 대법원 2002. 7. 26. 선고 2001다36450 판결(공사도급계약과 관련하여 체결되는 이행(계약)보증보험계약이나 지급계약보증보험에 있어 그 보험사고에 해당하는 수급인의 채무불이행이 있는지 여부는 그 보험계약의 대상으로 약정된 도급공사의 공사금액, 공사내용 및 공사기간과 지급된 선급금 등을 기준으로 판정하여야 하므로, 이러한 보증보험계약에 있어 공사계약 체결일이나 실제 착공일, 공사기간도 공사대금 등과 함께 그 계약상 중요한 사항으로서 수급인측에서 이를 허위로 고지함으로 말미암아 보험자가 그 실제 공사의 진행상황을 알지 못한 채 보증보험계약을 체결한 경우에는 이는 법률행위의 중요한 부분에 관한 착오로 인한 것으로서 민법의 일반원칙에 따라 보험자가 그 보험계약을 취소할 수 있다).

127) 대법원 2017. 4. 7. 선고 2014다234827 판결.

128) 양승규, 앞의 책, 128면; 한기정, 앞의 책, 243면 등.

(4) 소 결

착오・사기구별설이 타당하다. 사기로 인한 고지의무 위반은 보험자를 기망하여 착오에 빠지게 하는 위법행위이므로 보험계약자를 보호하는 것은 보험제도의 원리에도 맞지 아니하므로, 민법 제110조에 의하여도 취소할 수 있는 것으로 해석함이 옳다.[129] 암 등 중병을 앓고 있으면서 이를 속였거나 대리진단을 하는 등 보험자를 기망한 경우 그 보험계약의 효력을 인정하는 것은 부당하므로 민법에 따라 계약을 취소하여 무효로 돌리는 것이 바람직하다.[130]

Ⅳ. 고지의무 제도의 개선

1. 국제적 추세와 비교법적 검토

(1) 고지의무의 수동의무(답변의무)화

고지의무는 거의 모든 국가에서 보험자가 질문하는 사항에 대하여 답변을 하는 형태의 수동의무로 전환되었다. 보험법의 모델로도 지칭되고 전세계 보험법에 상당한 영향을 미치는 영국의 보험법도 수동의무로 개정되었다. 영국은 기존의 고지의무 법리가 지나치게 보험계약자 측에게 엄격하다고 보아, 2009년 말 기본적 틀을 변경하는 개혁안이 제시되고 그 안을 바탕으로 하여 2012년 소비자보험(고지)법이 제정되었다.[131] 그 이외에도 일본, 독일 등도 모두 고지의무를 수동의무화하면서 그 틀을 대폭 변경하였다. 우리의 경우 2014년 개정된 상법 보험편은 고지의무 위반과 보험사고 사이에 인과관계가 인정되지 않더라도 보험자는 보험금을 지급하되 계약을 해지할 수 있는 것만이 규정되었고 수동의무화까지는 나가지 못하였다. 그러나 고지의무를 둘러싼 전세계적 동향 등을 검토하면 국제적 정합성의 측면에서도 시급히 개선할 필요가 있겠다.

---

129) 대법원 1991. 12. 27. 선고 91다1165 판결. "보험계약을 체결함에 있어 중요한 사항에 관하여 보험계약자의 고지의무 위반이 사기에 해당하는 경우에 보험자는 상법의 규정에 의하여 계약을 해지할 수 있음은 물론 민법의 일반 원칙에 따라 그 보험계약을 취소할 수 있다."

130) 양승규, 앞의 책, 129면. 입법론으로는 고지의무에 관한 주관적인 요건과 그 효과에 있어 사기나 해의에 해당하는 경우를 분리하여 제척기간을 연장하여야 한다고 생각한다.

131) Law Commission and The Scottish Law Commission, Consumer Insurance Law: Pre-Contract Disclosure and Misrepresentatio, London, 2009; Law Commission, Insurance Contract Law: Misrepresentation, Non-Disclosure and Breach of Warranty by the Insured, London: TSO, 2007, pp. 75, 81, 105, 126, 272-279.

(2) 독 일

2007년 독일 보험법은 고지의무를 위주로 전면 개정되었다. 구법에서는 자발적인 고지의무 제도를 채택하였었고, 또한 보험자가 서면으로 질문한 사항은 중요사항으로 추정하였었다(개정 전의 보험계약법 제16조 제1항). 그러나 개정된 보험계약법에서는 보험계약자는 보험자가 질문한 중요한 사항에 한하여 고지할 의무를 부담한다(독일보험계약법 제19조 제1항).[132] 즉 고지사항은 중요한 사항과 보험자가 질문한 사항으로 한정된다.

과거 보험자가 질문하지 않은 사항에 대하여도 악의적 묵비가 있는 경우 고지의무위반에 해당한다는 규정, 서면에 의하여 질문한 사항은 중요한 사항으로 추정된다는 규정 등은 개정된 보험계약법에서는 모두 삭제되었다. 그리고 보험자가 고지의무위반의 효과도 보험자가 보험계약자에게 알려준 경우에 한하여 해제 또는 해지의 권리를 행사할 수 있다.[133]

(3) 일 본

일본도 2008년 보험법을 개정하면서 수동의무화하였다. 일본보험계약법은 다음과 같이 규정한다.[134] 일본보험계약법도 독일과 같이 고지의무의 대상이 되는 것은 중요한 사항이어야 하며, 또한 그중에서도 보험자가 고지를 요구한 사항으로 한정된다.

〈일본 보험법〉

제4조 (고지의무) 보험계약자 또는 피보험자가 되는 사람은, 손해보험계약의 체결시에, 손해보험계약에 따라 전보되는 손해발생의 가능성(이하 이 장에 있어서 "위험"이라고 한다)에 관한 중요한 사항 중 보험자가 고지를 요구한 것(제28조 제1항 및 제29조 제1항에 있어서 "고지사항"이라고 한다)에 대해, 사실의 고지를 해야 한다.

제28조 (고지의무위반에 의한 해제) ① 보험자는, 보험계약자 또는, 피보험자가, 고지사항에 대해, 고의 혹은 중대한 과실에 의해 사실 고지를 하지 않고, 또는 부실한 고지를 했을 때는, 손해보험계약을 해제할 수 있다.
② 보험자는, 전항의 규정에 관계없이, 다음에 언급하는 경우에는, 손해보험계약을 해제

---

132) 이필규 · 최병규 · 김은경 역저, 「2009년 독일보험계약법」, 세창출판사, 2009 참조.

133) 고의 또는 중과실의 경우에는 해제, 경과실의 경우에는 해지할 수 있다. 이에 관한 상세는 최병규, "외국의 개정 보험계약법과 고지의무의 나아갈 방향", 「경영법률」 제19집 제3호, 한국경영법률학회, 2009, 98면.

134) 생명보험에 대하여는 제37조와 제55조에서 규정하고 있으나, 내용은 동일하다.

할 수 없다.
1. 손해보험계약체결에 있어서, 보험자가 전항의 사실을 알거나 혹은 과실에 의해 몰랐을 때
2. 보험자를 위해 보험계약 체결의 매개를 행할 수 있는 사람(보험자를 위해 보험계약 체결의 대리를 할 수 있는 사람을 제외한다. 이하 "보험매개자"라고 한다)이, 보험계약자 또는 피보험자가 전항의 사실고지를 하는 것을 방해했을 때
3. 보험매개자가, 보험계약자 또는 피보험자에 대해, 전항의 사실 고지를 하지않고, 또는 부실의 고지를 권했을 때

③ 전 항 제2호 및 제3호의 규정은, 해당 각호에 규정하는 보험매개자의 행위가 없었다 해도 보험계약자 또는 피보험자가 제1항의 사실 고지를 하지 않고, 또는 부실한 고지를 했다고 인정되어지는 경우에는, 적용하지 않는다.
④ 제1항의 규정에 의한 해제권은, 보험자가 같은 항 규정에 의한 해제원인이 있는 것을 알았을 때부터 1개월간 행사하지 않을 때는 소멸한다. 손해보험계약 체결 때부터 5년을 경과했을 때도 같다.

(4) 영 국

1908년의 영국해상보험법은 세계에서도 가장 엄격한 고지의무제도를 채택하고 있었다. 그 엄격성 등의 문제점은 과거부터 지속적으로 제기되어 왔고 법률개정의 필요성 또한 강하게 대두되었으며, 현행의 실무는 그 법률과는 전혀 다르게 시행되고 있었다. 이러한 점에서 영국의 현행법인 2012년 소비자보험법으로 개정되었다. 영국의 법률위원회는 보험법의 현대화와 보험계약자 보호를 기치로 하면서 2009년 12월 가계보험에서의 고지의무를 대폭 수정하는 개정안이 제출되었고,[135) 2012년 개정되기에 이르렀다. 그 개정법은 가계보험의 고지의무 부분에 있어서만큼은 보험자들이 개정안보다 약관의 내용을 불리하게 변경하지 못하도록 강행 규정화하였다.[136) 무엇보다 중요한 것은 보험계약자의 자발적 고지의무의 삭제이다. 보험자는 그들이 알고 싶은 사항을 질문하여야만 하고, 역으로 보험계약자로서는 자신이 질문받지 아니한 사항에 답할 의무가 없다. 그리고 중요한 개정내용을 보면 보험자는 선의의 보험계약자[137)에 대하여는 그 고지된 사항이 부정확하다거나 불완전하다는 이유만으로 보험금 지급을 거절할 수 없다. 단순히 과실 있는

135) Law Commission and Disclosure and Misrepresentation, 2009.
136) Law Commission and The Scottish Law Commission, Pre-Contract Disclosure and Mis-representation, 2009, §3.40. FOS는 이것을 개정의 핵심이라고도 한다. 1906년법에 의하면 보험자는 고지의무에 더하여 워런티를 추가할 수 있고 이 경우 그 워런티 위반이 있다면 보험자는 자동적으로 면책되며, 또한 "basis of contract"를 이용하여 워런티와 동일한 효과를 거둘 수가 있어, 고지의무와 관련하여서는 이외 다른 사항을 약관으로 정할 수 없도록 한다.
137) 정직(dishonest)하고 주의깊게(careful) 고지의무를 이행한 보험계약자이다.

(careless) 보험계약자는 보험금청구권을 상실하는 것이 아니라, 보험자가 알았더라면 그 상황에 적용될 계약 조건에 따라 위반의 효과가 달라지고, 비율적 보상을 도입한다.

〈영국보험법〉

제2조 계약체결 이전의 고지의무

(1) 본조는 가계보험계약체결시 소비자(consumer: 보험계약자 등)가 보험자에게 그지하여야 할 사항을 규정한다.

(2) 소비자는 보험자에게 부실고지를 하지 않도록 합리적인 주의를 하여야 한다.

(3) 소비자는 보험자에 의하여 주어진 특정사항(particulars)에 관하여 확인(confirm) 또는 수정(amend)요청을 이행하지 아니한 경우 이 법에 의한 부실고지로 본다.

(4) 소비자의 제2항의 의무는 이 법 시행 이전에 존재하던 고지의무를 대체하는 것이다.

(5) (a) 가계보험이 최대선의계약의 하나라고 하는 법 원칙은 이 법의 관련 범위 내에서는 수정된다.

(b) 이 법의 규정들은 1906년 영국해상보험법의 제17조에 우선한다.

제3조 합리적 주의

(1) 소비자가 부실고지를 하지 않을 합리적 주의를 다하였는지 여부는 다음의 모든 관련 사정 하에서 판단된다.

(2) 보험계약자가 부실고지를 하지 않을 합리적 주의를 이행하였는지 여부는 다음의 모든 요소를 고려하여 결정된다.

(a) 문제된 가계보험의 종류와 그 목표가 되는 시장

(b) 보험자에 의하여 발간된 관련 설명 자료 또는 대중에게 소개된 것

(c) 보험자 질문의 명확성, 특정성

(d) 보험보조자가 소비자를 위하여 하였는지의 여부

(3) 요구되는 것은 합리적 소비자의 그것이다. 다만 제4항과 제5항에 따른다.

(4) 그 소비자의 특정 상황에 대하여 보험자가 알았거나 또는 알아야만 하였더라면 그것은 고려되어야 한다.

(5) 부정직하게(dishonestly) 행하여진 부실고지는 합리적 주의가 없는 것이다.

제4조 부실고지의 정의: 정의와 구제책

(1) 보험자는 다음과 같은 소비자에 대하여는 구제책을 가진다. 아래 두 요건에 해당하여야 한다.

(a) 소비자가 제2조 제2항에서 정해진 의무를 위반하여 부실고지를 한 경우

(b) 보험자는 그 부실고지가 없었더라면 보험계약의 체결을 거절하였거나 또는 다른 조건으로 계약을 체결하였을 것임을 입증하여야 한다.

(2) 보험자가 구제책을 가지는 부실고지는 이 법에서 "qualifying misrepresentation"이라 한다.

(3) 가능한 구제책은 Schedule1에 기재되어 있다.

보험자가 묻지 아니한 사항에 대하여는 고지의무가 없는 것으로 한다. 중요한 사항의 기준이 보험자로 되어 있어 보험계약자 스스로는 무엇이 중요한 사항인지를 알 수 없을 뿐 아니라, 질문하지 아니한 사항은 보험자가 알기를 원하지 않는 것으로 볼 수도 있다는 근거에서이다.[138)]

(5) 미 국

미국은 고지의무위반의 요건이 가장 소비자에게 유리하다 할 수 있다. 대다수의 주에서 고의적 묵비(intentional concealment)의 경우에만 문제가 된다.[139)] 즉 우리의 경우와는 달리 사기에 비견되는 정도의 고의적 묵비가 있는 경우에 한하여 보험자가 계약을 취소할 수 있게 된다.[140)] 그리고 이를 이유로 계약을 해지하기 위하여는 관련된 주관적 요건 등에 대하여 보험자가 입증책임을 부담한다.[141)] 미국 법원이 영국 등의 경우에 비하여 고지의무위반에 대하여 관대한 이유는 미국의 사회보장제도가 잘 갖추어지지 않은 때문이라는 지적도 있다.[142)] 사회보장제도가 빈약한 미국에서는 소비자가 보험을 통하여 구제를 받지 못하는 경우 보상받을 길이 막히게 되는 까닭에, 미국법원은 보험소비자에게 유리한 방향으로 해석하게 되었고 그 결과 영국 등과는 현격한 차이가 생겨났다는 것이다. 고지의무에 관한 세계 각국의 법리 중에서 보험계약자에게 가장 유리한 법리가 형성이 된 국가 중의 하나가 미국이다.

(6) 호 주

호주는 구체적 질문이 가능한 사항에 대하여는 수동의무로, 그 질문이 어려운 특수한 사항에 대하여는 보험자가 보험계약자에게 대하여 명시적으로 고지할 것을 요구하여야 한다.[143)] 주목할 것은 호주에서는 중요성에 대한 판단기준을 보험자가 아니라 보험계약자를 기준으로 한다는 점이다. 호주보험계약법 제21조에서 "(a) 보험자가 위험인수 여부 또는 어느 조건으로 인수할 것인지를 결정함에 있어

---

138) Malcolm A. Clarke, The Law of Insurance Contracts, Lloyd's of London Press Ltd., 2006, p. 595.

139) Zoch v. Metropolitan Life Ins. Co., 117 N.J.L. 295, 187 A. 777 (N.J. Sup. Ct. 1936). Points v. Wills, 44 N.M. 31, 97 P.2d 374 (1939).

140) 45 C.J.S. Insurance, 2011, §854.

141) Thompson v. Business Ins. Life of America, 413 So. 2d 331 (La. Ct. App. 3d Cir. 1982).

142) David Schwartz, Resolving the Disclosure Puzzle in Insurance Law, 6 Fla. St. U. Bus. Law Rev., 2007, 175.

143) 호주보험계약법 제21조와 21A조.

관련되는 사실임을 보험계약자가 알고 있거나, 또는 (b) 그 상황에서 합리적인 사람이라면 관련되는 사실임을 알 것으로 기대되는 경우"라고 하고 있어 중요한 사실의 판단기준을 보험계약자로 한다.[144] 이러한 점은 벨기에 보험법도 마찬가지이다.[145]

(7) 유럽통일보험계약법

유럽통일보험계약법에 의하면 제2:101조에서도 보험자가 질문한 사항에 한정하여 보험계약자는 답할 의무가 있다고 하여 수동의무로 규정한다. 보험자가 질문하지 아니한 사항은 그것이 설령 다른 신중한(prudent) 보험자들은 중요한 사항으로 고려하더라도 당 보험자는 고지받기를 포기한 것으로 본다는 접근이다. 이같이 규정하게 된 근거로 능동적 고지의무의 이행에 대하여 최근까지도 상당한 비판에 직면하여 있다는 점도 제시한다.[146]

(8) 그 외 국가

프랑스보험법도 L.113－2조 2항에서 수동의무로 규정한다. 기타 고지의무는 보험자에 의한 서면의 질문과 그에 대한 정직한 응답으로 충분하다는 입장으로 1994년 핀란드 보험법, 2006년 개정된 스위스 보험계약법, 폴란드, 그리스, 스페인 등이 있다. 그러나, 현재에도 유럽국가 중 고지의무를 자발적 능동의무로 규정한 곳은 오스트리아, 벨기에, 이탈리아, 룩셈부르크, 포르투갈 정도이다.[147] 그런데 이들 국가에서도 그 고지의 범위는 한정된다. 보험계약자는 보험자가 알고 있는 사실 또는 알고 있으리라 추정되는 사실, 또는 일상적인 보험업무과정상 알아야만 하는 사실, 보험자가 인수하는 위험을 감소시키는 사실 등에 대하여는 고지할 필요가 없다.

2. 국제적 정합성 – 수동적 의무로의 전환

이상과 같이 각국 입법례가 일부 차이가 있기는 하나, 고지의무가 답변의무 또는 수동의무로 전환되었거나 전환되어 가고 있음은 세계적 추세라 할 수 있겠다.

144) Robert Merkin, A Report for English and Scottish Law Commission on the Australia Experience of Insurance Contract LawReform, §3.7.
145) 벨기에 보험법 제5조.
146) The Project Group, Principles of European Insurance Contract Law, 2009, 81.
147) The Project Group, Principles of European Insurance Contract Law, 2009, 80.

고지의무의 수동화는 국제적 추세이고, 그 근거도 정당하다고 본다.[143] 현재 고지의무의 대상이 되는 중요한 사항은 보험자가 그 사항을 알았더라면 인수를 거절하였거나 다른 조건으로 인수하였을 사실이므로 그 판단기준이 보험자로 되어 있고, 이러한 점에서 보험자가 알고자 하는 사실을 스스로 질문하도록 하는 것이 마땅하다. 현실적으로도 질문되지 아니한 사항을 보험계약자로 하여금 답하도록 하는 것은 기대하기 어렵고, 이는 최근 우리 판례가 취하는 태도라고도 할 수 있겠다.[149] 호주는 구체적 질문이 어려운 일부 특수한 상황에서 능동적 고지를 인정하고 있으나 이도 명시적으로 요구하여야 하고, 중요성 판단의 기준을 보험계약자인 고지의무자로 한다는 점도 주목할 필요가 있다.

3. 추상적 · 포괄적 질문의 문제

(1) 수동의무로의 전환과 발생하는 문제점

추상적이면서도 포괄적인 질문에 관한 문제이다. 이는 보험자들이 고지의무의 수동화에 대한 대응으로써 미처 그들도 생각지 못한 것을 보완하기 위한 수단으로 추상적이면서도 포괄적인 질문을 하게 될 우려가 있어, 검토가 필요하다. 예를 들면 "우리의 위험산정과 관련하여 계약자가 고지할 사실이 있습니까?", 또 다른 예로 "기타 다른 고지할 중요한 사항이 있습니까?"와 같은 질문을 하는 경우이다. 이와 같이 막연하고도 추상적인 질문을 하는 것은 고지의무의 수동화의 취지와 부합하지 않을 수 있다.

(2) 입법례

이 점에 대하여 각국이 문제점을 인식하고 있으나, 그 주류의 입법례를 찾기는

---

148) 다수의 학자가 찬성하는 것으로 보인다. 김은경, "보험계약상 고지의무 및 설명의무에 대한 비교법적 고찰", 「경영법률」 제19집 제2호, 2009, 479면; 최병규, 앞의 논문, 91면 이하; 한기정, "고지의무의 수동화", 「비교사법」 제46권, 2009, 342면 등.

149) 대법원 1996. 12. 23. 선고 96다27971 판결(피고가 고지의무의 대상이 되는 사항에 관하여 이와 같은 보험계약청약서 양식을 사용하여 질문하고 있는 경우에 대성렌트카가 그 청약서의 여백에다가 이 사건 차량이 지입차량으로서 지입차주에 의하여 유상운송에 제공되고 있다는 사실까지 특별히 부기하지 않았다고 하여, 보험계약자인 대성렌트카에게 중대한 과실이 있다고는 볼 수 없다 할 것이다); 대법원 2005. 7. 14. 선고 2004다36215 판결(이 사건 차량의 소유자가 누구인지에 관하여 피고가 서면으로 질문하였다고 볼 아무런 증거가 없고, 또 보험청약서에 차량소유자에 관한 기재가 있다고 볼 증거도 없으며, 보험청약서에 피보험자에 관한 기재가 있다고 하더라도 피보험자의 보험가입차량 소유 여부가 피보험자에 관한 기재사항이라고 할 수 없으므로 이 사건 차량이 기명피보험자의 소유인지 여부는 보험약관상 고지의무의 대상이 될 수 없다고 판단하고).

쉽지 않다. 다만 프랑스의 경우 포괄적이거나 질문의 표현이 혼동을 초래할 수 있는 경우 등에는 보험자의 권리가 제한된다.[150] 호주의 경우도 특정적이면서도 구체적 질문을 할 것이 원칙적으로 요구된다.[151] 영국의 경우 추상적·포괄적 질문이 허용은 되지만, 합리적인 소비자가 그 질문을 이해하는 범주에서만 보험자가 구제책을 가질 수 있는 방법을 택한다. 즉 추상적·포괄적 질문의 경우 소비자가 합리적 주의를 다하였다고 판단하게 될 개연성이 높아지게 되어 보험자로서는 구체적인 질문을 하는 것이 보다 유리하게 된다.[152] 독일이나 일본 등에서는 이와 관련된 명시적 규정은 없는 것으로 보인다.

(3) 구체적 방법

고지의무의 수동화를 전제하면서 추상적·포괄적인 질문을 허용하는 것은 그 취지와 반할 수 있다. 이를 제한하는 방법으로는 다음이 가능하겠다.

1) 법령에 의한 해결

첫째, 보험자가 질문할 사항을 법령에 명시하여 강제하는 것이다.[153] 즉 상법시행령 등에 위임하여 보험자가 질문할 사항을 법정하여 두는 방법이다. 이렇게 하는 경우 보험자들이 막연한 질문을 하는 것을 금지할 수 있고, 보험계약자 보호라는 취지와 부합할 수 있으며, 또한 명확하게 규정하는 장점이 있다.

그러나 수많은 보험의 종류에 대하여 법령에서 일일이 한정적으로 열거하여 제시하는 것은 입법기술적으로 가능하지 않을 수도 있고, 또한 항상 진화하고 변모해 가는 보험시장의 수요를 신속히 반영하지 못하여 보험산업의 발전에 걸림돌이 될 수도 있다.

2) 상법 제651조의2의 삭제를 통한 해결

다음으로는, 위에서와 같이 상법 제651조의2를 삭제하여 질문사항을 중요한 사항으로 추정하지 않는 방법으로 해결하는 것이다. 이 경우 포괄적이면서도 추상적인 질문을 한 보험자는 다툼이 생기는 경우 그것이 왜 중요한 사항이 되는 것인지를 주장하여 입증하여야 할 것이다. 그러나 보험자가 한 질문이 포괄적·추상

150) 프랑스보험계약법 L112-3조 제2항.
151) 호주보험계약법 제21A조 제4항.
152) Law Commission and The Scottish Law Commission, Consumer Insurance Law: Pre-Contract Disclosure and Misrepresentation, London, 2009, §5.84.
153) 예컨대 보험업법에서 설명의무를 규정하면서 구체적으로 이행할 내용에 대하여 시행령에서 규정한다.

적일수록 그것이 중요한 사항임을 입증하는 것은 쉽지 않으리라 본다.

(4) 소 결

고지의무를 수동의무로 바꾸게 되는 경우 보험자가 추상적이면서 포괄적 질문을 하게 되는 문제는 상법 제651조의2를 삭제하면서 고지의무위반의 주관적 요건인 고의와 중과실의 해석을 통하여 제한할 수 있다고 본다. 그 근거를 본다.

먼저, 위 방법들 중에서 상법 제651조의2를 삭제하는 방법이 보다 우수한 것으로 판단된다. 수없이 많은 종류의 보험계약이 있고, 미래에도 항상 새로운 형태의 보험이 생겨나고 하는 상황이라면 시행령 등에서 이를 일일이 열거하는 것도 현실적으로 가능한 일이라고 보기 어렵다. 그리고 법률로 보험자는 "명확하고 구체적인" 질문을 할 것을 선언적으로 규정하는 것에 대하여도 여러 이견이 존재할 수 있고, 보험산업의 육성과 발전 등의 측면에서도 이 방법은 한계가 있다. 이러한 점들을 검토하여 보면, 추상적 · 포괄적 질문에 대한 적극적인 입법의 형식이 아니라 고지의무의 수동화와 함께 이루어져야 할 법적 정비 방안인 상법 제651조의2를 삭제하는 방법을 통하여, 상당 부분 해결이 가능하다고 본다.

둘째, 고지의무위반의 주관적 요건인 고의와 중과실의 해석을 통하여 추상적 · 포괄적 질문에 대한 제한도 가능하다. 고지의무위반에 대한 고의의 해석이 물론 분명하게 정립되어 있는 이론이 있어 보이지는 않는다. 예컨대 해칠 의사가 아니고 중요한 사항에 관하여 알면서 고지하지 아니하거나 부실의 고지를 한 것이라는 견해,[154] 해의가 아니고 중요한 사항의 존재와 이를 고지하여야 된 다른 것을 알면서도 고지하지 않았거나 사실과 다르게 고지한 것이라는 견해가[155] 있어, '고지의무의 대상이 된다는 인식'을 구체적으로 포함시킬 것인지의 차이가 있다. 우리 판례는 두 가지를 구별하면서 양자 모두의 인식이 있어야 故意라고 한다.[156]

---

154) 양승규, 「보험법」, 삼지원, 2005, 118면. 김성태, 「보험법강론」, 법문사, 2001, 223면도 고지하지 아니한 중요한 사실의 존재를 알고 있거나, 고지한 사항이 부실임을 알고 있음이라면서 반드시 詐欺 등과 같은 적극적 기망의사를 요하지 않는다고 보아 같은 취지로 읽힌다.

155) 최기원, 「보험법」, 박영사, 2001, 157면.

156) 대법원 2001. 11. 27. 선고 99다33311 판결은 "보험자가 다른 보험계약의 존재 여부에 관한 고지의무위반을 이유로 보험계약을 해지하기 위하여는 보험계약자 또는 피보험자가 그러한 사항에 관한 고지의무의 존재와 다른 보험계약의 존재에 관하여 이를 알고도 고의로, 또는 중대한 과실로 인하여 이를 알지 못하여, 고지의무를 다하지 않은 사실이 입증되어야 할 것이다"고 하였다. 이 판결에서는 "보험계약을 체결할 때 작성된 청약서에는 다른 보험계약사항을 기재하도록 되어 있고, 고지의무자가 이를 기재하지 않은 사실은 인정되나, 나아가 고지의무자가 위와 같은 고의 또는 중과실로 보험자에게 다른 보험계약의 체결 사실을 알리지 않았다고 볼 만한 증거는 찾을 수 없으므로 피고 보험자는 그와 같은 고지의무위반을 이유로 보험계약을 해지할 수 없다고 할 것이

이같이 고의의 의미 파악이 학설과 판례에서 정확하게 일치하지 아니하는 점이 있기는 하나, 추상적·포괄적 질문을 제대로 답하지 못한 경우 보험계약자의 고의나 중과실의 요건이 흠결될 가능성이 크다고 본다. 질문 자체가 추상적·포괄적인 관계로 그 질문을 이해하는 것이 보험계약자의 입장에서 난해한 경우, 부실고지를 하였더라도 고의나 중과실이라는 주관적 요건을 충족하지 않는 것으로 볼 수 있기 때문이다.

V. 개정안

1. 상법개정안 제안

고지의무를 시급히 수동화하는 개정이 요구된다. 세계의 주요 각국은 고지의무를 수동의무화하여야 한다는 주장에 따라 입법으로 수용하였다. 고지의무의 수동화의 근거가 타당하며 국제적 정합성의 측면에서도, 우리도 이를 수용하여 상법 보험편을 개정하여야 한다.

다만 고지의무를 수동화하는 경우 보험청약서의 추상적·포괄적 질문의 문제가 대두될 수 있는바, 이에 대한 대책이 필요하다. 그 대응책으로는 별다른 법령상의 규정을 두지 않더라도 제651조의2의 삭제와 고의와 중과실의 문제로 해결이 가능하다는 점도 검토하였다. 그리고 보험자로서는 그가 질문한 내용에 대한 답변은 면밀히 검토하여야 하고, 그 질문 중 답변되지 아니한 사항이 있을 시 보험계약자에게 재차의 질의를 통하여 확인하는 등의 주의가 요구된다. 만약 보험자가 이를 해태할 때에는 악의나 중과실에 해당하여 해지권을 제한당할 수도 있게 된다.

〈개정안〉

상법 제651조(고지의무위반으로 인한 계약해지)
보험계약당시에 보험계약자 또는 피보험자가 고의 또는 중대한 과실로 인하여 중요한 사항 중에서 보험자가 서면으로 질문한 사항에 대하여 고지하지 아니하거나 부실의 고지를 한 때에는 보험자는 그 사실을 안 날로부터 1월내에, 계약을 체결한 날로부터 3년내에 한하여 계약을 해지할 수 있다. 그러나 보험자가 계약당시에 그 사실을 알았거나 중대한

다"고 하면서 고지의무위반으로 인한 해지권 행사를 인정하지 않았다. 그런데 질문표에 의하여 해당 사항이 질문되었음에도 불구하고 답을 하지 아니한 경우로서 질문된 사실의 인식이 문제되지 않는 것이라면 '그 사실이 중요한 고지되어야 할 중요사항'인지를 인식하였음에 대한 입증이 없었다는 뜻으로 읽힌다. 그러나 질문표에 기재된 사항은 중요사항으로 추정되는 점(상법 제651조)에서 타당한 판결로 보기 어렵다.

> 과실로 인하여 알지 못한 때에는 그러하지 아니하다.
> 상법 제651조의2 (서면에 의한 질문의 효력) 삭제

2. 약관개정안

약관 규정은 세계적 추세에 맞추어 이미 수동화의 형태로 고지의무가 규정되어 있기는 하다. 하지만 이같은 형태의 개선만으로는 연구에서 지적한 바와 같은 구체적 추상적 질문의 문제가 여전히 존재한다. 이 점은 상법 제651조의2의 삭제로 해결이 된다고 판단된다.

제4절 청약철회

Ⅰ. 의의 및 약관 규정

1. 철회권의 의의

일반적으로 계약은 청약과 승낙에 의하여 성립하며 청약을 수령한 상대방은 승낙의 의사표시를 하는 등 계약이 성립될 것을 기대하면서 자신이 이행해야 할 계약상 의무이행을 위한 준비를 하게 되고, 이러한 상황에서 청약철회를 일반적으로 인정할 경우 거래질서에 대한 신뢰가 상실된다.[157] 따라서 사인간의 법률관계를 규율하는 기본법인 민법은 계약의 청약은 이를 철회하지 못한다고 규정한다(민법 제527조).[158]

그런데 이러한 청약철회의 금지는 계약이 상호 대등한 조건과 입장에서 이루어지는 것이 전제되나, 현실적으로는 소비자와 사업자간에 정보의 격차 등에 의해 소비자가 불리한 지위에 있는 것이 일반적 상황이다. 사업자와 소비자 간의 계약에 대하여 민법상의 원칙인 청약의 구속력을 그대로 인정할 경우 계약체결 여부에 대해 신중하게 생각하지 아니하거나 상대방의 일방적 권유에 따라 계약조건 등에 대하여 숙지를 하지 못한 상태에서 성급하게 계약을 체결한 소비자를 제대로 보호하지 못하게 된다.[159] 만약 소비자가 계약체결 이후 무효·취소를 주장한

---

157) 김성천, "계약청약의 구속력에 관한 고찰", 「외법논집」 제12집, 2002, 233면 참조.
158) 이성남, "보험업법상 보험계약의 철회제도에 관한 고찰", 「금융법연구」 제11권 제1호, 금융법학회, 2014, 243면.
159) 이성남, 앞의 논문, 243면.

다면 그 무효 또는 취소의 사유 등에 대하여 소비자가 입증책임을 부담하지만, 소비자는 사업자에 비하여 정보 등의 측면에서 불리한 지위에 있어 그 입증에 상당한 곤란이 있고, 소요되는 비용과 시간 등의 측면에서도 상당한 어려움에 처할 수 있다.[160)]

바로 이 지점에서 보험계약에서 청약철회권이 필요하게 된다. 청약철회권이란 청약 또는 계약체결 후 의사표시에 하자가 없어도 일정 기간 이내에 청약자가 무조건 청약을 철회하거나 계약을 해지할 수 있는 권리를 말한다.[161)]

2. 약관 규정

> 第19조 (청약의 철회)
> ① 계약자는 보험증권을 받은 날부터 15일 이내에 그 청약을 철회할 수 있습니다. 다만, 진단계약, 보험기간이 1년 미만인 계약 또는 전문보험계약자가 체결한 계약은 청약을 철회할 수 없습니다.
> ② 제1항에도 불구하고 청약한 날부터 30일이 초과된 계약은 청약을 철회할 수 없습니다.
> ③ 계약자는 청약서의 청약철회란을 작성하여 회사에 제출하거나, 통신수단을 이용하여 제1항의 청약 철회를 신청할 수 있습니다.
> ④ 계약자가 청약을 철회한 때에는 회사는 청약의 철회를 접수한 날부터 3일 이내에 납입한 보험료를 돌려드리며, 보험료 반환이 늦어진 기간에 대하여는 이 계약의 보험계약대출 이율을 연단위 복리로 계산한 금액을 더하여 지급합니다. 다만, 계약자가 제1회 보험료를 신용카드로 납입한 계약의 청약을 철회하는 경우에 회사는 신용카드의 매출을 취소하며 이자를 더하며 지급하지 않습니다.
> ⑤ 청약을 철회할 때에 이미 보험금 지급사유가 발생하였으나 계약자가 그 보험금 지급사유가 발생한 사실을 알지 못한 경우에는 청약철회의 효력은 발생하지 않습니다.
> ⑥ 제1항에서 보험증권을 받은 날에 대한 다툼이 발생한 경우 회사가 이를 증명하여야 합니다.

Ⅱ. 비교법적 검토

1. 영 국

청약철회제도는 1962년 영국 소비자보호위원회(the English Committee on Consumer Protection Committee)의 권고에 기원한다. 방문판매에 있어 할부금을 지급한 매수인 또는 임차인은 철회권에 대해 고지하고 있는 서면을 우편으로 수령한

160) 맹수석, "보험계약상 청약철회제도의 법적 쟁점과 개선방안 －일본 보험업법의 검토를 중심으로－", 「보험학회지」 제87호, 한국보험학회, 2010, 101면.
161) 맹수석, 위의 논문, 101면.

날로부터 72시간 내에 합의를 철회할 수 있다는 것을 인정하여야 한다고 권고한 것이다.[162] 이는 일방적이고 고압적일 수 있는 방문판매기법의 억제를 위한 것으로, 1964년 할부판매법(Hire-Purchase Act 1964)에 처음 입법화되었고,[163] 보험계약자의 청약철회권은 1982년 보험회사법(Insurance Campanies Act 1982)에 규정되었다. 장기보험계약(long term policy)의 경우 보험자는 보험계약자에게 보험계약에 관한 서면 통지의무를 부담하는데, 이 서면에는 청약철회를 위한 서식을 첨부해야 한다. 이 통지를 받은 보험계약자는 보험계약이 효력을 발하는 시점으로부터 14일 이내에 보험자에게 철회의 통지를 할 수 있다. 만일 보험자가 브험계약성립에 관한 서면 통지의무를 이행하지 아니한 경우라면, 보험계약자는 언제든지 청약철회의 통지를 할 수 있다. 보험계약 가운데 투자성이 있는 상품의 경우에는 2000년 제정된 금융서비스시장법(FSMA)에 의해 규율된다.[164]

2. 독 일[165]

독일의 경우 철회권에 대하여는 민법, 소비자신용법, 기타 법령에 규정되어 있는데, 이는 주식이나 채권 등의 투자, 방문판매, 소비자신용 등에 적용된다. 철회기간은 일반적으로 명시적인 정보제공을 받은 때로부터 2주간이고, 서면 기타 통신데이터기록매체의 이용 또는 상품의 반환에 의해 철회할 수 있다. 보험자가 철회권에 관하여 명확히 기재된 서류를 보험계약자에게 교부할 때까지는 철회권을 행사할 수 있는 기간이 기산되지 않는다. 기간의 기산점에 대해 다툼이 있는 때에는 사업자가 입증책임을 진다. 또한 사업자는 철회권이 행사된 경우의 반환비용에 대하여 부담한다. 독일 보험계약법은 보험계약자는 방식에 구애받지 않고 계약체결에 대한 의사표시를 한 날로부터 철회할 수 있다고 규정하고, 그 철회기간은 청약 시점으로부터 2주 이내이고, 철회의 의사표시는 서면으로 하여야 한다(독일 보험계약법 제8조 제1항). 그러나 철회권을 행사할 수 없는 예외의 경우로서 보험기간이 1개월 미만인 때, 비대면판매계약을 제외한 잠정적 보상과 관련한 보험계약, 비대면판매계약을 제외한 고용계약 규정에 기한 퇴직급여기금 보험계약, 대규

162) 濱田盛一, "生命保険とクーリング・オフ", 「生命保険経営」 제64권 제3호, 1996, 156頁.
163) 맹수석, 앞의 논문, 103면.
164) FSA, Implementation of the Distance Marketing Directive(2004)(http://www.fsa.gov.uk/pubs/policy/ps04_11.pdf); Andrew McGee, The Law and Practice of Life Assurance Contracts. Sweet & Maxwell, 1995. pp.78-84.
165) 최병규, "보험계약자의 철회권 도입에 관한 연구", 「기업법연구」 제25권 제3호, 한국기업법학회, 2011, 207면 이하에서 참조.

모 위험에 관한 보험계약 등이 그에 해당하고 이러한 경우에는 보험계약자가 철회할 수 없다(독일 보험계약법 제8조 제3항 1문). 또한 보험계약자가 자신의 철회권을 행사하기 전에 보험계약자의 명시적 요청으로 보험계약의 내용이 완전 이행된 경우에도 철회권의 행사가 배제된다(독일 보험계약법 제8조 제3항 2문). 보험계약자가 철회권을 행사한 경우에는 보험자는 철회권 도달 이후의 시기에 해당하는 보험료를 반환하여야 한다(독일 보험계약법 제9조).

3. 프랑스

프랑스 보험법은 보험자의 정보제공의무를 강조하는 것과 아울러 일정한 경우 보험계약자에게 철회권을 행사할 수 있도록 함으로써 보험계약자가 아무 손해 없이 보험계약에서 벗어날 수 있도록 한다(프랑스 보험법전 art. L. 112－2－1, L. 112－9, L. 112－10, L. 132－5－1). 특히, 생명보험계약과 관련하여 프랑스 보험법은 보험자가 정보제공의무를 위반한 경우 보험계약자의 철회권 행사기간이 최장 8년까지 연장되게 함으로써 정보제공의무를 제대로 이행하지 않은 보험자를 강력하게 제재하면서 보험계약자를 두텁게 보호하는 방식을 택하고 있다(프랑스 보험법전 art. L. 132－5－2). 그런데 프랑스 보험법전은 독일 보험계약법과는 달리 철회권을 통일적으로 규정하지는 아니하고, 해당 보험계약의 내용과 대면과 비대면 등의 형식을 감안하여 보험의 종류에 따라 철회권 규정을 서로 달리 규정하고 있다. 장기간의 보험료 납입을 예정하고 계약내용이 복잡한 경우가 많은 생명보험에서는 계약체결 후 30일이라는 철회권 행사기간은 실질적 의미가 적다고 판단하여 그 기간이 연장되도록 한다.

4. 유럽통일보험계약법

1999년 이후 유럽의 노력으로 유럽보험계약법원칙(PEICL: principles of european insurance contract law)을 완성하여 공표하였고,[166] PEICL 규정 중 제2:203조는 철회권에 대하여 규정한다. 보험계약자는 제2:501조에 따라서 관련 서류의 수령 또는 교부 중 늦은 때로부터 2주 내에 서면으로 계약을 철회할 권리가 있다(PEICL 제2:203조 제1항). 그런데 보험계약자는 다음의 경우에는 계약을 취소할 수

166) 김은경, “사법공동기준틀(CFR)과 유럽보험계약법의 원칙(PEICL)의 분석”, 「외법논집」 제34권 제3호, 2010, 19면.

없는데, 계약의 존속기간이 한 달 미만인 경우, 계약이 제2:602조에 따라 연장되는 경우, 잠정적 보험, 책임보험 또는 단체보험인 경우 등이 그것이다(PEICL 제2:203조 제2항).

5. 미 국

미국도 보험계약에 있어 청약이 승낙되기까지 청약자는 청약 철회권을 갖는다. 그리하여 보험자가 청약을 승낙하기 전에 청약자가 청약철회를 보험자에게 알리면 그 청약은 실효된다.[167] 보험료가 이미 지급된 경우라 하더라도 청약철회에 의하여 실효되고, 보험자는 보험료를 반환하여야 한다. 또한 뉴욕주보험법 제3203조(a)(11)은 보험계약이 성립한 이후에도 철회권을 인정하여, 보험증권이 보험계약자에게 교부된 때로부터 10일 이상 30일 이하의 기간 중에 해약청구서를 첨부하여 보험증권을 반환하게 되면 보험자는 납입된 보험료 또는 소정의 금액을 반환하여야 하고 통신판매에 의한 보험증권에는 보험계약자에게 30일간의 기간을 허용하는 규정을 둔다. 또한 이 규정은 보험증권상 표시되거나 그에 첨부한 안내서에 기재되어야 한다.[168]

6. 일 본

일본에는 소비자관계법령으로 소비자계약법, 특정상거래에 관한 법률(특정상거래법), 할부판매법, 이자제한법, 제조물책임법 등 민사특별법이 있다. 일본에서 청약철회권이 규정되어 있는 법률로써 2000년에 제정된 특정상거래법이 대표적이고, 할부판매법, 택건업법, 보험업법(동법 제309조) 등을 들 수 있다.[169] 보험계약에서는 1995년 보험업법 개정에 의해 청약철회제도가 생명보험계약뿐 아니라 손해보험계약에도 적용되게 된다. 일본에서 청약철회제도는 보험업법 제4편 제309조(제1항~제10항)에 규정이 되어 있다. 이는 할부판매법 등에 법정된 청약철회 규정에 따른 것이다. 동법에 의하면 청약자 등에게 불리한 것은 무효라고 하여 보험계약자 보호를 기하고 있다.[170] 보험계약의 청약 또는 체결을 한 자는 그 보험

---

167) 최병규, “보험계약자의 철회권 도입에 관한 연구”, 「기업법연구」 제25권 제3호, 한국기업법학회, 2011, 219면.

168) 맹수석, 앞의 논문, 104면.

169) 김도년, “청약철회권의 입법형태의 일고찰 – 일본과 독일의 청약철회권 입법형태 비교를 중심으로 –”, 「소비자문제연구」 제39호, 2011, 59면.

170) 맹수석, 앞의 논문, 108면.

계약의 청약철회 또는 해지(청약철회 등)에 관한 내용이 기재된 서면을 받은 날 또는 청약을 한 날의 어느 쪽이든 늦은 날로부터 기산하여 8일을 경과할 때까지 서면으로 청약을 철회할 수 있다(일본 보험업법 제309조 제1항 제1호). 이때 8일의 기간은 청약자 등이 숙고하여 계약의사를 확정시키는데 필요한 기간이다. 그리하여 청약자 등이 그 서면의 교부를 받지 못하였다면 청약한 때로부터 8일을 경과한 이후라 하더라도 청약을 철회할 수 있다.

Ⅲ. 철회권에 관한 법리 검토

1. 청약철회권의 의의 및 취지

계약법의 원칙과 마찬가지로 보험계약도 청약과 승낙에 의하여 성립하는데(상법 제638조의2), 일반 계약법의 원리에 따른다면, 청약의 효력은 민법 제527조 이하에서 정하고 있는 일반 원칙에 의해 청약서를 기재하고 보험자에게 교부하면 청약을 한 것이 되며 청약자는 보험자가 승낙 여부를 결정할 수 있는 상당한 기간 내에는 자신의 청약을 임의로 철회할 수 없다.[171] 청약을 수령한 상대방이 이행을 위한 준비를 하는 경우 청약을 임의로 철회할 수 있다면 신의칙에 기한 거래안전의 확보가 곤란할 뿐만 아니라, 상대방에게 불측의 손해를 줄 수 있기 때문이다.[172] 그러나 보험을 포함한 금융분야에서는 징보비대칭이라는 격차로 인하여 소비자보호가 강조되고 청약철회권의 도입은 전 세계적인 추세임을 알 수 있다.

보험계약에 청약철회제도를 도입한다면 청약 또는 계약체결 후의 일정 기간 이내라면 보험계약자는 일체의 불이익을 받지 않고 청약을 철회하거나 계약을 해지할 수 있는 권리를 가지게 된다.[173]

2. 관련 법률 검토

(1) 상 법

상법은 청약철회에 관한 명문의 규정이 없다. 보험계약자도 보험계약이 유효하게 성립한 후에 자유롭게 해지할 수는 있으나(상법 제649조 제1항), 이 경우 납입

171) 박세민, 「보험법」 제5판, 박영사, 2019, 158면.
172) 맹수석, 앞의 논문, 101면.
173) 맹수석, 앞의 논문, 101－102면.

된 보험료의 원금을 돌려받을 수는 없고, 특별한 약정이 없는 한 미경과보험료의 반환을 청구할 수 있을 뿐이다(상법 제649조 제3항).[174)]

(2) 보험업법

보험업법 제102조의4 및 제102조의5가 청약철회권을 규정한다. 2013년 12월 19일 국회 본회의 통과, 2014년 1월 14일 공포 및 동년 7월 15일 시행된 보험업법에서 그 규정을 신설하여 보험증권을 받은 날로부터 약관에서 정한 기일 이내에 아무런 불이익을 받지 않고 보험계약의 청약을 철회할 수 있도록 한 것이다.[175)] 개정된 보험업법에서 명문으로 청약철회 제도를 도입하기 이전에는, 구보험업법에서 보험자에게 전화・우편 등 통신수단을 이용하여 모집한 계약에 대하여 보험계약자가 청약을 철회하고자 하는 경우 등 일정한 경우에 통신수단을 이용할 수 있도록 하는 의무를 부과하고 있는 규정으로 철회를 간접적으로 인정하고 있었을 뿐(구 보험업법 제96조 제2항), 생명보험표준약관 등 각종의 표준약관에만 있었던 제도이다.

개정된 보험업법은 보험회사로 하여금 청약자가 보험증권을 받은 날로부터 15일 이내에 청약을 철회하는 경우 특별한 사정이 없는 한 이를 거부할 수 없도록 하고(보험업법 제102조의4 제1항), 청약철회를 접수한 날로부터 3일 이내에 납입받은 보험료를 반환하도록 하였다(보험업법 제102조의5 제1항). 다만, 청약일로부터 30일이 초과된 경우에는 이를 거부할 수 있다(보험업법 제102조의4 제1항). 나아가 보험계약의 체결 또는 모집에 종사하는 자가 그 체결 또는 모집에 관하여 보험계약의 청약철회 또는 계약해지를 방해하는 행위를 금지하면서(보험업법 제97조 제1항 제11호) 청약제도의 구속력을 확보하기 위하여 보험계약의 철회 관련 준수사항을 위반한 경우 과징금 등의 제재를 가할 수 있도록 규정한다. 보험회사의 소속 임직원 또는 소속 보험설계사가 보험계약의 청약철회 또는 계약해지 방해 금지를 위반한 경우(보험업법 제97조 제1항) 그 보험회사에 대하여 해당 보험계약의 수입보험료의 100분의 50 이하의 범위에서 과징금을 부과할 수 있도록 하고, 다만 보험회사가 그 위반행위를 막기 위하여 해당 업무에 관하여 상당한 주의와 감독을 게을리하지 아니한 경우에는 과징금을 부과하지 아니할 수 있도록 규정하였다(보

174) 이성남, “보험업법상 보험계약의 철회제도에 관한 고찰”, 「금융법연구」 제11권 제1호, 금융법학회, 2014, 242면.

175) 박세민, 앞의 책, 158면.

험업법 제196조 제2항). 또한 당해 위반행위를 한 자(보험업법 제209조 제5항 제10호) 및 보험대리점 · 보험중개사 소속 보험설계사가 위반한 경우 해당 보험대리점 · 보험중개사(보험업법 제209조 제5항 제7호)[176]에게 1천만원 이하의 과태료가 부과된다.[177]

(3) 금융소비자보호법

보험계약에서의 청약철회에 관한 법제도는 「금융소비자 보호에 관한 법률(약칭 '금융소비자보호법')」이 2020. 3. 24. 제정됨에 따라 변화가 생겼다. 개별 금융관련 법에 산재되어 있는 금융소비자 관련 규제를 단일의 기본법으로 통합하고자 하는 법의 제정 취지에 따라, 2021. 3. 25. 이후부터는 청약 철회에 관련한 사항은 보험업법이 아닌 금융소비자보호법이 우선 적용된다.

보험의 경우는 보장성 상품으로 분류가 가능한데 보장성 상품에 대한 청약 철회의 방법에 대해서는 '일반금융소비자가 상법 제640조에 따른 보험증권을 받은 날부터 15일과 청약을 한 날부터 30일 중 먼저 도래하는 기간' 내에 청약을 철회할 수 있도록 정하고 있다(금융소비자보호법 제46조 제1항 제1호). 청약철회의 효력 발생 시기는 일반금융소비자가 청약의 철회 의사를 표시하기 위하여 서면을 발송한 때(금융소비자보호법 제46조 제2항 제1호)이며, 청약이 철회된 경우 금융상품판매업자 등은 청약의 철회를 접수한 날부터 3영업일 이내에 이미 일반금융소비자로부터 받은 금전 · 재화 등을 반환하고, 금전 · 재화 등의 반환이 늦어진 기간에 대해서는 대통령령으로 정하는 바에 따라 계산한 금액을 더하여 지급하도록 반환의 방법을 규율한다(금융소비자보호법 제46조 제3항 제1호). 금융소비자보호법은 소비자 보호라는 제정 취지에 맞추어 기존의 보험업법보다도 소비자보호를 강화하여, 청약이 철회된 경우 금융상품판매업자 등은 일반금융소비자에 대하여 청약의 철회에 따른 손해배상 또는 위약금 등 금전의 지급을 청구할 수 없고(금융소비자보호법 제46조 제4항), 그에 반하는 특약으로서 일반금융소비자에게 불리한 것은 무효로 한다(금융소비자보호법 제46조 제6항).

---

176) 다만, 보험대리점 · 보험중개사가 그 위반행위를 방지하기 위하여 해당 업무에 관하여 상당한 주의와 감독을 게을리하지 아니한 경우는 제외한다.

177) 이성남, 앞의 논문, 251－254면을 참고하여 현행법에 따라 수정하였다.

(4) 각 법률의 비교

<table>
<tr><th>구분</th><th>상법</th><th>보험업법(제102조의4,
동법 시행령 제48조의2)</th><th>금융소비자보호법(제46조)</th></tr>
<tr><td>철회권자</td><td rowspan="6">규정 없음</td><td>일반보험계약자로서
보험계약을 청약한 자</td><td>금융상품판매업자 등과 보장성상품에 관한 계약의 청약을 한 일반금융소비자</td></tr>
<tr><td>철회권 행사 기산점</td><td>보험증권을 받은 날</td><td>보험증권을 받은 날 또는 청약을 한 날</td></tr>
<tr><td>행사기간</td><td>15일
(약정에 따라 연장 가능)</td><td>① 보험증권 받은 날: 15일
② 청약일 : 30일
①, ② 중 먼저 도래하는 기간 (약정에 따라 연장 가능)</td></tr>
<tr><td>거부권 인정 여부</td><td>있음
(특별한 사정이 있는 경우)</td><td>규정 없음</td></tr>
<tr><td>적용 제외 범위</td><td>(대통령령으로 위임)
① 피보험자의 건강진단계약
② 1년 미만 계약
③ 자동차손해배상보장법상 의무보험
④ 타인을 위한 보증보험계약
⑤ 금융위가 고시하는 보험계약</td><td>(보장성 상품의 범위를 대통령령으로 위임)</td></tr>
<tr><td>입증 책임</td><td>보험회사 입증</td><td>규정 없음</td></tr>
</table>

관련 내용을 비교 검토하면 다음과 같다.

첫째, 철회권자는 보험계약자이다. 일반적으로 청약의 의사표시를 한 자가 철회의 의사표시를 하기 때문이다.[178] 보험업법에서는 보험계약의 청약철회의 의사표시를 할 수 있는 자를 일반보험계약자로서 보험계약을 청약한 자로 한정하고 있다(보험업법 제102조의4). 금융소비자보호법에서는 일반금융소비자로 규정하고 있어, 보험업법과 동일하다.

둘째. 철회권행사의 기산점과 행사기간을 보면, 보험업법에서는 청약철회의 행사기간을 보험증권을 받은 날로부터 15일 이내로 규정하고, 그 기산점은 보험증권을 받은 날이다.[179] 한편, 금융소비자보호법에 의하면 보장성보험의 경우 일반

178) 유주선, "보험법상 철회권의 입법화와 입법 시 고려사항", 「선진상사법률연구」 제55호, 법무부, 2011, 72면.

179) 이성남, 앞의 논문, 257면.

금융소비자가 상법 제640조에 따른 보험증권을 받은 날부터 15일과 청약을 한 날부터 30일 중 먼저 도래하는 기간으로 보험업법과 달리 규정되어 있다.

셋째, 청약철회 방법에 대하여는 금융소비자보호법에는 규정이 없으나, 보험업법에서는 서면에 의하거나, 또는 보험업법에서 통신수단을 이용한 청약의 철회 신청은 보험계약을 청약한 자가 청약의 내용을 확인·정정 요청하거나 청약을 철회하고자 하는 경우 통신수단을 이용하여 가능하다(보험업법 시행령 제48조의2 제2항).

넷째, 철회권을 불인정하는 계약의 종류에 대하여는 보험업법과 금융소비자보호법 모두 대통령령으로 위임하고 있다. 보험계약을 체결하기 위하여 피보험자가 건강진단을 받아야 하는 보험계약, 보험기간이 1년 미만인 보험계약, 자동차손해배상 보장법 제5조에 따라 가입할 의무가 있는 보험계약, 타인을 위한 보증보험계약 등에 대하여는 보험업법에서는 시행령으로 적용제외 범주에 포함시키고 있다(보험법 시행령 제48조의2).

다섯째, 철회권을 행사하는 데에는 그 사유를 불문한다. 따라서 청약자에게 과실이 있는 경우는 물론, 청약자의 의사표시에 하자가 없는 경우에도 철회할 수 있다.[180]

위와 같이 철회권 행사기간의 기산점과 행사기간에서 보험업법과 금융소비자보호법이 일부 차이가 있는 등 이외에는 대동소이하다. 금융소비자보호법이 시행되면 보험업법에 우선하여 적용된다.

Ⅳ. 평가 및 제안

1. 평 가

보험계약의 철회권은 보험계약가 보험계약이 체결된 이후에도 제한 없이 일정한 기간 내에 보험계약을 철회할 수 있도록 하는 권리로서, 소비자가 원하지 않는 보험계약의 구속으로부터 벗어날 수 있도록 하는 소비자보호를 위한 중요한 권리이다. 따라서 이 권리는 보험계약자와 보험자 사이의 사법적 법률관계에 관한 것이므로 기본적으로는 상법 보험편에 규정을 두는 것이 바람직하고, 이러한 점에서 청약철회권을 상법 보험편에 도입하자는 주장이 다수의 견해이다.[181] 비교법적

180) 맹수석, 앞의 논문, 102면.

181) 유주선, “보험법상 철회권의 입법화와 입법 시 고려사항”, 「선진상사법률연구」 제55호, 법무부,

으로도 세계적 추세는 보험법에 규정을 두고 있는 것이고 보면, 보험소비자 보호의 취지를 실체법적으로 반영하여 상법 보험편에 입법화하는 것이 바람직하다고 할 수 있다.

그런데 국가 전체적인 입법체계상 고려할 문제가 생겼다. 보험소비자 등의 금융소비자보호를 위한 금융소비자보호법이 제정되어 그 시행을 앞두고 있다는 점이다. 그리고 금융소비자보호법이 소비자보호가 강화된 법률이고 보면, 그 시행을 목전에 두고 금융부분 중에서 보험계약만 예외로 하여 상법에 규정을 두는 입법 시도는 오히려 부작용 내지 어려움을 초래할 수도 있다고 본다. 따라서 향후 금융소비자보호법이 시행되어 적용되는 상황을 지켜보면서, 철회권의 대상이나 그 기산점, 행사기간, 기간 도과시의 법적 효과 등을 종합적으로 검토하고, 그 적용 과정에서의 부족한 부분에 대하여 개정 방안을 연구하는 것이 타당하다고 판단된다.

2. 상법 개정에 대한 제안

국가 전체적인 입법체계상 보험계약의 청약철회권은 금융소비자보호법의 규율대상으로 하고, 상법에는 개정안을 두지 않는 것이 바람직하다. 현재로서는 금융소비자보호법이 보험소비자 보호에 보다 부합하는 방향으로 나아갈 수 있도록 점검하고 지원하며 그 실태를 연구하는 것을 제안한다.

제5절 계속보험료의 지급지체와 그 효과

Ⅰ. 의의 및 약관

1. 보험료의 의의

(1) 의 의

보험계약은 유상계약으로서 보험계약이 성립하면 보험계약자는 보험자에게 보험료를 지급할 의무를 진다(상법 제638조). 여기서 보험료는 보험자가 보험계약상

2011, 60면; 유주선, "보험계약자의 보험계약에 대한 철회 －우리나라와 독일의 비교법적인 관점에서－", 「경영법률」 제19집 제4호, 2009, 104면 이하; 맹수석, "보험계약상 청약철회제도의 법적 쟁점과 개선 방안 －일본 보험업법의 검토를 중심으로－", 「보험학회지」 제87집, 2010, 131면; 김은경, "보험계약법상 철회의 법리 －독일보험계약법에서의 철회권을 중심으로－", 「상사판례연구 제24집 제2권, 2011, 29면.

의 책임을 지는 대가로서 보험계약자가 지급하는 것으로 보험자가 지급할 보험금과 대가관계를 이룬다. 그리고 보험료의 지급지체가 있으면 보험보호를 받지 못할 수 있다.

(2) 최초보험료와 계속보험료

최초보험료라 함은 그 지급이 없으면 보험자의 책임이 개시되지 아니하는 보험료를 말한다. 즉 위험보장의 개시를 위하여 그 지급이 요구되는 일시납 보험료 또는 분납 보험료의 제1회분을 말하는 것으로, 보험자의 책임이 개시된 후에 지급되는 제1회 보험료나 일시지급보험료는 최초보험료가 아니다. 그리고 최초보험료가 아닌 일체의 보험료를 계속보험료라 하고, 계속보험료는 그 지급이 없으면 이미 개시된 보험자의 책임이 더 이상 계속되지 아니하는 보험료이다. 이와 같이 최초보험료와 계속보험료의 구별은 보험자의 위험보장의 개시 여부를 기준으로 한다.[182] 다음은 최초보험료와 계속보험료의 구분이 문제되는 몇 가지의 경우이다.

(i) 위험담보의 특약하에 보험료의 지급이 유예된 소위 외상보험의 경우 제1회로 지급되는 보험료는, 이미 보험자의 위험보장이 개시되었으므로 계속보험료이다.

(ii) 신계약으로 종전의 보험계약을 갱신하는 경우 예컨대 자동차보험이 만기가 되어 갱신하는 경우, 그 신계약상 처음으로 지급하게 되는 보험료는 최초보험료이다.

(iii) 계속보험료의 지급지체로 말미암아 해지되거나 실효된 보험계약을 부활하는 경우 지급하는 연체보험료와 이자는, 구 계약이 해지된 후 부활될 계약의 연체보험료와 이자의 지급이 있기 전까지는 보험자가 위험을 담보하지 않으므로 최초보험료로 파악된다.

(iv) 최초보험료를 지급하지 아니한 때에는 다른 약정이 없는 한 계약성립 후 2월이 경과하면 계약은 해제된 것으로 의제되고(상법 제650조 제1항), 계속보험료의 지급을 지체한 경우에는 상당한 기간을 정하여 보험계약자에게 최고한 후 계약해지할 수 있다(상법 제650조 제2항).

182) 이에 비해 제1회 보험료란 보험료분할지급의 약정이 있는 경우의 최초의 지급분을 의미한다. 즉 보험기간 전체에 대해 보험료를 한꺼번에 지급하는가 또는 분할지급하는가에 따라 보험료는 일시지급보험료와 분할지급보험료로 나눌 수 있으므로 제1회 보험료란 분할지급보험료의 제1회 지급분을 말한다.

2. 약관 규정

> **제28조 (보험료의 납입이 연체되는 경우 납입최고(독촉)와 계약의 해지)** ① 계약자가 제2회 이후의 보험료를 납입기일까지 납입하지 않아 보험료 납입이 연체 중인 경우에 회사는 14일(보험기간이 1년 미만인 경우에는 7일) 이상의 기간을 납입최고(독촉)기간(납입최고(독촉)기간의 마지막 날이 영업일이 아닌 때에는 최고(독촉)기간은 그 다음 날까지로 합니다)으로 정하여 아래 사항에 대하여 서면(등기우편 등), 전화(음성녹음) 또는 전자문서 등으로 알려드립니다. 다만, 해지 전에 발생한 보험금 지급사유에 대하여 회사는 보상하여 드립니다.
>
> 1. 계약자(보험수익자와 계약자가 다른 경우 보험수익자를 포함합니다)에게 납입최고(독촉)기간 내에 연체보험료를 납입하여야 한다는 내용
> 2. 납입최고(독촉)기간이 끝나는 날까지 보험료를 납입하지 않을 경우 납입최고(독촉)기간이 끝나는 날의 다음날에 계약이 해지된다는 내용(이 경우 계약이 해지되는 때에는 즉시 해지환급금에서 보험계약대출원금과 이자가 차감된다는 내용을 포함합니다)
>
> ② 회사가 제1항에 따른 납입최고(독촉) 등을 전자문서로 안내하고자 할 경우에는 계약자에게 서면, 전자서명법 제2조 제2호에 따른 전자서명 또는 동법 제2조 제3호에 따른 공인전자서명으로 동의를 얻어 수신확인을 조건으로 전자문서를 송신하여야 하며, 계약자가 전자문서에 대하여 수신을 확인하기 전까지는 그 전자문서는 송신되지 않은 것으로 봅니다. 회사는 전자문서가 수신되지 않은 것을 확인한 경우에는 제1항에서 정한 내용을 서면(등기우편 등) 또는 전화(음성녹음)로 다시 알려 드립니다.
>
> ③ 제1항에 따라 계약이 해지된 경우에는 제34조(해지환급금) 제1항에 따른 해지환급금을 계약자에게 지급합니다.

약관 규정을 살펴보면, 구체적인 해지의 방법으로 서면, 전화, 또는 전자문서 등으로 알린다는 등의 절차적 규정, "납입최고(독촉)기간이 끝나는 날까지 보험료를 납입하지 않을 경우 납입최고(독촉)기간이 끝나는 날의 다음날에 계약이 해지된다는 내용"이라 하여 해지예고부최고약관을 규정한 것 등이다.

Ⅱ. 지급해태시의 효과

1. 해태시의 효과

계속보험료가 약정한 지급기일에 지급되지 아니한 경우에 보험자는 바로 보험계약을 해지할 수 있는 것이 아니라 상당한 기간을 정하여 보험계약자에게 최고하고 그 기간 내에 지급되지 아니한 때에 그 계약을 해지할 수 있다(상법 제650조 제2항). 즉 계속보험료가 약정한 시기에 지급되지 아니하였다고 하여 바로 계약을 해지할 수 있는 것이 아니라, 먼저 계속보험료의 지급지체가 있으면 보험자는 상

당한 기간을 정하여 보험계약자에게 최고하여야 하고, 그 최고에도 불구하고 보험료를 지급하지 아니한 때에 비로소 해지의 의사표시에 의하여 보험계약을 해지할 수 있다. 또한 특정한 타인을 위한 보험의 경우 보험계약자가 보험료의 지급을 지체한 때에는 보험자는 그 타인에게도 상당한 기간을 정하여 보험료의 지급을 최고한 후가 아니면 그 계약을 해제 또는 해지하지 못한다(상법 제650조 제3항). 계속보험료 해지의 요건은 다음과 같다.

첫째, 계속보험료가 약정된 시기에 지급되지 아니하여야 한다. 이때 보험료의 부지급은 보험계약자의 귀책사유로 인한 것이어야 한다.

둘째, 보험자는 상당한 기간을 정하여 최고하여야 한다. 최고의 방법은 제한이 없으나 입증책임은 보험자에게 있다.

셋째, 보험료지급 최고시에 정한 상당한 기간 내에 보험료의 지급이 없어야 한다.

넷째, 보험자는 계약해지의 의사표시를 하여야 한다.

다섯째, 계약해지의 의사표시가 보험계약자 등 보험료지급의무자에게 도달하여야 한다(민법 제111조 참조). 보험료지급의무자에 대한 보험료지급의 최고와 관련하여 보험계약자의 주소지가 변경되었음에도 불구하고 보험자에 대하여 이를 알리지 아니하여 보험자에게 기신고된 주소지로 최고한 경우 그 효력을 인정할지 여부가 문제된다.

보험계약자의 주소변경통보 불이행시 종전 주소지를 보험회사 의사표시의 수령장소로 본다는 보험약관의 효력과 관련하여 판례는 제한적인 효력만을 부여하여, 보험자가 과실 없이 보험계약자 또는 피보험자의 변경된 주소 등 소재를 알지 못하는 경우에 한하여 적용되는 것이라고 제한하여 해석한다.[183] 그 약관의 효력을

183) 대법원 2000. 10. 10. 선고 99다35379 판결(보험계약자 또는 피보험자가 개인용자동차보험 보통약관에 따라 주소변경을 통보하지 않는 한 보험증권에 기재된 보험계약자 또는 기명피보험자의 주소를 보험회사의 의사표시를 수령할 지정장소로 한다고 규정하고 있는 개인용자동차보험 특별약관의 보험료 분할납입 특별약관 제3조 제3항 후단을 문언 그대로 보아 보험회사가 보험계약자 또는 피보험자의 변경된 주소 등 소재를 알았거나 혹은 보통일반인의 주의만 하였더라면 그 변경된 주소 등 소재를 알 수 있었음에도 불구하고 이를 게을리 한 과실이 있어 알지 못한 경우에도 보험계약자 또는 피보험자가 주소변경을 통보하지 않는 한 보험증권에 기재된 종전 주소를 보험회사의 의사표시를 수령할 지정장소로 하여 보험계약의 해지나 보험료의 납입최고를 할 수 있다고 해석하게 되는 경우에는 위 특별약관 조항은 고객의 이익에 중대한 영향을 미치는 사업자의 의사표시가 상당한 이유 없이 고객에게 도달된 것으로 보는 조항에 해당하는 것으로서 위 약관의규제에관한법률의 규정에 따라 무효라 할 것이고, 따라서 위 특별약관 조항은 위와 같은 무효의 경우를 제외하고 보험회사가 과실 없이 보험계약자 또는 피보험자의 변경된 주소 등 소재를 알지 못하는 경우에 한하여 적용되는 것이라고 해석하여야 한다); 대법원 2003. 2. 11. 선고 2002다64872 판결도

그대로 인정하는 것이 아니라 주소이전을 통지하지 않은 경우에도 보험자가 과실 없이 그를 알지 못한 경우에 한하여 적용된다는 것이다.

2. 실효약관의 효력

(1) 실효약관의 의의

과거 보험약관에서는 보험계약자가 보험료를 분할하여 지급하기로 하는 경우 제2회 이후의 계속보험료의 지급기일로부터 일정한 유예기간을 두고 그 기간 안에 보험료의 지급이 없는 때에는 보험계약은 효력을 잃는다는 뜻을 정하는 것이 일반적이었다. 실효약관(失效約款)은 보험계약자가 계속보험료의 지급기일로부터 유예해 준 일정한 기간 안에 보험료를 지급하지 아니한 때에는 그 보험계약은 당연히 효력을 잃는다고 정한 보험약관의 조항을 말한다.[184]

(2) 효 력

실효약관의 효력은 상당기간 논쟁의 대상이 되었다. 실효약관이 무효라는 견해는, 그 약관은 상당한 기간을 정하여 최고하고 난 이후에야 보험계약을 해지하도록 한 상법 제650조 제2항에 어긋나 상법 제663조에 의하여 무효라고 본다. 이에 반하여 유효설은 계속보험료의 지급기일로부터 상당한 유예기간을 두고 그 기간 동안은 보험자가 위험을 담보하고 있으므로, 최고절차를 밟지 않고 보험계약의 실효를 인정하더라도 약관이 보험계약자에게 불이익하지 않다는 입장에서 유효라고 하였다.

과거 판례는 유효설의 입장을 취한 것이 있었으나,[185] 이후 대법원은 그 입장을 변경하여 무효라는 입장을 확고히 견지하고 있다.[186] 상당한 기간 보험료의 지급을 유예하더라도 최고를 하지 아니하고 보험계약의 효력을 잃도록 하는 약관조항

같은 취지이다.

184) 양승규, 앞의 책, 158면. 한 예를 보면 "제2회 이후의 보험료 납입기일로부터 납입기일이 속하는 달의 다음 달 말일까지를 보험료 납입유예기간으로 하며, 보험계약자가 유예기간이 끝날 때까지 보험료를 납입치 아니한 경우에는 유예기간이 끝나는 날의 다음 날부터 이 계약은 더 이상 효력을 가지지 아니합니다. 이 경우 계약자의 청구에 의하여 회사는 해약환급금을 드립니다"가 그것이다.

185) 대법원 1987. 6. 23. 선고 86다카2995 판결(상법 제650조는 보험료미납을 원인으로 하여 보험자의 일방적인 의사표시로서 보험계약을 해지하는 경우에 있어 그 해지의 요건에 관한 규정으로서 보험자의 의사표시를 기다릴 필요없이 보험료납입유예기간의 경과로 인하여 보험계약이 당연히 실효되는 것으로 약정한 경우에는 그 적용의 여지가 없다); 대법원 1992. 11. 27. 선고 92다16218 판결 등도 유효설을 취하였다.

186) 대법원 1995. 11. 16. 선고 94다56852 전원합의체 판결.

은 상법 제650조 제2항보다 보험계약자 등에게 불이익하게 변경함으로써 제663조에 의하여 그 효력을 인정할 수 없다는 것이다.[187] 이후 실무에서도 실효약관을 더 이상 사용하지 않게 되었다.

다수의 보험계약을 체결하는 보험거래 실정과 보험단체의 이익을 보호하여야 한다는 점에서 볼 때 실효약관의 효력을 긍정하는 것이 바람직한 면도 있으나, 상법 제650조와 제663조가 있는 한 문리해석상으로는 판례가 타당해 보인다. 다행히 실무에서는 더 이상 실효약관을 사용하지 않아 논의의 실익이 없게 되었다.

Ⅲ. 평가 및 제안

표준약관에서와 같이 실효약관을 사용하지 않는 대신 실무에서는 해지예고부최고약관(解止豫告附催告約款)을 사용한다. 해지예고부최고약관은 약정된 기일에 계속보험료의 납부가 없는 경우, 보험자가 최고를 하면서 동시에 일정기간 내에 보험료의 지급이 없으면 보험계약은 당연히 해지된 것으로 본다는 내용의 약관이다. 그런데 상법 제650조에 의하면 최고절차와 해지절차를 각각 따로이 밟아야 하는데 최고를 하면서 동시에 일정기간 내에 보험료의 지급이 없으면 보험계약은 당연히 해지된 것으로 하고 있다는 점에서, 이 약관마저도 해지의 의사표시를 별도로 하지 않아 제650조에 반하고 결과적으로 제663조에 의하여 무효라 할 여지도 있다. 즉 실효약관이 무효라는 판례의 입장을 엄격히 적용한다면 이 역시 무효라 할 여지도 있다. 그런데 판례는 이 해지예고부최고약관에 대하여는 그 유효성을 인정하고 있다.[188]

판례에 의한다면 현행 약관의 유효성을 인정할 수 있겠으나, 상법 제650조를 엄격히 문리적으로 해석하면 최고절차와 해지절차를 각각 따로이 밟아야 하는데도 해지의 의사표시를 별도로 하지 않아 제650조에 반하고 따라서 제663조에 의하여 무효라 할 여지도 있다. 이 약관 규정은 삭제하여 판례의 경향등에 맡겨 두는 편이 타당하다고 본다.

---

187) 이후 대법원 1996. 12. 10. 선고 96다37848 판결; 대법원 1997. 7. 25. 선고 97다18479 판결; 대법원 2002. 7. 26. 선고 2000다25002 판결 등이 뒤따랐다.

188) 보험료의 납입을 최고하면서 보험료가 납입되지 않고 납입유예기간을 경과하면 별도의 의사표시 없이 보험계약이 해지된다는 취지의 통지(해지예고부 납입최고)를 하는 약관이 사용되고, 대법원 2003. 4. 11. 선고 2002다69419(본소), 2002다69426(반소) 판결에서는 이 약관을 유효하다고 한다.

제3장

상해보험계약의 효과

제1절 보험금 지급 기한
제2절 면책사유 등
제3절 타인의 상해보험과 타인을 위한 상해보험
제4절 상해보험계약의 소멸

제3장

상해보험계약의 효과

제1절 보험금 지급 기한

Ⅰ. 의의 및 약관

1. 의 의

보험자는 보험금액의 지급에 관하여 약정기간이 있는 경우에는 그 기간 내에, 약정기간이 없는 경우에는 보험사고 발생(상법 제657조 제1항)의 통지를 받은 후 지체 없이 지급할 보험금액을 정하고 그 정하여진 날부터 10일 내에 피보험자 또는 보험수익자에게 보험금액을 지급하여야 한다(상법 제658조). 이는 보험금지급채무를 신속히 진행시키고자 둔 규정이나 실효성 측면에서는 의문이다. 그 위반에 대한 제재규정이 없고 보험금액을 정하는 기한이 따로 정하여져 있지 않아 보험자가 손해사정 등을 부당하게 지연시킬 수 있기 때문이다. 이 점은 입법론적 검토가 필요하다. 다만 피보험자와 보험자는 보험금지급기한 유예의 합의를 할 수는 있다.[1)]

2. 약관 규정

> **제7조 (보험금의 청구)** ① 보험수익자는 다음의 서류를 제출하고 보험금을 청구하여야 합니다.
> 1. 청구서(회사 양식)
> 2. 사고증명서(진료비계산서, 사망진단서, 장해진단서, 입원치료확인서, 의사처방전(처방조제비) 등)
> 3. 신분증(주민등록증이나 운전면허증 등 사진이 붙은 정부기관발행 신분증, 본인이 아닌 경우에는 본인의 인감증명서 또는 본인서명사실확인서 포함)

1) 대법원 1981. 10. 6. 선고 80다2699 판결(피보험자와 보험자 사이의 보험금지급기한 유예의 합의는 보험금지급청구권에 관한 소멸시효의 이익을 미리 포기하는 것에 해당하지 아니한다).

4. 기타 보험수익자가 보험금의 수령에 필요하여 제출하는 서류

② 제1항 제2호의 사고증명서는 의료법 제3조(의료기관)에서 규정한 국내의 병원이나 의원 또는 국외의 의료관련법에서 정한 의료기관에서 발급한 것이어야 합니다.

제8조 (보험금의 지급절차) ① 회사는 제7조(보험금의 청구)에서 정한 서류를 접수한 때에는 접수증을 드리고 휴대전화 문자메시지 또는 전자우편 등으로도 송부하며, 그 서류를 접수한 날부터 3영업일 이내에 보험금을 지급합니다.

② 회사가 보험금 지급사유를 조사・확인하기 위해 필요한 기간이 제1항의 지급기일을 초과할 것이 명백히 예상되는 경우에는 그 구체적인 사유와 지급예정일 및 보험금 가지급제도(회사가 추정하는 보험금의 50% 이내를 지급)에 대하여 피보험자 또는 보험수익자에게 즉시 통지합니다. 다만, 지급예정일은 다음 각 호의 어느 하나에 해당하는 경우를 제외하고는 제7조(보험금의 청구)에서 정한 서류를 접수한 날부터 30영업일 이내에서 정합니다.

1. 소송제기
2. 분쟁조정 신청
3. 수사기관의 조사
4. 해외에서 발생한 보험사고에 대한 조사
5. 제6항에 따른 회사의 조사요청에 대한 동의 거부 등 계약자, 피보험자 또는 보험수익자의 책임있는 사유로 보험금 지급사유의 조사와 확인이 지연되는 경우
6. 제4조(보험금 지급에 관한 세부규정) 제9항에 따라 보험금 지급사유에 대해 제3자의 의견에 따르기로 한 경우

③ 제2항에 의하여 장해지급률의 판정 및 지급할 보험금의 결정과 관련하여 확정된 장해지급률에 따른 보험금을 초과한 부분에 대한 분쟁으로 보험금 지급이 늦어지는 경우에는 보험수익자의 청구에 따라 이미 확정된 보험금을 먼저 가지급합니다.

④ 제2항에 의하여 추가적인 조사가 이루어지는 경우, 회사는 보험수익자의 청구에 따라 회사가 추정하는 보험금의 50% 상당액을 가지급보험금으로 지급합니다.

⑤ 회사는 제1항의 규정에 정한 지급기일내에 보험금을 지급하지 않았을 때(제2항의 규정에서 정한 지급예정일을 통지한 경우를 포함합니다)에는 그 다음날부터 지급일까지의 기간에 대하여 〈부표 9-1〉 '보험금을 지급할 때의 적립이율 계산'에서 정한 이율로 계산한 금액을 보험금에 더하여 지급합니다. 그러나 계약자, 피보험자 또는 보험수익자의 책임있는 사유로 지급이 지연된 때에는 그 해당기간에 대한 이자는 더하여 지급하지 않습니다.

⑥ 계약자, 피보험자 또는 보험수익자는 제16조(알릴 의무 위반의 효과) 및 제2항의 보험금 지급사유조사와 관련하여 의료기관, 국민건강보험공단, 경찰서 등 관공서에 대한 회사의 서면에 의한 조사요청에 동의하여야 합니다. 다만, 정당한 사유 없이 이에 동의하지 않을 경우 사실 확인이 끝날 때까지 회사는 보험금 지급지연에 따른 이자를 지급하지 않습니다.

⑦ 회사는 제6항의 서면조사에 대한 동의 요청시 조사목적, 사용처 등을 명시하고 설명합니다.

약관은 그 청구절차에 대하여 보다 세밀한 절차를 규정하고 있다. 먼저 보험금

청구의 절차에 있어 필요한 서류 등 상세한 규정을 두고 있으며, 보험금 지급절체에서도 구체적 규정을 둔다. 가지급제도에 대하여 규정하여 회사가 보험금 지급사유를 조사·확인하기 위해 필요한 기간이 초과되는 경우 50% 이내의 지급을 정하고, 소송제기 등의 경우는 예외로 한다는 규정을 둔다. 그리고 지연이자에 대하여도 규정한다.

Ⅱ. 비교법적 검토

1. 문제점

보험금지급시기에 관하여 상법 제658조는 약정기간이 없는 경우 보험계약자 또는 피보험자로부터 보험사고발생의 통지를 받은 후 지체 없이 지급할 보험금액을 정하고 있으나, 다음의 문제가 있다. 첫째, 현행 규정은 약정기간이 없는 경우 "지체 없이 지급할 보험금액을 정하고"라고 규정하나 지나치게 추상적이고, 보다 구체적으로 기한을 정하는 작업이 필요하다. 둘째, 최근의 자살재해사망특약사건과 즉시연금사건 등과 같이 보험금지급에 관한 분쟁이 장기간 다투어지는 경우 보험소비자로서는 어려운 상황에 처할 수 있다는 점이다. 이에 보험금 지급지체로 인한 손해배상책임을 인정하는 개정된 영국 보험법과 그리고 관련된 규정을 개정한 일본법을 구체적으로 검토할 필요가 있다.

2. 비교법적 검토

(1) 영 국

1) 개정의 배경

영국의 계약법에서는 계약위반은 손해배상을 발생시키지만, 그 예외로 손해보험에서는 보험자가 보험금지급을 부당하게 지연하여도 손해배상의 청구는 인정되지 않고, 손해배상의 예정을 하는 경우 단리(單利)만이 부과되었다.[2] 영국의 판례법상 손해보험에서 보험자의 의무는 보험료의 대가로서의 보험급부가 아니어서 보험금의 법적 성격이 계약상의 채무는 아니고, 손해를 배제할 수 없었던 데 대한 배상금에 해당한다고 보았기 때문이다.[3] 반면, 생명보험 등의 정액보험에 대하

2) Law Commissions, Insurance contract law: business disclosure, warranties, insurer's remedies for fraudulent claims, and late payment(Law Com No 353, July 2014), paras 24.1～25.30.

3) 한창희, "보험금 지급시기에 관한 영국의 2015년 보험법과 일본 보험법의 시사점", 「보험학회지」

여서는 보험금은 계약상의 채무라고 하고 급부의 부당한 지체는 손해배상이 인정되어, 보험급부의 방식에 따라 지체에 대한 취급이 달랐던 상황이었다.[4)]

2) 개정의 내용

보험금지급의 지체에 대한 구제를 인정하기 위하여, 2015년 보험법 제13A조는 보험자가 상당한 기간 내 보험금을 지급하는 것을 모든 보험계약상 묵시적 조건으로 정한다. 따라서 보험금지급의 지체는 손해배상청구권을 발생하게 한다. 나아가 법률개정위원회는 보험금에 대한 분쟁으로 인하여 보험금지급이 지체되는 경우에 대하여도 일정한 요건 하에 손해배상책임을 인정하는 것이 필요하다 보았고, 2015년 보험법 제13A조 제4항은 보험자가 선의이고 합리적인 근거 아래 보험금청구에 대하여 다툰다는 것을 증명하는 경우에는, 지급지체에 대한 책임이 없다고 규정하였다(제13A조 제4항).

〈영국보험법〉

제13A조 보험금 지급에 관한 묵시적인 조건

(1) 보험계약자가 보험계약상 보험금 청구를 하는 경우에 보험자가 상당한 기간 안에 보험금을 지급하는 것은 모든 보험계약상의 묵시적 조건이다.

(2) 상당한 기간은 보험금 청구를 조사하고 산정하기 위한 상당한 기간을 포함한다.

(3) 상당함이 무엇인가는 모든 관련 상황에 의거하지만, (a) 보험의 유형 (b) 보험금 청구의 규모와 복잡함 (c) 법령상의 원칙과 지침의 준수 (d) 보험계약자가 통제할 수 없는 요소 등을 고려할 필요가 있다.

(4) 보험자가 보험금청구를 다툴 수 있는 상당한 근거가 존재함을 증명하는 경우에는 (a) 보험자는 분쟁이 계속 중인 동안 보험금을 지급하지 아니하는 것만으로 제1항의 묵시적 조건을 위반하는 것이 아니고, (b) 보험금 청구를 취급하는 보험자의 행위는 그 조건이 위반되었는가를 결정하는 요소일 수 있다.

(5) 제1항의 묵시적 조건위반에 이용할 수 있는 구제수단(예컨대 손해배상청구)은 다음 각 호에 추가하는 것이고, 또한 다음 각 호와는 구별된다.
   (a) 보험금 지급을 강제할 권리
   (b) 보험금에 대한 이자에 대한 권리(계약상의 것, 다른 제정법에 의한 것, 법원의 재량에 의한 것, 기타에 의한 것인가는 묻지 아니한다.)

제118집, 한국보험학회, 2019.

4) Law Commissions, July 2014 Report, op. cit., para 25.18; 이원정, “영국법상 보험금의 지급지체에 대한 보험자의 책임”, 「한국해법학회지」 제37권 2호, 2016, 289면 이하; 신건훈 · 이병문, “영국보험법상 보험자의 보험금지급의무와 관련한 주요쟁점－2015년 보험법상 개정내용을 중심으로”, 「무역상무연구」 제76권, 2017, 무역상무학회, 128면; 이진수, “보험금지급지체시 손해와 보험자의 의무”, 「상사판례연구」 제23권 제2호, 2010, 143면 이하.

보험자는 보험금을 상당한 기간 내에 지급하여야 한다. 제13A조 제3항은 보험자가 들인 시간이 상당한가 여부를 산정하는데 고려할 필요가 있는 사항을 규정하고 있다. 그 예는 (a) 보험의 유형 (b) 보험금 청구의 규모와 복잡함 (c) 법령상의 원칙과 지침의 준수 (d) 보험계약자가 통제할 수 없는 요소 등 4가지이다.

3) 보험금 청구분쟁(제13A조 제4항)

영국법 개정에서 주목할 사항은 보험금에 대한 분쟁으로 인하여 지급이 지체되는 경우에 관한 규정의 도입이다. 법률개정위원회는 보험금에 대한 분쟁으로 인하여 보험금지급이 지체되는 경우 그 지체에 대하여 보험자가 아무런 책임을 부담하지 않는다면, 보험자로 하여금 투기적인 소송을 오히려 권장하거나 보험소비자들이 보험자의 지급안을 조속히 받아들이도록 하는 부당한 압력으로 사용될 우려가 있다고 보았다. 2015년 보험법 제13A조 제4항은 보험자가 선의이고 합리적인 근거 아래 보험금청구에 대하여 다툰다는 것을 증명하는 경우, 그리고 보험금청구를 처리하는 보험자의 행위가 합리적이라는 요건 아래 보험자의 책임이 없다고 규정한다. 제13A조 제4항 2호는 보험금청구를 처리하는 보험자의 행위가 그 위반이 되는 것인지에 대한 적절한 결정 요소가 된다고 본다. 이에 따라 보험금청구가 합리적으로 다투어지는 경우에만 적용되고, 보험자가 그 보험금지급이 지연되는 기간이 늘어나는 것에 대한 귀책사유가 있는 경우, 이 조항을 근거로 책임을 면하지 못하도록 하였다.실제 소송이나 중재가 개시된 경우 보험자가 책임을 다투는 것이 합리적인 경우에 책임이 면제된다.

소송이 제기되면 법원의 판단에 맡겨야 한다는 견해도 있었으나,[5] 2015년 보험법 제13A조 제4항에 따르면 소송으로 인한 보험자의 면책 항변은 제한적으로만 인정된다. 보험금의 분할지급이 가능하고, 그 일부만의 분쟁이 합리적이라면 나머지 보험금에 대한 지급의 지체에 대한 책임이 발생할 수도 있다. 보험금청구에 대항하여 이를 다툴 합리적인 근거가 존재한다는 점에 대하여 보험자가 증명할 책임을 부담한다(제13A조 제4항).

4) 위반의 효과

위반의 효과는 보험금에 대한 예정이자(법률상의 이자, 법원의 재량에 의한 이자를 묻지 아니한다)와는 별개로 손해배상이 인정된다. 지급지체에 대한 손해배상청구의

---

5) Star Sea [2001] UKHL 1, [2003] 1 AC 469.

소멸시효기간은 보험자의 보험계약상 보험금 지급이 완료한 후부터 1년 또는 묵시적 조건위반일로부터 6년 중에서 빠른 날이다(2015년 보험법 제30조).

5) 시사점

첫째, 보험계약상의 묵시적 조건이 상당한 기간 내에 보험금을 지급하여야 한다는 것이어서 이에 위반한 경우 계약위반이 된다.

둘째, 보험자가 보험금지급책임이 없음을 제한없이 다툴 수 있는 것이 아니라 보험자가 보험금청구를 다툴 수 있는 상당한 근거가 있음을 증명할 수 없는 경우에는 보험금 지급지체로 인한 손해배상책임을 지고, 이는 객관적으로 평가하는 사항이라는 점이다. 자살재해사망특약사건과 즉시연금사건과 같이 보험금지급책임의 유무에 관하여 장기간 다투어지는 경우와 관련하여 '보험자가 보험금청구를 다툴 수 있는 상당한 근거가 있음을 증명할 수 없는 경우에 보험금 지급지체로 인한 손해배상책임을 인정하는' 개정 영국보험법의 내용과 같이 상법 제658조를 개정하는 것을 검토할 필요가 있다.

(2) 일 본

1) 개정 전 일본 상법

보험급부의 이행기에 대하여서는 구상법에서는 특별한 규정이 없었다. 따라서 보험자의 보험금지급채무는 특약이 없는 한 보험사고의 발생이라는 불확정기한의 채무이고, 보험자는 보험사고의 통지를 아는 때로부터 지체의 책임을 진다고 해석하는 견해도 있었지만, 일반적으로는 기한의 정함이 없는 채무라고 해석하여 특약이 없으면 보험급부의 청구가 있는 때가 이행기가 되고, 이때부터 보험자는 이행지체의 책임을 진다고 해석되고 있다.[6] 요컨대, 보험금지급채무에 관하여 보험자가 지체의 책임을 부담하여야 할 시기에 관해서는 개정 전 상법상 특별한 규정이 없었고 특약이 없는 한 보험사고의 발생이라는 불확정기한의 채무로서 보험자가 보험사고의 발생을 안 날로부터 지체책임을 진다는 견해(일본 민법 제412조 제2항)와, 기한의 정함이 없는 채무로서 보험자가 이행의 청구를 받은 때로부터 지체의 책임을 진다는 견해(동조 제3항)가 있었고 후자가 일반적이었다.[7]

---

6) 潘阿憲, 保險法概說, 中央經濟社, 2018, 33頁.
7) 민법상 기한의 정함이 없는 채무에 관하여 지체의 책임은 청구가 도달한 익일부터 생긴다고 해석된다.

2) 개정의 이유와 연혁

일본 보험법 제21조, 제52조, 제81조는 보험급부의 이행기에 관하여 규정하고 있다.[8] 그 개정의 이유를 보면 보험자에 의한 보험금의 지급을 위한 확인 등을 무제한으로 인정하고 그 확인 등의 기간 내에는 보험자가 지체의 책임을 지지 않도록 하는 것은 보험계약의 취지나 목적에 반할 가능성이 있다는 점이다. 그리고 면책사유의 존부 등은 보험자가 증명책임을 부담하여야 할 사항이고 그러한 사항에 관한 확인 기간 중에도 보험자가 일체의 지체책임을 지지 않는다는 것은 보험계약 당사자 사이의 공평을 현저히 해칠 위험이 상존한다는 점 등이 꾸준히 지적되어 오고 있었다.[9]

반면, 보험금의 지급청구가 있은 경우에 보험자가 보험사고 및 손해의 발생을 확인하고 필요한 경우에 손해액을 산정하는 것은 보험금의 지급과정에서 필수적이다. 또한 이러한 확인에 더하여 면책사유의 존부나 보험계약자 측의 고지의무 등의 이행에 있어서 계약해제의 가부 등에 관하여 보험자가 확인하는 것이 적정한 보험금의 지급을 위하여 필요하다는 점에서 그 균형점을 찾고자 한 것이다. 따라서 보험자가 실무상 일정한 조사를 행하여 보험급부를 하여야 할 필요성과 보험사고가 발생한 경우에 신속한 보험급부를 하여야 할 요청을 고려한 점 등을 반영하여 민법 제412조의 특칙을 두었다.[10]

3) 개정 내용의 구체적 검토

〈일본 보험법〉

> **제21조 (보험급부의 이행기)** ① 보험급부를 행할 기간을 정한 경우라도 당해 기한이 보험사고, 보험자가 면책되는 사유 기타 보험급부를 하기 위한 확인을 하는 것이 생명보험계약상 필요한 사항의 확인으로 상당한 기간을 경과한 날의 뒷날인 때에는 당해 기간을 경과한 날을 보험급부를 할 기한으로 한다.
> ② 보험급부를 할 기한을 정하지 아니한 때에는 보험자는 보험급부의 청구를 받은 후 당해 청구에 관련한 보험사고의 확인을 위해 필요한 기간을 경과하는 날까지는 지체의 책임을 부담하지 않는다.
> ③ 보험자가 전 2항에서 규정하는 확인을 하기 위해서 필요한 조사를 함에 있어 보험계약자, 피보험자 또는 보험수익자가 정당한 이유 없이 당해조사를 방해하거나 또는 이

8) 大串淳子, 解說保險法, 弘文堂, 2008, 85－90頁; 萩本修, 立案資料, 112－114頁; 福田弥夫/古笛惠子, 逐條解說改正保險法, (株)ぎょうせい, 2008, 68－70頁.
9) 노일석, “일본보험법과 우리 상법 개정”, 「보험법연구」 제3권 2호, 2008, 106면.
10) 大串淳子/日本生命保險生命保險研究會編, 「解說保險法」, 弘文堂, 2008, 87頁.

> 에 따르지 아니하는 경우에는 보험자는 이로 인해 보험급부를 지연한 기간에 대하여 지체책임을 지지 아니한다.
>
> **第26条 (강행규정)** 제15조, 제21조 제1항 혹은 제3항 또는 전 2조의 규정에 반하는 특약으로 피보험자에게 불리한 것은 무효로 한다.

① 기한의 정함이 있는 경우

보험법은 (i) 손해보험계약에서는 당해기한이 보험사고, 보상손해액, 보험자가 면책되는 사유 기타 보험급부를 하기 위하여 확인하는 것이 손해보험계약상 필요한 사항의 확인을 위한 상당한 기간을 경과한 날인 경우(보험법 제21조 제1항), (ii) 생명보험계약과 상해질병정액보험계약에서는, 당해 기한이 보험사고 또는 보험급부사유, 보험자가 면책되는 사유 기타 보험급부를 위하여 확인하는 것이 생명보험계약・상해질병정액보험계약상 필요한 사항의 확인을 위한 상당한 기간을 경과한 날인 경우에는, 그 기간을 경과한 날을 보험급부를 할 기한으로 한다(보험법 제52조 제1항・제81조 제1항). 보험금지급의 기한을 정한 경우 원칙적으로 당해 기한이 유효하다고 하고, 보험급부를 행하기 위하여 확인하는 것이 필요한 사항에 관한 보험계약의 정함에 비추어 당해 기한이 당해 사항의 확인을 위한 상당한 기간을 경과하는 것인 때에는 그 기간을 경과한 날을 가지고 보험급부를 행하여야 한다고 하고, 약정이 기한이 도래하기 전이라도 보험자는 지체의 책임을 부담하게 된다. 요컨대 보험금 지급시 필요한 확인을 하기 위한 상당한 기간을 경과하는 날을 기준으로, 약관에서 정한 기한이 그 기준일보다 후인 경우에는 그 기준일이 기한이 되도록 약관소정의 기한은 상당한 기간으로 단축된다. 보험자가 면책사유 기타 확인을 위하여 서류접수 후 30일을 이행기로 정해 놓은 보험의 종류에서는 실제로 확인에 30일 이상이 소요되더라도 30일이 이행기가 된다. 결국 확인사항의 확인을 위해 '상당한 기간'을 기준일로, 이를 지나는 시점을 이행기로 정해 놓고 약관을 적용하는 것이다.

당사자간의 약정의 기한이 도래한 후에도 보험급부를 하기 위한 확인이 필요한 사항의 확인이 아직 종료하지 않은 경우, 바꾸어 말하면 약정의 기한이 보험급부를 위하여 필요한 사항을 확인하기 위한 상당한 기간보다 전에 도래한 경우에도 당해 상당한 기간까지 보험급부의 이행기가 연장되는 것을 인정하는 것은 아니다.

여기서 '상당한 기간'을 판단함에는 보험사고, 전보하는 손해액 등 보험급부의 청구자측이 입증할 사항에 더하여 보험자가 증명책임을 지는 면책사유도 고려하여 개개의 보험급부마다 판단하는 것이 아니고 계약의 종류, 보험사고의 내용과 그 태양, 면책사유 등의 내용에 비추어 당해유형의 계약에 있어서 상당한 기간으로 인정되는가에 따라 판단한다.[11] 만일 "약정기한 경과 후에도 조사할 필요가 있는 경우에는 상당기간까지 이행기가 연장된다."는 내용이 약관에 있다면 그 약관은 편면적 강행규정 위반을 이유로 무효가 될 가능성이 높다. '상당한' 기간이라는 입법방식에 대하여는 명확하지 못하다는 비판도 있다. 그러나 일률적인 법률규정으로서는 다양한 보험급부와 조사사유 등에 대한 획일적 기준을 정하기 어려운 만큼 "상당한 기간"이라는 개념을 사용하였고 각 보험계약의 내용에 응하여 보험급부를 하기 위해선 어떤 사항을 확인할 것인지는 약관에서 명확하게 하면 된다고 한다.[12]

② 기한의 정함이 없는 경우

기한의 정함이 없는 경우 보험사고 발생 여부, 손해의 유무 등 보험계약자 측에서 증명하여야 할 사항을 확인하기 위하여 필요한 기간이 경과하기까지는 지체책임을 지지 아니하는 것으로 규정하였다(일본 보험법 제21조 제2항). 일본 보험법 제21조 제2항은 보험금의 지급에 관하여 기한을 정하지 않은 경우에는 일본 민법 제412조 제3항에 의해 보험자는 보험금의 지급청구를 받은 날의 익일부터 지체의 책임을 부담하는 것을 전제로 보험자가 보험사고 및 보상액의 확인을 위하여 필요한 기간을 경과하고 있지 않는 것을 증명한 경우에는 보험자는 그 기간이 경과할 때까지는 지체의 책임을 부담하지 않는 것으로 정한다.

필요한 기간은 기간이 정하여져 있는 경우의 상당한 기간과는 달리 면책사유 기타의 확인을 위한 기한은 포함하지 않고 사고발생 사실과 금액 등 단지 필요한 최소한의 사항만을 확인하는데 필요한 기간을 말하며,[13] 개개의 보험금청구에 응하여 객관적으로 판단하게 된다. 요컨대 필요한 기간은 기한의 정함이 있는 경우와는 달리 면책사유의 확인을 위한 기간을 포함하고 개별 사안에 따라 객관적으로 판단되고, 손해보험계약에서는 보험사고 및 손해액, 생명보험계약에서는 보험사고의 확인을 위해 필요한 기간이다. 필요한 기간의 입증책임은 보험자가 부담한다.

③ 보험계약자 측의 조사방해

2008년 개정된 일본 보험법의 특징은 보험계약자 측의 조사방해 행위를 규정

---

11) 大串淳子/和久田美嘉編, 「圖解新保險法早わかりガイド」, 日本實業出版社, 2009, 106頁.
12) 井上亨, "保險給付の履行期に關する生命保險約款の改正", 「保險學雜誌」 第606号(2009), 237頁.
13) 竹濱修監修, 前揭書, 183頁. "상당한 기간"은 손해사정에 소요되는 기간, "필요한 기간"은 단순지급사무 처리에 소요되는 기간이라고 표현하기도 한다.

한 것이다. 보험사고에 관한 정보는 보험계약자 측에 있는 경우가 많아 개정법에서는 보험계약자 측이 정당한 이유 없이 보험자의 조사를 방해하거나 조사에 응하지 아니하는 경우, 보험자는 그에 따라 보험금지급이 늦어진 기간에 대하여는 지체책임을 지지 아니하는 것으로 규정한다(일본 보험법 제21조 제3항). 이 규정은 약관에 지급기한을 정하였는지 여부와 상관없이 적용된다. 고의적 방해의 대상이 될 확인사항은 약관에서 기한을 정한 경우에는 보험사고 발생과 손해의 유무 및 그 액의 확인을 말하며, 기한을 정하지 아니한 경우에는 보험금을 지급함에 있어서 필요한 사항을 말한다. 피보험자 측의 조사방해 등에 관한 입증책임은 보험자가 부담한다.

Ⅲ. 평가 및 제안

1. 평가 및 제안의 근거

첫째, 현행 상법 규정이 추상적이다. 상법 제658조가 보험금지급 시기에 대하여 규정하면서 약정기간이 있는 경우에는 그 기간 내에, 약정기간이 없는 경우에는 보험사고발생의 통지를 받은 후 지체 없이 지급할 보험금액을 정하고 그 정하여진 날로부터 10일 내에 피보험자 또는 보험수익자에게 보험금을 지급하여야 한다고 규정하고 있으나, 약정기간이 없는 경우 보험금액의 지급기한 등이 추상적이다. 따라서 지체된 경우의 법정이율과 그 기간 등에 대하여 구체적으로 정한다.

둘째, 상법 제658조 제1항의 약정기간이 있는 경우이다. 이 경우라 하더라도 그 약정기간의 효력을 무한정 인정할 것이 아니라, 그 약정기간이 보험사고 등의 확인을 위한 상당한 기간을 초과할 때에는 상당한 기간 내에 지급하도록 규정하는 것이 필요하다.

셋째, 소멸시효의 기산점과 정지 사유 등으로 인한 소비자보호의 문제이다. 소멸시효에서 살핀 바와 같이, 보험금청구권은 특별한 사정이 없는 한 보험금청구권자의 주관적인 인식과는 무관하게 보험사고가 발생한 때를 소멸시효의 기산점으로 삼는 것이 원칙이다. 판례는 보험약관 또는 상법 제658조에서 보험금지급유예기간을 정하고 있더라도 보험금청구권의 소멸시효는 보험사고가 발생한 때로부터 진행하고 위 지급유예기간이 경과한 다음날부터 진행한다고 볼 수 없다고 하였다.[14] 이같이 보험금지급이 지체되는 경우에도 보험금청구권의 단기 소멸시효는

14) 대법원 2005. 12. 23. 선고 2005다59383, 59390 판결.

이미 보험사고시부터 진행되고 있어 소비자가 다급한 순간에 처할 수도 있고, 이 문제는 소멸시효의 개정과 함께 보험금지급 시기의 문제로도 해결할 필요가 있다.

넷째, 보험자 측의 남소로 인한 소비자 보호의 문제이다. 보험자가 보험금지급 책임이 없음을 무제한으로 다툴 수 있도록 한다면, 보험자로 하여금 모험적인 소송을 권장하는 역효과를 초래하거나 또는 보험소비자들로 하여금 보험자의 지급안을 무조건적으로 받아들이도록 하는 부당한 압력으로 사용될 우려가 있다. 따라서 보험금지급책임의 유무에 관하여 장기간 다투어지는 경우 보험자가 보험금청구를 다툴 수 있는 상당한 근거가 있음을 증명할 수 없는 경우에 보험금 지급지체로 인한 손해배상책임을 인정하는 영국보험법이 시사하는 바가 크다.

다섯째, 균형적 관점에서 보험계약자 측이 보험사고 등의 조사를 방해하는 경우에 대한 규정이다.

2. 개정안

(1) 상법개정안

> **상법 제658조(보험금의 지급)** ① 보험자는 보험금액의 지급에 관하여 약정기간 이 있는 경우에는 그 기간 내에 피보험자 또는 보험수익자에게 보험금액을 지급하여야 한다. 다만 그 약정기간이 보험사고 등의 확인을 위한 상당한 기간을 초과할 때에는 상당한 기간 내에 지급하여야 한다.
>
> ② 보험금액의 지급에 관하여 약정기간이 없는 경우에는 보험자는 제657조 제1항의 통지를 받은 후 1월 이내에 피보험자 또는 보험수익자에게 보험금액을 지급하여야 한다. 다만 보험사고 등의 확인을 위한 상당한 기간이 1월을 초과하는 따에는 그 상당한 기간 내에 보험금액을 지급하여야 한다.
>
> ③ 보험자가 제1항과 제2항을 위반하는 경우 계약위반으로 인한 지체책임을 지고 그 이율은 상사법정이율에 따른다. 다만, 보험자가 보험사고 등의 확인을 위하여 필요한 조사와 처리를 함에 있어 보험계약자, 피보험자 또는 보험수익자가 정당한 이유 없이 조사를 방해하는 경우에는 보험자는 이로 인해 보험급부를 지연한 기간에 대하여 지체책임을 지지 아니한다.
>
> ④ 보험자가 보험금을 지급하지 않고 그 청구에 대하여 소 또는 소 이외의 방법으로 다투는 경우에도, 그 근거에 대한 합리성을 증명하지 못하면 제3항에 따른 지체책임을 진다.

(2) 약 관

약관도 위 상법 규정에 따라 개선되는 것을 제안한다. 특히 그 청구에 대하여 소송 또는 소 이외의 방법으로 다투는 경우에도, 그 근거에 대한 합리성을 증명하지 못하면 제3항에 따른 지체책임을 지도록 하는 것이 옳다.

제2절 면책사유 등

Ⅰ. 면책사유

1. 의의 및 약관 규정

(1) 의 의

보험계약법이나 보험약관은 보험기간 내에 보험사고가 발생하였음에도 불구하고 보험자의 보험금지급책임을 면제하는 사유를 정하고 있고 이를 면책사유라 한다. 면책사유는 대수의 법칙을 적용하기 곤란한 비정상적 위험에 대한 보상책임으로부터 보험자를 면책시킴에 의하여 보험단체의 균형을 유지하고, 도덕적 위험의 방지를 위한 목적에서 이용된다. 그런데 면책사유는 보험사고가 발생하였음에도 보험금지급을 거절하는 사유가 되어 당사자 사이에 분쟁의 소지가 된다.

면책사유는 법률의 규정에 의하여 보험자의 책임을 면제하는 사유인 법정면책사유, 보험약관의 규정에 의한 약관면책사유로 구분할 수 있다. 법정면책사유로는 인위적인 보험사고(상법 제659조)와 전쟁위험 등으로 생긴 보험사고(상법 제660조)가 있다.

(2) 약관 규정

> **제5조 (보험금을 지급하지 않는 사유)** ① 회사는 다음 중 어느 한가지로 보험금 지급사유가 발생한 때에는 보험금을 지급하지 않습니다.
> 1. 피보험자가 고의로 자신을 해친 경우. 다만, 피보험자가 심신상실 등으로 자유로운 의사결정을 할 수 없는 상태에서 자신을 해친 경우에는 보험금을 지급합니다.
> 2. 보험수익자가 고의로 피보험자를 해친 경우. 다만, 그 보험수익자가 보험금의 일부 보험수익자인 경우에는 다른 보험수익자에 대한 보험금은 지급합니다. 〈개정 2014.12.26.〉
> 3. 계약자가 고의로 피보험자를 해친 경우
> 4. 피보험자의 임신, 출산(제왕절개를 포함합니다), 산후기. 그러나, 회사가 보장하는 보험금 지급사유로 인한 경우에는 보험금을 지급합니다.
> 5. 전쟁, 외국의 무력행사, 혁명, 내란, 사변, 폭동
>
> ② 회사는 다른 약정이 없으면 피보험자가 직업, 직무 또는 동호회 활동목적으로 아래에 열거된 행위로 인하여 제3조(보험금의 지급사유)의 상해 관련 보험금 지급사유가 발생한 때에는 해당 보험금을 지급하지 않습니다.

> 1. 전문등반(전문적인 등산용구를 사용하여 암벽 또는 빙벽을 오르내리거나 특수한 기술, 경험, 사전훈련을 필요로 하는 등반을 말합니다), 글라이더 조종, 스카이다이빙, 스쿠버다이빙, 행글라이딩, 수상보트, 패러글라이딩
> 2. 모터보트, 자동차 또는 오토바이에 의한 경기, 시범, 흥행(이를 위한 연습을 포함합니다) 또는 시운전(다만, 공용도로상에서 시운전을 하는 동안 보험금 지급사유가 발생한 경우에는 보장합니다)
> 3. 선박승무원, 어부, 사공, 그밖에 선박에 탑승하는 것을 직무로 하는 사람이 직무상 선박에 탑승하고 있는 동안

기본적 취지는 상법의 규정과 같다. 다만 몇가지 점이 차이가 있다.

첫째, "피보험자가 심신상실 등으로 자유로운 의사결정을 할 수 없는 상태에서 자신을 해친 경우에는 보험금을 지급합니다"라고 규정을 둔다.

둘째, 피보험자의 임신, 출산, 산후기 등의 경우에는 면책이라 규정한다.

셋째, 사고발생률이 높은 전문등반 등의 경우 면책이라고 규정한다.

2. 인위적 보험사고

(1) 의 의

상법 제659조는 보험사고가 보험계약자 등의 고의로 인하여 생긴 때에는 보험자는 보험금을 지급할 책임이 없다고 정한다. 보험계약에서 보험자는 우연한 사고가 생긴 때에 보험금을 지급하기로 한 것이지, 보험계약자 등이 고의적으로 일으킨 사고에 대하여까지 담보하는 것은 아니다. 보험계약자 등이 인위적으로 보험사고를 일으킨 것은 보험사고의 우연성에 어긋나는 것이고, 피보험자를 고의로 살해하는 등의 인위적 사고로 인한 도덕적 위험을 막고자 보험계약자 등의 고의 또는 중과실로 생긴 보험사고에 대하여는 보험자의 면책사유로 한 것이다. 또한 이러한 경우에도 보험금을 지급하도록 한다면 보험금의 취득을 목적으로 빈번하게 인위적인 보험사고가 발생함으로써 사회적인 불안이 조성되고 막대한 경제적 손실이 초래될 우려가 있다. 그리고 예방과 제재(처벌),[15] 공정한 보험료의 산정[16] 등의

---

15) Römer/Langheid, Versicherungsvertragsgesetz mit PflVG und KfzPFlVV, 2 Aufl., C.H. Beck, München (2003), S. 989. 양승규, 앞의 책, 142면에서 "보험금의 취득을 목적으로 빈번하게 인위적으로 보험사고가 발생함으로써 사회적인 불안이 조성되고 막대한 경제적인 손실이 초래될 우려가 있기 때문에 보험정책적인 면에서도 보험자의 책임을 인정할 수 없다"는 이와 유사한 취지이다.

16) Russel B. Wuehler, Rethinking Insurance's Public Policy Exclusion: California's Befuddled Attempt to Apply an Undefined Rule and a Call for Reform, 49 UCLA L. Rev. 651 (2001), 671.

보험정책적인 면에서도 보험자의 책임을 인정할 수 없다. 요컨대 피보험자가 고의에 의하여 보험사고를 일으키는 것은 보험계약상의 신의성실의 원칙에 반할 뿐만 아니라, 그러한 경우에도 보험금이 지급된다면 보험계약이 보험금 취득 등 부당한 목적에 악용될 가능성이 있기 때문이다.

(2) 고의의 뜻

1) 고의 개념에 관한 학설과 판례

① 민법과 동일하게 파악

학설은 상법 제659조의 '고의' 해석을 민법에 기초하고 그 의미도 동일하게 파악하며, 판례도 "어떠한 것이 보험사고인가는 기본적으로 불법행위의 법리에 따라 정하여야 할 것"이라고 하여 같은 입장이다.[17] 판례는 고의라 함은 자신의 행위에 의하여 일정한 결과가 발생하리라는 것을 알면서 이를 행하는 심리 상태를 말하고, 여기에는 확정적 고의는 물론 미필적 고의도 포함된다고 한다.[18] 그런데 학설에 따라서는 그 고의는 "원인행위에만 존재하면 되는 것이지 그 결과의 발생에 대해서까지 인식하여야 하는 것도 아니고"라고도 한다.[19]

② 책임능력

판례는 민법 제754조와 관련하여 고의행위라고 구분짓기 위하여는 특별한 사정이 없는 한 구체적인 정신능력으로서의 책임능력이 전제되어 있다고 본다.[20] 그런데 판례 중에는 가해자의 심신미약상태에서의 행위를 민법에서의 고의의 범주에 넣어 가해자의 책임을 인정하면서도, 상법 제659조의 고의는 민법에서의 책임능력을 전제하는 것이어서 고의사고에 해당하지 않는다고 설시한 것이 있다.[21] 그러

17) 양승규, 앞의 책, 142면. 판례도 동일한 입장이다. 대법원 1991. 3. 8. 선고 90다16771 판결에서도 "책임보험은 피보험자의 법적 책임 부담을 보험사고로 하는 손해보험이고, 보험사고의 대상인 법적 책임은 불법행위 책임이므로 이 경우에 어떠한 것이 보험사고인가는 기본적으로는 불법행위의 법리에 따라 정하여야 할 것인데, 불법행위 법리에 있어서는 미필적 고의도 고의의 한 태양으로 보므로 특별한 사정이 없는 한 위 공제약관상의 고의에는 미필적 고의를 포함하는 것으로 해석할 것이다"; 대법원 1997. 9. 30. 선고 97다24276 판결; 대법원 2001. 3. 9. 선고 2000다67020 판결; 대법원 2001. 4. 24. 선고 2001다10199 판결 등은 모두 위의 판결에 기초하고 있다.

18) 대법원 2010. 1. 28. 선고 2009다72209 판결.

19) 양승규, 앞의 책, 142면; 김성태, 앞의 책, 269면에서도 "고의에는 미필적 고의도 포함되며, 원인행위에 관하여 인정되면 족하고 결과에 관해서까지 존재할 필요는 없다"고 하여 동일하다. 원인행위에 대한 고의만으로 충분하다고 표현한 대법원 판례는 찾을 수 없었고 고등법원 판결문은 있다. 서울고등법원 1988. 12. 6. 선고 88나25721 판결에서 "원인행위에 대한 고의가 있었던 이상 사망이라는 결과가 초래된 경우에도 고의로 일으킨 사고라고 해석하여 보험자는 그로 인한 보험금지급의 무를 면한다"라고 판시하였다.

20) 대법원 2001. 4. 24. 선고 2001다10199 판결.

나 이러한 논리라면 가해자의 책임을 확정함에 있어 그 책임이 부정되거나 최소한 과실상계가 있었어야 할 것이다. 당 판결은 책임능력이 없는 심신미약상태에서의 불법행위책임이 발생한다고 하면서도, 상법 제659조의 고의로 보기에는 책임능력이 없다고 하면서 면책사유에서의 고의가 아니라 본 것이다.

③ 원인에 있어 자유로운 행위(민법 제754조 단서)

민법 제754조 단서는 "고의 또는 과실로 인하여 심신상실을 초래한 때에는 그러하지 아니하다"고 규정하고 있어 예외적으로 심신상실자의 가해행위에 대하여 배상책임을 인정하고, 이것이 이른바 '원인에 있어 자유로운 행위'에 관한 것이다. 그리고 "고의나 과실로 심신상실 상태를 초래한 자는 심신상실 중의 가해행위로 발생한 손해에 대하여는, 가해행위 자체에 고의나 과실이 없더라도 배상책임을 부담하여야 한다"는 의미로 해석한다.[22] 요컨대 심신상실의 상태 하에서 가한 손해에 대하여 비록 그 가해행위에 대하여 직접적으로 고의가 없더라도 손해의 공평한 배분상 배상책임을 지게 한다는 뜻으로, 그 고의는 '심신상실을 초래' 하는 것에 관한 고의로 본다.

이를 명시적으로 다룬 판례는 아직 없으나, 유사한 것이 음주운전 면책약관을 한정적 무효로 보는 판결이다. 위 민법에서의 고의의 해석을 상법이 수용한다면 판례의 논리에 대하여는 의문이 있다. 판례는 "고의는 특별한 사정이 없는 한 음주운전 자체에 관한 것이고 직접적으로 사망이나 상해에 관한 것이 아니어서"라고 하고 있으나,[23] 이는 민법 제754조 단서 해석과는 사뭇 다르다. 민법에서의 통

---

21) 대법원 2001. 4. 24. 선고 2001다10199 판결(그 사실을 토대로 소외인은 이 사건 사고 당시 정신분열증으로 인하여 정상적인 사물판별 능력이나 행위통제 능력이 미약한 상태에 있었다고 판단한 다음 소외인은 고의에 의하여 이 사건 사고를 일으켰다고 볼 것이나 그때에 그는 심신미약 상태로서 그의 행위의 결과에 대한 책임의식 역시 현저히 미약하였기에 스스로의 행위를 통제하여 이 사건 사고에 나아가지 않을 것을 기대할 수 없었으니 고의의 범주에 해당하는 사고라고 할 수 없고 또한 보험계약의 선의성, 윤리성에도 어긋나지 않아 위의 면책조항에 해당하는 사고라 할 수 없다는 요지로 판단하였다. 책임보험은 피보험자의 법적 책임 부담을 보험사고로 하는 손해보험이고 보험사고의 대상인 법적 책임은 불법행위책임이므로 어떠한 것이 보험사고인가는 기본적으로는 불법행위의 법리에 따라 정하여야 할 것인바, 책임보험 계약 당사자간의 보험약관에서 고의로 인한 손해에 대하여는 보험자가 보상하지 아니하기로 규정된 경우에 고의행위라고 구분짓기 위하여는 특별한 사정이 없는 한 구체적인 정신능력으로서의 책임능력이 전제되어 있다고 볼 것이어서 '피보험자의 고의에 의한 손해'에 해당한다고 하려면 그 피보험자가 책임능력에 장애가 없는 상태에서 고의행위를 하여 손해가 발생된 경우여야 할 터이다).

22) 곽윤직 편집대표, 「주석민법 채권각칙 8」, 한국사법행정학회, 2000, 368면; 곽윤직, 「채권각론」, 박영사, 1996, 703면 등.

23) 대법원 1998. 4. 28. 선고 98다4330 판결. 그리고 이러한 취지의 판결은 대단히 많다. 근자 많은 논란 끝에 헌법재판소의 결정(헌법재판소 1999. 12. 23. 선고 98헌가12 결정)까지 귀착되었다.

설적 해석은 심신상실 상태의 초래에 대한 고의로 충분하다는 입장이므로, 음주에 대한 고의만 있으면 상법 제659조 고의로 해석하는 것이 일관성이 있다. 즉 손해 발생에 대하여는 고의가 아니어도 음주상태를 고의로 초래하였다면 그로 인한 사고는 민법에서의 고의행위에 해당하고 따라서 상법 제659조의 고의에 해당하는 결과, 보험자는 면책되는 것으로 보아야 하기 때문이다.

2) 비판적 검토

상법 제659조 고의의 개념에 대하여는 보다 명확한 정의가 필요하다. 판례도 민법에서의 개념에 구속되어 있는 듯하며, 특히 책임능력과 관련하여 모순이 있어 보이기도 한다. 그리고 원인행위에 대한 고의만으로 충분하다는 학설에 의하면 과속에 대한 고의만으로 운전하다가 타인을 치사케 한 경우에도 고의면책이 적용될 수 있는 등 구체적 기준을 제시하지 못한다. 상법 제659조의 보험자 면책사유로서의 고의는 다음과 같이 정의하여야 한다.

첫째, 원인행위에만 존재하는 고의는 상법 제659조의 고의로 볼 수 없다.[24] 과속으로 사람을 사상케 한 경우, 과속은 위법행위이고 그 과속에 대한 고의만 있었다면 이는 원인행위에 대한 고의가 있는 경우이다. 이 때 사상이라는 손해에 대한 미필적 고의도 전혀 없었다면 상법 제659조의 면책사유로 볼 수 없다. 결과의 모든 경우의 수에 대한 정확한 인식을 필요로 하는 것은 아닐지언정, 배상책임을 지게 되는 사망·상해·손괴 등 결과에 대한 인식이 있고 그 인식이 있음에도 불구하고 용인하고 행위한 경우, 즉 결과에 대한 미필적 고의가 있는 경우 여기서의 고의가 된다. 판례도 이러한 입장이다.[25]

둘째, 최소한 고의의 의사형성을 할 수 있어야 하므로, 책임능력은 상법 제659조 '고의'의 필요조건이다. 고의적 불법행위를 억제하기 위한 것이 고의사고 면책의 근거라면, 그 의미를 이해하고 고의의 의사형성도 할 수 있는 자이어야만 한다. 판례도 이러한 입장이다. 혹시나 향후에 민법에서는 입법적으로 고의가 책임능력을 전제하지 않게 되더라도, 상법에서는 피해자 보호와 불법행위법의 보완·이상적 실현의 차원에서 고의에 책임능력을 요구하는 것이 바람직하다.[26]

---

24) 이러한 해석은 독일에서도 유사하다. Römer/Langheid, a.a.O., S. 989. 그렇다고 하여 특정 손해를 반드시 의도하여야만 하는 것은 아니고 손해 발생에 대한 인식은 필요하다.

25) 상법 제659조 고의의 해석과 관련한 판례로는 대법원 1991. 3. 8. 선고 90다16771 판결; 대법원 1997. 9. 30. 선고 97다24276 판결; 대법원 2001. 3. 9. 선고 2000다67020 판결이 있다.

26) 43 Am. Jur. 2d Insurance (2002), §708 "가해자가 심신상실 상태하에 있다면 책임능력이 없고 고의를 구성하기 어렵게 되어서 면책이 되지 않는다."

셋째, 민법 제754조 단서에 대한 통설적 해석은 보험자 면책사유로서의 제659조의 고의에 해당되지 않는다. 심신상실 상태를 초래하는 행위, 즉 음주나 약물복용에 대한 고의만으로는 상법 제659조의 고의라 할 수 없고, 결과에 대한 미필적 고의라도 있어야 한다. 가해자가 심신상실 초래에 대한 고의만 있는 경우 민법에서는 고의의 배상책임을 인정하더라도, 여기서의 고의에는 해당하지 않는다.

3) 독자적인 뜻을 지닌 상법 제659조 면책사유로서의 고의

상법 제659조의 면책사유로서의 고의가 민법의 고의와 유사하다 할 수도 있으나 동일하지는 않다. 보험자 면책사유로서의 고의는 민법 불법행위에서의 고의와는 달리 해석하여야 한다. 결과발생에 대한 미필적 고의가 있어야 한다는 점, 책임능력이 전제된다는 점 등은 민법과 같다고 할 수 있지만, 상법 제659조 고의와 민법에서 책임발생 요건으로서 고의는 여러 점에서 차이가 있다.

민법에서의 고의는 과실과 함께 책임발생의 원인이 되는 것으로 과실과 엄격한 구별이 문제되지 않음에 반하여, 책임보험에서의 고의는 과실과의 구별이 중요시된다. 특히 손해의 공평·타당한 분배라는 이상을 실현·보완하는 뜻에서, 또한 피해자보호라는 중요한 가치에 보다 근접할 수 있는 사회부조로서의 책임보험을 생각한다면, 그 '고의'를 민법과 반드시 동일하게 해석할 필요는 없다. 또한 면책사유로서의 고의는 그 전제가 되는 책임능력을 민법에서보다 엄격히 요구하여야 하는 점, 민법 제754조 단서가 적용되지 않는다는 점 등은 민법과 다르다. 고지의무에서의 고의(상법 제651조)도 민법상 고의와 구별되는 개념임은 이미 보았다.

3. 전쟁위험 등으로 생긴 보험사고

(1) 의 의

보험사고가 전쟁 기타 변란으로 인하여 생긴 경우에는 당사자 사이의 특약이 없는 한 보험자는 보험금액을 지급할 책임이 없다(상법 제660조). 이는 전쟁 등의 변란은 위험산정의 기초가 된 통상의 사고가 아니고, 또 통상의 보험료로써는 그 위험을 인수할 수 없기 때문이다. 이 같은 취지에서 지진·태풍·홍수·해일 등으로 인한 사고도 통상의 보험료로써 그 위험을 인수할 수 없다는 점에서, 실제 각종의 보험약관에서는 이를 면책사유로 정하고 있다.

(2) '전쟁 기타 변란'의 의미

전쟁이라 함은 선전포고의 여부를 묻지 아니하며, 기타 변란이라 함은 내란, 폭동 또는 소요(騷擾)와 같이 통상의 경찰력으로써 치안을 유지할 수 없는 상태를 의미한다. 판례는 화재보험약관에서 면책사유로 규정된 소요의 해석과 관련하여 소요는 폭동에는 이르지 아니하나 한 지방에서의 공공의 평화 내지 평온을 해할 정도로 다수의 군중이 집합하여 폭행, 협박 또는 손괴 등 폭력을 행사하는 상태라고 한다.[27]

4. 추가 면책사유와 약관의 평가

(1) 문제점

약관은 전문등반, 글라이더 조종, 스카이다이빙, 스쿠버다이빙, 행글라이딩, 수상보트, 패러글라이딩, 모터보트, 자동차 또는 오토바이에 의한 경기, 시범, 흥행 또는 시운전, 선박승무원, 어부, 사공, 그 밖에 선박에 탑승하는 것을 직무로 하는 사람에 대한 면책사유를 규정한다.

(2) 고의의 해석과 관련한 약관 규정의 평가

고의의 해석을 위와 같이 해야 할 뿐만 아니라, 판례는 상법 제659조의 적용에

27) 대법원 1994. 11. 22. 선고 93다55975 판결(화재보험보통약관에서 '지진, 분화, 해일, 전쟁, 외국의 무력행사, 혁명, 내란, 사변, 폭동, 소요, 기타 이들과 유사한 사태'를 보험자의 면책사유로 규정하고 있다면, 이러한 규정의 취지는 위와 같은 사태하에서는 보험사고 발생의 빈도나 그 손해정도를 통계적으로 예측하는 것이 거의 불가능하여 타당한 보험료를 산정하기 어려울 뿐만 아니라 사고발생시에는 사고의 대형화와 손해액의 누적적인 증대로 보험자의 인수능력을 초과할 우려가 있다는 데에 있는바, 본래 보험제도 자체가 쉽게 예측하기 어려운 장래의 우연적, 돌발적 사고로 인한 손해를 담보하기 위한 것이므로 위와 같은 사고발생의 예측 곤란과 피해 극대화를 이유로 한 면책사유의 요건은 이를 엄격하게 해석하여야 할 것이고, 따라서 위 조항에 열거된 면책사유 중 소요는 폭동에는 이르지 아니하나 한 지방에서의 공공의 평화 내지 평온을 해할 정도로 다수의 군중이 집합하여 폭행, 협박 또는 손괴 등 폭력을 행사하는 상태를 말하는 것으로 보아야 할 것이다. 화재 당시 대학생들이 단순히 범민족대회 참가를 봉쇄하려는 경찰의 저지선을 뚫기 위하여 화염병을 투척하기에 이르렀고, 그 폭력 행사의 정도도 경찰에 대하여서만 화염병을 투척하였을 뿐이고 인근의 다른 상가나 행인에 대하여는 아무런 폭행이나 협박 또는 손괴 등을 하지 아니하였으며, 그 시위장소 또한 지하철 역에서 대학교 정문에 이르는 도로에 한정되었고 다른 지역으로는 확산되지 아니하였음이 분명하다면, '가'항의 보험약관상 면책사유요건의 엄격해석의 원칙을 참작하여 그 대학생들의 폭력사태는 발생경위와 장소 및 당시에 있어서의 폭력행사의 정도 등에 비추어 한 지방의 평화 내지 평온을 해할 정도의 소요 기타 유사한 상태에 해당하는 것으로 보기 어렵고 한 사례); 대법원 1991. 11. 26. 선고 91다18682 판결(전쟁, 혁명, 내란, 사변, 폭동 기타 이들과 유사한 사태 등 보험자의 면책사유 가운데 '소요'는 폭동에는 이르지 아니하나 한 지방에서의 공공의 평화 내지 평온을 해할 정도로 다수의 군중이 집합하여 폭행, 협박 또는 손괴등 폭력을 행사하는 상태를 말하는 것으로 보아야 할 것이다).

서도 상당히 제한적 입장을 취한다. 음주·무면허운전 면책조항이 무효라고 하였던 판례[28]에서, 대법원은 "상법 제732조의2, 제739조, 제663조의 규정에 의하면 사망이나 상해를 보험사고로 하는 인보험에 관하여는 보험사고가 고의로 인하여 발생한 것이 아니라면 비록 중대한 과실에 의하여 생긴 것이라 하더라도 보험금을 지급할 의무가 있다고 할 것인데, 음주운전에 관하여 보면, 음주운전의 경우는 술을 먹지 않고 운전하는 자의 경우에 비하여 보험사고 발생의 가능성이 많음은 부인할 수 없는 일이나 그 정도의 사고 발생 가능성에 관한 개인차는 보험에 있어서 구성원 간의 위험의 동질성을 해칠 정도는 아니라고 할 것이고, 또한 음주운전이 고의적인 범죄행위이기는 하나 그 고의는 특별한 사정이 없는 한 음주운전 자체에 관한 것이고 직접적으로 사망이나 상해에 관한 것이 아니어서 그 정도가 결코 그로 인한 손해보상을 가지고 보험계약에 있어서의 당사자의 신의성·윤리성에 반한다고는 할 수 없으므로, 상해보험 약관 중 음주운전 면책약관이 보험사고가 전체적으로 보아 고의로 평가되는 행위로 인한 경우뿐만 아니라 과실(중과실 포함)로 평가되는 행위로 인한 경우까지 보상하지 아니한다는 취지라면 과실로 평가되는 행위로 인한 사고에 관한 한 무효라고 보아야 한다"고 일관되게 판시하였고, 헌법재판소는 1999. 12. 23. 상법 제732조의2가 헌법에 위반되지 않는다는 합헌 결정을 내렸다.[29]

최근의 안전띠미착용면책약관에서도 마찬가지이다. 대법원 2014. 9. 4. 선고 2012다204808 판결에서 대법원은 안전띠미착용 면책약관을 무효라 하면서 상법 제732조의2, 제739조, 제663조의 규정에 의하면 사망이나 상해를 보험사고로 하는 인보험에 관하여는 보험사고가 고의로 인하여 발생한 것이 아니라면 비록 중대한 과실에 의하여 생긴 것이라 하더라도 보험금을 지급할 의무가 있다고 하면서, 피보험자의 사망이나 상해를 보험사고로 하는 보험계약에서는 보험사고 발생의 원인에 피보험자에게 과실이 존재하는 경우뿐만 아니라 보험사고 발생 시의 상황에 있어 피보험자에게 안전띠 미착용 등 법령위반의 사유가 존재하는 경우를 보험자의 면책사유로 약관에 정한 경우에도 그러한 법령위반행위가 보험사고의 발생원인으로서 고의에 의한 것이라고 평가될 정도에 이르지 아니하는 한 위 상법 규정들에 반하여 무효라고 한 것이다.

---

28) 대법원 1998. 3. 27. 선고 97다48753 판결; 대법원 1990. 5. 25. 선고 89다카17591 판결; 대법원 1996. 4. 26. 선고 96다4909 판결; 대법원 1998. 3. 27. 선고 97다27039 판결 등.

29) 헌법재판소 결정으로는 98헌가12; 99헌바33; 99헌가3; 99헌바50; 99헌바52; 99헌바62.

5. 평가 및 제안

(1) 일반적 면책사유에 대한 평가

위와 같은 논의에서 볼 때 현행 약관상 관련 규정은 타당한 것으로 평가한다.

(2) 추가 면책사유에 대한 평가

관련 약관 규정은 중요한 논쟁거리를 제공한다. 상법에 규정이 없는 약관상 추가된 면책사유에 대하여는 모두 무효로 판정할 수 있다는 문제가 있기 때문이다. 보험회사가 위험인수시 그 위험의 발생가능성을 측정하여 그를 보험료에 반영시키거나 또는 발생가능성이 현저히 높을 경우라면 애초부터 담보위험에서 배제할 수도 있을 것이다. 관련 면책조항을 안전띠 미착용시 위험은 안전띠 착용시 노출된 위험에 비하여 상해가 발생할 위험이 현저히 증가하므로 그러한 위험을 처음부터 일부 감액의 형식으로 반영하겠다는 취지로 해석할 수도 있다. 그런데 그 관점에서의 논의는 지양한 채 대상판결과 같이 면책사유의 원인에만 집중하여 관련 약관 규정을 무효로 돌리게 된다면, 상법에 규정이 없으나 보험약관에서 추가하여 두는 면책사유는 제663조에 반하여 모두 무효가 될 수 있다. 따라서 다수의 상해보험 약관에서 규정하는 다른 모든 면책규정들, 예를 들어 전문등반, 스카이다이빙, 스쿠버다이빙 등의 위험한 운동[30], 피보험자의 출산·유산 등의 외과적 수술 등의 면책규정들도 무효로 될 가능성이 상존한다. 이 경우에 있어서도 보험사고 발생의 원인에 피보험자에게 과실이 존재하는 경우뿐만 아니라 보험사고 발생시의 상황에 있어 스카이다이빙 등의 위험한 행위가 존재하는 경우를 보험자의 면책사유로 약관에 정한 경우에도 그러한 행위가 보험사고의 발생원인으로서 고의에 의한 것이라고 평가될 정도에 이르지 아니하는 한 상법 규정들에 반하여 무효가 될 여지가 있기 때문이다. 피보험자의 상해발생에 대한 고의나 미필적 고의가 있고 이를 증명하면 면책이겠으나, 이는 관련 약관 규정이 없더라도 상법 제659조, 제732조의2, 제739조만에 의하여도 충분히 도달할 수 있는 결론이다.

이는 보험의 기본적 의의와 관련하여 검토하고 연구할 과제이다. 보험회사가 위험을 인수할 때 그 담보범위 등을 대수의 법칙 등에 의하여 평가하고 그 보험료와 보험금을 계산하는 것인바 사고발생위험이 높은 경우에는 보다 고율의 보험

30) 현행 질병상해보험표준약관 제5조에서 규정하고 있다.

료를 받든지 또는 당 위험으로부터 배제시킬 수 있을 것이다. 음주운전면책약관이 무효라는 판결에 대한 중요한 비판 논거도 무엇보다 위험발생률이 높아진다는 것이고 이는 이미 검증된 사회상식이라는 점이다. 그리고 이를 담보위험배제사유라는 용어로 표현하기도 하였다.[31] 상법 제659조와 제732조의2(상법 제739조) 등의 면책 문제만이 아니라, 안전띠 미착용으로 상해를 당할 위험성이 높아지게 되므로 이것이 담보된 위험인지의 측면에서 접근할 필요도 있다는 점이다.

(3) 상법개정안

> **상법 제659조 (보험자의 면책사유)** ② 전항의 경우 보험자는 그 사실을 안 날로부터 1월 내에 계약을 해지할 수 있다.
>
> **상법 제739조의4 (고의로 인한 보험사고와 계약해지)** 보험사고가 보험계약자 또는 피보험자나 보험수익자의 고의로 인하여 발생한 경우 보험자는 그 사실을 안 날로부터 1월내에 계약을 해지할 수 있다.

약관 규정 중 사기적 보험금청구에 관한 조항은 삭제하는 것이 타당하다고 본다.

Ⅱ. 기왕증 기여도와 기왕장해 자동삭감

1. 상해사망보험의 성질과 기왕증기여도 감액의 문제

상해보험약관에는 계약체결 전 이미 존재한 신체장해, 질병의 영향에 따라 상해가 중하게 된 때에는 그 영향이 없었을 때에 상당하는 금액을 결정하여 지급하기로 하는 약관이 있고, 이를 '기왕증기여도 감액약관'이라 부른다. 이 경우 상해사망 등의 경우에도 그 약관상 조항이 있기만 하면 당연히 기왕증의 기여분만큼 보험금을 감액할 수 있는지 여부가 상해보험의 정액보험으로서의 성격과 관련하여 문제된다.

(1) 학 설

기왕증기여도 감액약관의 효력에 대하여는 견해가 나뉜다.

첫째, 유효설이다. 이는 질병과 우연한 외래의 사고로 인한 상해가 경합되어 중대한 결과가 발생한 경우, 질병의 영향으로 악화된 부분은 외래성이 결여되어 상해보험이 담보할 수 없는 위험이므로, 당연히 이 부분을 제외하고 질병의 영향이

---

31) 양승규, 앞의 논문, 70면.

없었으면 악화되지 않았을 결과만을 담보하여야 한다는 견해이다.[32)]

둘째, 무효설이다. 이는 기왕증을 이유로 보험금을 감액하겠다는 것은 실손보상의 원칙이 지배하는 손해보험에서나 타당한 것이지 보험사고시 손해의 유무 및 실손해액에 관계없이 약정된 보험금을 지급하는 조건부 금전급부 계약인 정액보험의 본질에는 반하는 것으로 그 효력을 인정할 수 없다는 견해이다. 이 설은 보험자는 보험계약체결시 피보험자의 생명・신체에 대한 보험인수 여부를 심사하고 있으며, 또한 피보험자가 고지의무를 위배하여 병력을 숨긴 경우 보험계약을 해지할 수 있으므로 기왕증은 이 제도로 해결하여야 한다는 주장이다. 따라서 상해보험에 있어서 '기왕증기여도 감액약관'을 두고 있다 하더라도 정액보험의 본질상 보험금 감액은 허용되어서는 안 된다고 한다.[33)]

(2) 판 례

판례는 약관상 명시적으로 기왕증기여도 감액약관이 있는 경우에만 감액할 수 있다는 입장이다. 정액보험이든 부정액보험이든 약관이 적용된다고 보는 이상 지급금액을 감액할 수 있고, 이는 상해로 인한 '사망'의 경우도 마찬가지라 한다.[34)]

첫째, 약관 규정이 없는 경우의 판례이다. 판례는 "상해보험은 피보험자가 급격하고도 우연한 외래의 사고로 인하여 신체에 손상을 입는 것을 보험사고로 하는 인보험으로서, 이미 존재한 신체장해 또는 질병의 영향에 따라 상해가 중하게 된 때에는 보험자가 그 영향이 없었을 때에 상당하는 금액을 결정하여 지급하기로 하는 내용의 약관이 따로 있는 경우를 제외하고는, 보험자는 피보험자의 체질 또는 소인 등이 보험사고의 발생 또는 확대에 기여하였다는 사유를 들어 보험금의 지급을 감액할 수 없다"고 한다.[35)]

---

32) 양승규, "기왕증과 상해의 인과관계", 「손해보험」 제414호, 대한손해보험협회, 2003, 62－66면.

33) 박기억, "정액보험계약에 관한 소고", 「법조」 제52권 제4호, 법조협회, 2003, 124면.

34) 김광태, "상해보험에서 기왕증에 의한 사망보험금의 감액", 「대법원판례해설」 제42권, 법원도서관, 2002, 28면.

35) 대법원 2007. 4. 13. 선고 2006다49703 판결(상해보험은 피보험자가 보험기간 중에 급격하고도 우연한 외래의 사고로 인하여 신체에 손상을 입는 것을 보험사고로 하는 인보험으로서, 상해사고가 발생하기 전에 피보험자가 고지의무에 위배하여 중대한 병력을 숨기고 보험계약을 체결하여 이를 이유로 보험자가 상법의 규정에 의하여 보험계약을 해지하거나, 상해보험약관에서 계약체결 전에 이미 존재한 신체장해 또는 질병의 영향에 따라 상해가 중하게 된 때에는 보험자가 그 영향이 없었을 때에 상당하는 금액을 결정하여 지급하기로 하는 내용의 약관이 따로 있는 경우를 제외하고는 보험자는 피보험자의 체질 또는 소인 등이 보험사고로 인한 후유장해에 기여하였다는 사유를 들어 보험금의 지급을 감액할 수 없다); 대법원 2002. 3. 29. 선고 2000다18752, 18769 판결; 대법원 1999. 8. 20. 선고 98다40763, 40770 판결.

둘째, 약관 규정이 있는 경우의 판례이다. 판례는 약관상 '피보험자가 약관 소정의 상해를 입고 이미 존재한 신체장해 또는 질병의 영향으로 약관 소정의 상해가 중하게 된 경우 보험자는 그 영향이 없었던 때에 상당하는 금액을 결정하여 지급한다'고 규정되어 있는 경우, 이 기왕증기여도 감액에 따라 보험금을 감액하여 지급할 수 있다고 한다.[36] 여기의 중하게 된 경우에 '사망'에 이른 경우를 포함한다고 본다.[37]

(3) 소 결

판례의 입장은 의문이며, 특히 기왕증기여도 감액약관이 피보험자가 사망에 이른 경우에도 적용된다는 점은 타당하지 않다고 본다.

첫째, 약관을 통한 해결의 문제점이다. 판례가 약관상 규정으로 해결한다고는 하나 결국 모든 보험자들이 이 약관 규정을 둠에 의하여 상해보험은 손해보험화하였다고 보이고, 상해보험에서는 정액보험이 사실상 사라진 것이 된다. 특히 판례의 영향으로, 상해보험이 아니라 전형적인 정액보험으로 분류되는 생명보험보통약관에서도 기왕증기여도 감액조항이 나타날 여지가 있다.

둘째, 일반적으로 상해사망보험(傷害死亡保險)은 순정액보험으로 분류하고 있으나,[38] 이 경우에도 판례는 약관이 있는 경우 감액을 허용하여 손해보험적 성격을 도입하고 있는 점이다.

셋째, 상해사망보험의 정액보험으로서의 본질에 관한 것이다. 정액보험으로서의 생명보험의 가장 큰 특징이 실제손해의 액수 등과 관계없이 인과관계가 인정되면

---

36) 대법원 2015. 3. 26. 선고 2014다229917, 229924 판결(상해보험은 피보험자가 보험기간 중에 급격하고 우연한 외래의 사고로 인하여 신체에 손상을 입는 것을 보험사고로 하는 인보험으로서, 일반적으로 외래의 사고 이외에 피보험자의 질병 기타 기왕증이 공동 원인이 되어 상해에 영향을 미친 경우에도 사고로 인한 상해와 그 결과인 사망이나 후유장해 사이에 인과관계가 인정되면 보험계약 체결시 약정한 대로 보험금을 지급할 의무가 발생한다. 다만, 보험약관에 계약체결 전에 이미 존재한 신체장해, 질병의 영향에 따라 상해가 중하게 된 때에는 그 영향이 없었을 때에 상당하는 금액을 결정하여 지급하기로 하는 내용 등 기왕증 관련 감액규정이 있는 경우에는 기왕증을 이유로 보험금을 감액할 수 있다); 대법원 2009. 11. 26. 선고 2008다44689, 44696 판결; 대법원 2007. 10. 11. 선고 2006다42610 판결; 대법원 2005. 10. 27. 선고 2004다52033 판결; 대법원 2002. 10. 11. 선고 2002다564 판결.

37) 대법원 2002. 10. 11. 선고 2002다564 판결(보험사고인 상해가 발생하였더라도 보험사고 외의 원인이 부가됨에 따라 본래의 보험사고에 상당하는 상해 이상으로 그 정도가 증가한 경우 보험사고 외의 원인에 의하여 생긴 부분을 공제하려는 것이고, 따라서 여기의 '약관 소정의 상해가 이미 존재한 신체장해 또는 질병의 영향으로 중하게 된 경우'에서 '중하게 된 경우'에는 피보험자가 사망에 이른 경우가 포함되지 않는다고 볼 수 없다).

38) 양승규, 앞의 책, 481면.

정해진 보험금을 지급하는 것이다. 정액보험형 인보험의 경우 손해의 유무나 실제 손해의 액수와 관계없이 약정된 보험금을 지급하여야 한다. 정액보험은 손해전보를 목적으로 하는 것이 아니므로 구체적인 손해액을 산정할 필요가 없고, 사고와 상해사망 사이에 상당인과관계가 인정되는 한 보험자로서는 보험계약 및 약관에 정해진 보험금 전액을 지급할 의무가 있다.[39] 인과관계의 존부는 사실인정의 문제로서, 일단 인과관계가 인정되면 원래 상해보험에서 부보하려는 위험 이외의 다른 요소가 경합한 경우에도 보험금 전액을 지급하여야 하며, 특별한 약정이 없는 한 '손해의 공평부담' 등 손해배상법 분야의 원리를 통하여 보험금을 감액할 수도 없다. 감액 등을 통한 손해의 공평부담은 불법행위법의 지도 원리로서 실손보상을 원칙으로 하는 손해보험에는 적용될 수 있지만, 정액보험에는 적용되지 못한다.

넷째, 상해보험의 체계상의 문제이다. 현재 상해보험은 상법 보험편에서도 인보험으로 분류되어 있고, 상법 제739조는 생명보험에 관한 규정을 준용한다. 법률이 상해보험을 생명보험의 일종으로 두고 있는 것인데도, 판례가 상해사망의 경우 손해보험적 요소를 보다 강하게 파악한다는 비판이다.

다섯째, 논리상의 문제이다. 판례는 약관 규정이 없는 경우에는 상해보험의 인보험성을 강조하면서 기왕증 감액을 부정하면서도, 약관 규정이 있는 경우 상해사망보험의 경우마저도 감액할 수 있다는 입장을 취하는 것은 논리상 일관되지 못한 면이 있다.

요컨대, 상해사망보험에서 기왕증의 기여도에 따라 보험금액을 감액한다면 이는 손해액을 구체적으로 산정하는 것이어서 결국은 손해보험화하는 것이 되고, 이는 정액보험의 본질과 부합하지 않을 수 있다.

2. 기왕장해 자동삭감 약관

(1) 의 의

2010. 1. 29. 장기손해보험 표준약관이 폐지되면서 질병・상해보험 표준약관으로 변경되었고, 기왕증기여도 감액약관은 삭제되었다. 현행 질병・상해보험 표준약관은 후유장해보험금 세부지급기준에 다음과 같이 규정하고 있고, 손보상해약관도 이를 준용하고 있으며, 생보상해약관도 재해장해급여금 지급시 동일한 내용으

39) 다만 보험계약 체결과정에서 보험계약자가 기왕증에 대한 고지의무를 위반하였다면 이를 이유로 보험계약을 해지함으로써 보험금지급의 부담에서 벗어날 수 있을 뿐이다.

로 규정한다.

〈현, 질병 · 상해보험 표준약관〉

> 제4조 (보험금 지급에 관한 세부규정)
>
> 11. 다른 질병 또는 상해로 인하여 후유장해가 2회 이상 발생하였을 경우에는 그 때마다 이에 해당하는 후유장해지급률을 결정합니다. 그러나 그 후유장해가 이미 후유장해보험금을 지급받은 동일한 부위에 가중된 때에는 최종 장해상태에 해당하는 후유장해보험금에서 이미 지급받은 후유장해보험금을 차감하여 지급합니다.
> 12. 이미 이 계약에서 후유장해보험금 지급사유에 해당되지 않았거나(보장 개시 이전의 원인에 의하거나 또는 그 이전에 발생한 후유장해를 포함합니다), 후유장해보험금이 지급되지 않았던 피보험자에게 그 신체의 동일 부위에 또다시 제11항에 규정하는 후유장해상태가 발생하였을 경우에는 직전까지의 후유장해에 대한 후유장해보험금이 지급된 것으로 보고 최종 후유장해 상태에 해당되는 후유장해보험금에서 이를 차감하여 지급합니다.[40]

〈현, A생보사의 상해보험약관〉

> 제4조 (보험금 지급에 관한 세부규정)
>
> 12. 제3조(보험금의 지급사유) 제4호 및 제5호에서 그 재해전에 이미 ㄷ- 음 중 한 가지의 경우에 해당하는 장해가 있었던 피보험자에게 그 신체의 동일 부위에 또다시 제10항에 규정하는 장해상태가 발생하였을 경우에는 다음 중 한 가지의 경우에 해당되는 장해에 대한 재해장해보험금이 지급된 것으로 보고 최종 장해상태에 해당하는 재해장해보험금에서 이미 지급받은 것으로 간주한 재해장해보험금을 차감하여 지급합니다.
>
> 1. 이 계약의 보장개시전의 원인에 의하거나 또는 그 이전에 발생한 장해로 재해장해보험금의 지급사유가 되지 않았던 장해
> 2. 제1호 이외에 이 계약의 규정에 의하여 재해장해보험금의 지급사유가 되지 않았던 장해 또는 재해장해보험금이 지급되지 않았던 장해

위 약관은 보험기간 개시 전의 원인에 의하거나 그 이전에 발생한 신체장해가 있었던 피보험자에게 그 신체의 동일 부위에 외래의 사고로 인하여 새로이 후유장해가 발생한 경우에는 기존의 장해에 대한 후유장해보험금이 지급된 것으로 간주하고 최종 후유장해상태에 해당하는 후유장해보험금에서 이미 지급된 것으로

---

40) 위 표준약관 제4조 제12호의 조항을 명확히 하기 위하여 B손보사의 일반상해보험약관에는 사례를 들고 있는데, 보험가입전 한 팔의 손목관절에 심한 장해(지급률 20%)가 있었던 피보험자가 보험가입 후 상해로 그 손목관절에 기능을 완전히 잃은 경우(지급률 30%)에는 보험가입 후 발생한 상해로 인한 장해지급률 30%에서 보험가입 전 발생한 장해지급률 20%를 차감한 10%에 해당하는 후유장해보험금을 지급한다고 되어 있다.

간주한 신체장해에 대한 후유장해보험금을 차감하여 지급하기로 하는 내용의 조항이고, 이를 "기왕장해 자동삭감 약관"이라 부르기로 한다.[41]

이 약관과 기왕증기여도 감액약관과의 차이는 첫째, 기왕증기여도 감액약관은 상해보험약관에서 기왕증으로 인한 상해의 결과로 후유장해가 중해진 경우 그 중해진 범위의 기여분에 해당하는 부분만큼을 공제한다는 취지임에 반하여, 자동삭감 약관은 기왕장해로 인한 상해의 결과가 가중되었는지 여부와 관계없이 기왕장해가 존재하기만 하면 그에 해당하는 장해급여금을 삭감한다. 둘째, 자동삭감 약관은 기왕증기여도 감액약관과는 달리 상해를 원인으로 하는 사망보험금의 지급기준에는 관련 조항을 두고 있지 않다.

(2) 유효성에 관한 판례와 학설

판례는[42] 자동삭감 약관의 유효성을 인정한다. 판례가 내세운 유효의 근거는, 그 약관이 정액보험의 원리에 반하는 것이라거나 고객에 대하여 부당하게 불리한 조항이거나 보험계약의 목적을 달성할 수 없을 정도로 보험계약에 따르는 본질적 권리를 제한하는 조항으로서 약관의 규제에 관한 법률 제6조에 따라 무효로 되는 것이라고 할 수 없고, 또한 보험금의 지급범위와 보험료율 등 보험상품의 내용을 어떻게 구성할 것인가는 보험상품을 판매하는 보험자의 정책에 따라 결정되는 것이므로, 피보험자에게 보험기간 개시 전의 원인에 의하거나 그 이전에 발생한 신체장해가 있는 경우에 그로 인한 보험금 지급의 위험을 인수할 것인지 등도 당사자 사이의 약정에 의한다는 것이다.

다음으로 학설을 보면, 그 논의가 많지 않아 다양한 견해를 찾아보기는 쉽지 않으나, "보험자가 보험계리, 지급경험, 시장경쟁력 등 제반사정을 고려하여 정책적으로 결정한 것이고 보험계약자는 약관을 통하여 위 거래조건에 합의한 것인 만큼 해당 조항이 보험의 본질적 내용을 훼손하는 것이 아닌 이상 무효를 주장할 수는 없는 일"이라는 주장 등 그 유효성을 인정한다.[43]

41) 김선정, "상해보험계약에서 기왕장해부분 자동삭감 조항의 유효성", 「월간생명보험」 418호, 생명보험협회, 2013, 50－59면에서는 "기왕장해부분 자동삭감 약관"이라 하고, 최병규, "기왕질병 부담보 조항에 대한 고찰", 「보험법연구」 제11권 1호, 한국보험법학회, 2017, 24면에서는 "기왕질병 부담보 조항"이라고도 부른다. 또한 이현열, "개정 표준약관 개관", 「보험법연구」 4권 1호, 2010, 149면에서는 "책임개시 전 보험사고발생 부담보"라 한다.

42) 대법원 2013. 10. 11. 선고 2012다25890 판결.

43) 김선정, 앞의 논문, 50면; 최병규, 앞의 논문, 24면에서 "기왕질병 부담보 조항과 관련하여 직접적으로 고지의무를 위반한 질병뿐만 아니라 그와 인과관계가 있는 모든 경우가 면책된다고 해석하는 것은 고지의무의 제척기간 인정 및 상법 제663조에 비추어 허용될 수 없다"고 하여 제한적으로 유

(3) 유효성에 대한 검토

먼저 다음의 점에서는 관련 약관을 긍정적으로 평가할 수 있다. 첫째, 기왕장해 자동삭감 약관은 기왕증기여도 감액약관에서 문제로 지적한 바 있던 상해사망의 경우를 제외하였다는 점에서 사망에 관한 정액보험으로서의 본질에 관한 비판에서 벗어날 수 있다. 둘째, 기존 질병이나 장해를 원인으로 그와 인과관계가 있는 경우로 확장하여 보험금을 삭감하던 기왕증기여도 감액약관과는 달리, 자동삭감 약관은 인과율에 따른 감액을 하지 않는 점은 옳다.

그런데 다음의 점에서는 개선이 필요하다. 첫째, 고지의무와의 관련이다. 보험계약자로서는 보험에 가입할 때 자신의 모든 질병과 기왕장해 등에 대하여 올바르게 고지하였다면, 더 이상 문제될 것이 없다고 생각할 수 있다. 보험소비자로서는 계약체결시 기왕장해 등에 대하여 고지의무만 성실히 이행한다면 그때까지의 건강이나 질병 등은 더 이상 문제되지 않는다는 믿음을 갖게 될 수 있다는 것이다. 그런데도 사고로 보험금지급을 청구하였을 때, 그 사고가 보험계약 체결 전에 발병하였던 장해라는 이유로 보험금을 일부 받지 못한다면 정당한 신뢰에 반할 수 있고, 이는 고지의무 제도의 기본적 취지와도 어울리지 않는다. 둘째, 상법 제732조의2와 제663조 관련한 문제이다. 대법원은 위 상법 규정을 근거로 하여 무면허운전과 음주운전 면책약관이 한정적 무효라는 판결[44]을 하고 있으며, 안전띠 미착용 면책약관에 대하여도 같은 논거를 적용하여 한정적 무효라 한다.[45] 그런데 자동삭감 약관이 유효라는 판례의 근거는 '보험금의 지급범위와 보험료율 등 보험상품의 내용을 어떻게 구성할 것인가는 보험상품을 판매하는 보험자의 정책에 따라 결정되는 것이므로, 피보험자에게 보험기간 개시 전의 원인에 의하거나 그 이전에 발생한 신체장해가 있는 경우 그로 인한 보험금 지급의 위험을 인수할 것인지를 약정에 의할 수 있다'는 것이고, 이 근거가 위 상법 규정과 관련하여 어느 범위까지 허용될 수 있을지 여부가 관건이다. 보험자가 각 보험상품마다 담보범위를 달리 정할 수 있으므로 개별적으로 면책약관을 정할 수 있다는 논리와, 상법

효성을 인정한다.

44) 대법원 1998. 3. 27. 선고 97다27039 판결; 대법원 1998. 4. 28. 선고 98다4330 판결; 대법원 1998. 10. 20. 선고 98다34997 판결; 대법원 1998. 12. 22. 선고 98다35730 판결; 대법원 1999. 2. 12. 선고 98다26910 판결 등이다.

45) 대법원 2014. 9. 4. 선고 2012다204808 판결. 그러면서도 대법원 2015. 6. 23. 선고 2015다5378 판결에서는 정신질환 면책약관은 보험에서 인수하는 위험은 보험상품에 따라 달리 정해질 수 있는 것이라는 논거로 유효하다는 판결을 하기도 한다.

제732조의2 제1항이 인보험에서는 고의만 면책으로 정하고 있기 때문에 그 이외의 면책사유는 모두 무효라는 논리의 접점 또는 한계를 어디서 구할 수 있는가? 어려운 문제가 아닐 수 없고, 법적 안정성의 측면에서도 그 명확한 경계 설정이 필요하다. 음주운전 면책약관의 판례가 여전히 유지되는 한 기왕장해 자동삭감 약관의 유효성을 논리적으로 일관되게 설명하는 것은 쉽지 않다.

3. 평 가

기왕증기여도 감액약관이 더 이상 사용되지 않는 점은 다행이다. 그리고 현재 사용되는 자동삭감 약관에 대하여는 여러 의문들이 있으나, 과거의 기왕증기여도 감액약관에 비하여는 긍정적이다. 자동삭감 약관이 인과율에 따른 감액을 없애고 기존 장해와 동일한 부위에 발생한 경우로 한정한 점, 상해사망을 제외하여 정액보험성에 관한 논쟁을 일단 비켜간 점 등에서 그 유효성을 인정한 판례를 수긍할 수도 있다. 다만 보험자는 보험계약 체결시 관련 약관에 대하여 명확하게 설명하여 보험계약자가 이해할 수 있도록 하여야만 하다.[46)]

그런데 종국적으로는 보험계약자가 고지의무만 정확하게 이행하는 경우 기왕장해를 이유로 삭감하지 않는 것이 바람직하다고 본다. 그 이유는 보험자가 위험인수시 고지된 기왕장해를 반영한 보험료를 책정하여 보험계약을 체결하고 기왕장해를 이유로는 삭감하지 않는 것이 고지의무제도와의 정합성에 부합하고 분쟁을 미연에 방지할 수 있는 점, 상법 제732조의2와 제663조와의 관계에서 법적 안정성의 측면에서도 명확한 경계 설정이 필요한 점 등이다.

---

46) 기왕증기여도 감액약관은 설명의 대상이라는 대법원 2015. 3. 26. 선고 2014다229917, 229924 판결(갑 보험회사와 을이 체결한 상해보험의 특별약관에 '특별약관의 보장개시 전의 원인에 의하거나 그 이전에 발생한 후유장해로서 후유장해보험금의 지급사유가 되지 않았던 후유장해가 있었던 피보험자의 동일 신체 부위에 또다시 후유장해가 발생하였을 경우에는 기존 후유장해에 대한 후유장해보험금이 지급된 것으로 보고 최종 후유장해상태에 해당되는 후유장해보험금에서 이미 지급받은 것으로 간주한 후유장해보험금을 차감한 나머지 금액을 지급한다'고 정한 사안에서, 갑 회사는 위 기왕장해 감액규정을 명시·설명할 의무가 있다).

제3절 타인의 상해보험과 타인을 위한 상해보험

Ⅰ. 타인의 상해보험

1. 문제점 및 약관 규정

(1) 문제점

타인의 생명보험에 관한 제731조는 타인의 상해 '사망'을 보험사고로 하는 경우에는 준용될 것이나, 상해만을 보험사고로 하는 경우에 있어서는 피보험자의 서면에 의한 동의가 없다 하더라도 무효로 할 것은 아니다. 오히려 보험수익자가 피보험자로 지정되어 있는 경우를 유효라 볼 것이라면 이 규정의 준용 여부는가 문제된다.

(2) 약관 규정

상법 제732조는 15세 미만자, 심신상실자 또는 심신박약자의 사망을 보험사고로 한 보험계약은 무효라고 규정하고, 제739조는 제732조를 제외하고 생명보험에 관한 규정을 상해보험에 준용한다고 규정한다. 질병·상해보험 표준약관과 손보상해약관, 생보상해약관에는 상해보험에서 15세 미만자, 심신상실자 또는 심신박약자를 피보험자로 하여 사망을 보험금 지급사유로 한 경우에는 무효로 규정한다. 또한 질병·상해보험 표준약관과 생·손보상해약관에는 타인의 사망을 보험금 지급사유로 하는 계약을 체결하는 때에는 피보험자의 서면동의를 받도록 규정하고, 동의를 받지 않은 경우에는 무효로 규정한다.

〈질병·상해보험 표준약관〉

제21조(계약의 무효) 다음 중 한 가지에 해당되는 경우에는 계약을 무효로 하며 이미 납입한 보험료를 돌려 드립니다.

1. 타인의 사망을 보험금 지급사유로 하는 계약에서 계약을 체결할 때까지 피보험자의 서면에 의한 동의를 얻지 않은 경우
2. 만15세 미만자, 심신상실자 또는 심신박약자를 피보험자로 하여 사당을 보험금 지급사유로 한 경우. 다만, 심신박약자가 계약을 체결하거나 소속 단체의 규약에 따라 단체보험의 피보험자가 될 때에 의사능력이 있는 경우에는 계약이 우효합니다.

2. 타인의 사망보험

(1) 의 의

타인의 사망(생사혼합보험을 포함)을 보험사고로 하는 보험의 경우에는 보험금취득을 노리고 타인의 생명을 해치는 등 범죄에 악용될 위험이 있어 일정한 제한을 가하고 있다. 보험계약의 사행계약성이 생명보험에도 그대로 나타나는 결과, 타인의 사망보험을 아무런 제한 없이 인정할 경우 보험이 도박의 대상이 될 염려가 크고 피보험자의 생명을 고의로 위협하는 범죄가 발생할 우려가 있기 때문이다. 상법은 동의주의에 의한다. 우리의 경우는 인보험에서 피보험이익을 인정하지 않으므로 당연한 귀결이라 할 수도 있다. 타인의 사망을 보험사고로 하는 보험계약에는 보험계약 체결시에 그 타인의 서면(대통령령이 정하는 전자문서 포함)에 의한 동의를 얻어야 한다(상법 제731조 제1항). 그러나 그 타인이 15세미만자, 심신상실자 또는 심신박약자인 경우에는 동의유무를 불문하고 그 보험계약은 무효로 한다(상법 제732조). 이들의 자유로운 의사에 기한 동의를 기대하기 어렵기 때문이다. 다만, 심신박약자가 보험계약을 체결하거나 제735조의3에 따른 단체보험의 피보험자가 될 때에 의사능력이 있는 경우에는 그러하지 아니하다(상법 제732조 단서).

(2) 강행규정

상법 제731조는 당사자간의 약정으로 배제할 수 없는 강행규정이다. 판례도 "타인의 사망을 보험사고로 하는 보험계약에는 피보험자의 동의를 얻어야 함은 상법 제731조 제1항에 의하여 명백한 바 이 규정은 강행법규로 보아야 하므로 피보험자의 동의는 방식이야 어떻든 당해 보험계약의 효력발생 요건이 되는 것이다"고 한다.[47] 그 결과 피보험자의 동의가 없는 타인의 사망보험계약은 처음부터 당연히 또 그 누구나 무효를 주장할 수 있는 절대적인 무효이다.[48]

보험자가 타인의 사망보험계약에 관한 규정을 위반하여 보험계약을 체결한 이후 무효임을 주장하지 않다가, 보험사고 발생 이후 보험금을 지급청구하는 시점에서야 보험계약의 무효를 주장하는 것이 신의칙에 반한다는 반론도 있으나, 이를

47) 대법원 1989. 11. 28. 선고 88다카33367 판결.

48) 대법원 1996. 11. 22. 선고 96다37084 판결(타인의 사망을 보험사고로 하는 보험계약에는 보험계약 체결시에 그 타인의 서면에 의한 동의를 얻어야 한다는 상법 제731조 제1항의 규정은 강행법규로서 이에 위반하여 체결된 보험계약은 무효이다); 대법원 2004. 4. 23. 선고 2003다62125 판결 등 참조.

받아들인다면 그 입법취지가 몰각되는 결과가 되어 보험자의 행위가 신의칙에 반하는 것은 아니라고 본다.[49)]

(3) 동의능력과 관련하여

상법 제732조 본문은 15세미만자, 심신상실자 또는 심신박약자의 사망을 보험사고로 한 보험계약은 무효라고 규정하고 있으므로, 이들을 피보험자로 한 사망보험은 동의유무와 관계없이 그리고 보험수익자가 누구인지를 불문하고 무효가 됨이 원칙이다. 그런데 개정 상법은 단서를 두어 “다만, 심신박약자가 보험계약을 체결하거나 제735조의3에 따른 단체보험의 피보험자가 될 때에 의사능력이 있는 경우에는 그러하지 아니하다”고 규정한다(상법 제732조 단서). 개정 상법은 심신박약자에 대한 사망보험 가입을 예외적으로 허용하고 있다. 심신박약자 본인이 직접 보험계약을 체결할 때 또는 단체보험의 피보험자가 될 때에 의사능력이 있다고 인정되면 생명보험계약의 피보험자가 될 수 있도록 한다는 것이다. 그 입법취지는 경제활동을 통하여 가족을 부양하거나 생계를 보조하는 심신박약자가 생명보험계약에 가입할 수 있게 됨으로써 그 유족의 생활 안정에 이바지할 것이라 한다.

3. 타인의 사망보험의 준용 여부에 관한 비교법적 검토[50)]

(1) 독 일

독일도 우리와 마찬가지로 타인의 사망보험에서 보험금이 통상의 장례비를 넘는 경우 타인의 서면동의를 받도록 하고 있다(독일 보험계약법 제150조11). 타인의 상해보험에 대해서는 동 보험계약법 제179조[51)]에서 규정하면서 상해보험이 보험계약자가 보험수익자가 되는 경우인 자기를 위한 보험으로 체결된다면 피보험자인 타인의 동의를 받도록 한다. 독일 보험계약법 제179조 제1항은 보험계약자 자신에 대한 상해뿐만 아니라 타인의 상해에 대해서도 계약을 체결할 수 있다고 규

49) 대법원 1999. 12. 7. 선고 99다39999 판결.

50) 최병규, “타인의 상해보험에서 피보험자 동의요부에 대한 고찰”, 「재산법연구」 제32권 제1호, 2015, 166면.

51) 독일 보험계약법 제179조(피보험자) (1) 상해보험은 보험계약자나 제3자의 사고에 대하여 인수될 수 있다. 타인의 상해에 대한 보험은 의문이 있는 경우 타인을 위하여 인수된 것으로 본다. (2) 타인의 상해에 대한 보험이 보험계약자에 의하여 자기를 위하여 인수되면 그 계약이 유효하기 위하여는 타인의 서면에 의한 동의를 얻어야 한다. 타인이 행위무능력자이거나 행위능력이 제한되는 경우에는 후견인을 선임하여야 한다. 이 경우 보험계약자가 그 타인을 대리하게 되는 경우에는 보험계약자는 동의를 함에 있어 타인을 대리할 수 없다. (3) 제2항의 경우 본법에서 보험계약자의 인식이나 행위가 중요할 경우에는 그 타인의 인식이나 행위도 고려하여야 한다.

정한다. 요컨대 타인의 상해보험계약 체결이 가능하다. 독일 보험계약법 제179조 제1항은 구법 제179조 제1항, 제2항 제1문, 제179조 제2항을 그대로 수용하였다.[52]

1) 타인을 위한 보험

독일 보험계약법 제179조 제1항 제2문은 타인의 상해에 대한 보험은 의문이 있는 경우 타인을 위한 보험이라고 규정한다. 독일 보험계약법 제43조 이하가 직접 적용된 결과이다. 타인의 상해보험에서는 보험금지급청구권이 보험계약자 자신에게 있는 자기를 위한 보험계약이 되는 것이 아니라 피보험자가 그 청구권을 가지는 타인의 타인을 위한 보험계약이 된다(독일 보험계약법 제44조16).

2) 자기를 위한 보험

타인의 신체에 대한 상해보험에 가입하면서 보험계약자 자기를 위한 보험으로 하는 경우 그 피보험자인 타인의 서면동의가 필요하다(독일 보험계약법 제179조 제2항 제1문). 그 취지는 타인의 사망보험과 마찬가지로 타인의 건강이나 생명에 대한 투기행위를 금지해야 한다는 것이다.[53] 그러한 경우 보험계약자가 고의로 보험사고를 초래할 유인이 존재하기 때문이다(독일 보험계약법 제183조 제2항).[54] 유효한 승인이 있기 위해서는 독일 민법 제183조[55] 제1문에 의하여 제3자가 계약체결 이전에 동의할 것이 요구되고, 동의를 요구하는 취지상 사후승인은 인정되지 않는다.[56] 제3자는 동의를 계약체결시까지 철회할 수 있다. 서면승인의 요건을 충족시키기 위해서는 타인의 사망보험과 같이 피보험자의 자필서명이 필요하다(독일 민법 제126조 제1항).[57] 독일 민법 제126조 제3항 및 제126a조28)에 의하여 서면형식은 전자형태로 대체할 수 있다.[58] 동의는 대리의 방식으로도 가능하며, 독일 민

52) Begr. RegE BT－Drucks. 16/3945, S. 107.

53) BGHZ, 32, S. 49; BGH, VersR 1999, S. 347; Prölss/Martin, Versicherungsvertragsgesetz, 27. Aufl., München, 2004, §179, Rdn. 8.

54) 독일 보험계약법 제183조(보험사고의 초래) (1) 제179조 제2항의 경우 보험계약자가 고의로 위법한 행위로 보험사고를 야기한 경우에는 보험자는 면책된다. (2) 제3자가 수익자로 지정된 경우 그 제3자가 고의로 위법한 행위로 보험사고를 야기한 경우에는 그 지정은 행하여지지 않은 것으로 본다.

55) 독일 민법 제183조(동의의 철회) 사전의 동의("사전동의")는, 그 기초되는 법률관계로부터 달리 해석되지 아니하는 한, 법률행위가 행하여질 때까지 철회할 수 있다. 철회의 의사표시는 당사자의 어느 일방에 대하여도 할 수 있다.

56) BGH, VersR 1999, S. 347; Prölss/Martin, Versicherungsvertragsgesetz, 27. Aufl., München, 2004, §159, Rdn. 7.

57) 독일 민법 제126조(서면방식) (1) 법률에 서면방식을 정하고 있는 때에는 서면의 발행자가 서면에 자필로 성명의 기재에 의하여 또는 공증인에 의하여 인증된 서명기호로써 서명하여야 한다.

58) Schwintowski/Brömmelmeyer, Praxiskommentar zum Versicherungsvertragsrecht, 2008, §179,

법 제167조 제2항의 일반규정에 반하여 대리권수여는 이 경우에는 독일 보험계약법 제179조 제2항 제1문의 보호목적에 의하여 서면형식을 요한다.[59]

법률에 의하여 요구되는 유효한 요건의 동의가 없으면 학설에 의하여 상해보험이 바로 무효로 되는 것이 아니라, 독일 보험계약법 제179조 제1항 제2문이 적용되어서 타인을 위한 보험이 된다고 본다.[60] 그런데 "의문이 있는 경우"에만 적용되므로, 보험계약자가 계약상의 합의를 통하여 명시적으로 보험수익자를 정한 경우라면 이러한 해석이 통용될 수 없고,[61] 그러한 경우 유효한 동의가 없어 그 상해보험계약은 무효가 된다.

그리고 단체보험과 관련하여 보면, 보험계약자가 보험수익자가 되는 자기를 위한 단체상해보험에서는 모든 피보험자의 동의가 필요하다.[62] 그 동의가 없는 자에 대해서는 다시 독일 보험계약법 제179조 제1항 제2문에 의하여 단체구성원인 피보험자가가 보험수익자가 되는 타인을 위한 보험이 된다.[63]

3) 능력이 없거나 제한되는 사람

제3자가 무능력자이거나 행위능력이 제한되는 경우 또는 그를 위해 법정후견인이 선임되어 있는 경우 특별한 문제가 발생한다. 이 경우에 보험계약자가 피보험자의 법정 대리인이거나 후견인인 경우에는 보험계약자는 독일 보험계약법 제179조 제2항 제2문에 의한 동의를 할 때 피보험자를 유효하게 대리를 할 수 없다. 따라서 이 경우라면 독일 민법 1909조 제1항에 의하여 보충적 후견인(Ergänzungspfleger)이 필요하다.[64] 이러한 경우라도 도덕적 위험의 발생소지가 있기 때문이다.

4) 강행규정

독일 보험계약법 제179조는 강행규정이다.[65] 이 규정은 피보험자를 위한 보호규정으로서 사회질서와 공서양속을 위하여 당사자가 합의를 통하여 변경할 수는

Rdn. 9.

59) OLG Frankfurt a.M., VersR 1997, S. 478; Römer/Langheid, Versicherungsvertragsgesetz, 2. Aufl., 2003, §159, Rdn. 18.

60) 32) BGHZ 32, S. 49; BGH, VersR 1965, S. 1166.

61) OLG Hamburg, VersR 1966, S. 680; Honsel(Hrsg.), Berliner Kommentar zum VVG, 1999, §179, Rdn. 31

62) Prölss/Martin, Versicherungsvertragsgesetz, 27. Aufl., München, 2004, §179, Rdn. 11.

63) Honsel(Hrsg.), Berliner Kommentar zum VVG, 1999, §179, Rdn. 32.

64) Grimm, Ziff. 1 AUB 99, Rdn. 9; Prölss/Martin, Versicherungsvertragsgesetz, 27. Aufl.,München, 2004, §179, Rdn. 6.

65) Prölss/Martin, Versicherungsvertragsgesetz, 27. Aufl., München, 2004, §179, Rdn. 13.

없다.[66]

(2) 일 본

일본은 2008년 6월 종래 상법에 규정되어 있던 보험계약법을 보험법이라는 단행법으로 분리 독립시켰다. 구체적으로 제1장 총칙, 제2장 손해보험, 제3장 생명보험, 제4장 상해질병정액보험, 제5장 잡칙으로 되어 있다. 이 일본의 신 보험법에서 상해보험에 관하여 피보험자의 동의에 관한 규정을 두었다. 그 내용은 상해보험과 질병보험을 합하여 상해질병정액보험과 상해질병손해보험으로 나누고, 상해질병손해보험에 대하여는 피보험자의 동의 규정을 두지 아니하였고, 상해질병정액보험에 대하여는 원칙적으로 피보험자의 동의를 얻도록 하되 예외적으로 피보험자가 보험수익자인 경우에는 피보험자의 동의가 필요 없도록 규정(일본 보험법 제67조)하였다. 요컨대 일본 보험법 제67조에서는 상해질병정액보험계약의 경우 피보험자(피보험자의 사망에 관한 보험급부에 있어서는 피보험자 또는 그 상속인)가 보험수익자인 경우 피보험자의 동의가 필요하지 않으나, 보험급부사유가 상해질병에 의한 '사망'인 경우에만 동의를 필요로 한다. 그것은 상해질병정액보험계약에 관해서는 피보험자가 보험수익자로 되는 것이 통상적이고 피보험자가 보험수익자인 한 법률상 타인이 보험금을 취득할 수 없으므로 보험이 도박적으로 이용되는 위험성이나 도덕적 위험을 고려할 필요는 없고 피보험자의 인격권이라는 관점에서도 피보험자의 동의를 요구할 필요가 없기 때문이다.

(3) 영 · 미

이익주의를 취하는 영미에서는 상해보험에서도 보험계약자와 피보험자 사이에 일정한 이익만 인정된다면 동의가 없어도 되기 때문에 이러한 문제가 대두되지 않는다. 보험계약자는 피보험자인 타인의 생사에 관하여 어떠한 이익을 가지는 자만이 보험계약을 체결할 수 있도록 하는 주의로서 영미법계가 이를 따른다. 생명보험에도 피보험이익의 개념을 인정하여 보험계약자가 피보험자의 생사에 대하여 일정한 이해관계, 즉 피보험이익을 가지는 것을 계약의 요건으로 하는 방법이다. 따라서 이해관계가 없는 자는 보험계약을 체결하지 못하고 이를 위반한 계약은 무효가 된다. 예를 들면 가족 간에는 피보험이익이 일반적으로 인정되고, 채권자

66) Schwintowski/Brömmelmeyer, Praxiskommentar zum Versicherungsvertragsrecht, 2008, §179, Rdn. 16.

도 채무자에 대하여 일정한 범위에서 피보험이익을 가지며, 고용주도 숙련된 근로자에 대하여 피보험이익을 가진다고 한다.

(4) 시사점

독일법제와 일본법제의 기본적인 시사점은 타인의 상해보험의 경우에도 타인인 피보험자가 보험수익자로 되는 경우에는 동의를 면제하여 주고 있다는 점이다. 다만 보험계약자가 보험수익자가 되거나 또는 피보험자가 아닌 다른 제3자가 보험수익자가 되는 경우에 한하여 피보험자의 동의가 필요한 것으로 정한다.

(5) 소결: 동의 규정의 준용 여부에 대한 타당성 검토

비교법적 검토에서도 알 수 있듯이 피보험자가 보험수익자가 되는 경우라면 도덕적 위험 등의 발생소지는 거의 없다고도 할 수 있고, 오히려 권장 사항이 될 여지도 있겠다. 독일에서는 타인의 상해'사망'을 보험사고로 하는 경우에도 서면에 의한 동의가 필요 없는 것으로 정하고 있다. 결론적으로, 타인의 상해를 보험사고로 하는 보험계약에서 피보험자가 보험수익자로 지정될 때에는 타인의 서면에 의한 동의가 필요 없도록 하는 것이 옳다. 그리고 이후 보험계약자가 보험수익자를 변경하고자 하는 경우 피보험자의 서면에 의한 동의를 얻도록 하여야 한다. 다만 그 보험사고가 상해에 의한 사망인 경우에는 서면에 의한 동의를 요건으로 하는 제731조를 적용한다.

4. 15세미만자 등에 대한 계약의 금지

(1) 상법 제732조 준용 여부

상해보험에서는 생명보험에 관한 규정을 준용하면서도 상법 제732조는 준용하고 있지 않다. 그런데 제732조의 심신상실자의 상해 등과 관련하여서는, 도덕적 위험의 발생문제로 오히려 준용하여야 한다는 주장도 가능하다. 상법 제732조는 15세미만자, 심신상실자 또는 심신박약자는 육체적 연령 및 정신능력을 고려할 때 사망보험계약의 법적 의미를 충분히 이해할 수 있는 판단능력이나 의사결정능력이 정상적인 인식능력과 판단능력을 가진 자에 비해 현저히 부족하다는 이유에서, 그들을 피보험자로 하는 사망보험계약을 허용하면 보험금 취득을 목적으로 고의로 살해하는 등의 보험범죄와 도덕적 위험의 발생 우려가 있어 이를 미연에 방지하고자 한 것이다. 요컨대 15세미만자, 심신상실자 또는 심신박약자를 피보험자로 하는 사망보험계약의 체결을 금지하고 그 효력을 체결시부터 무효로 함으로써 그들을 도덕적 위험으로부터 원천적으로 보호하기 위함이다.[67)]

그런데 상해보험의 경우에도 사망보험과 마찬가지로 그들을 보호해야 할 이유가 다르지 않을 수도 있어, 그들을 피보험자로 한 상해보험계약의 경우 보험수익자를 한정하거나 보험금을 그 피보험자의 치료비 등에 국한하여 사용해야 한다는 등의 제한 규정이 필요하다. 생명보험의 경우 도덕적 위험을 방지하기 위해 피보험자의 배우자, 피부양자 또는 채권자와 같이 실제적인 이해관계(피보험이익)를 가지고 있는 자만이 타인의 생명보험계약을 체결할 수 있도록 해야 한다는 주장이,[68)] 이 경우에 보다 설득력 있게 적용될 수도 있다.

(2) 평가 및 개정 방향

15세미만자 등의 경우에 있어서도 그 보험사고가 상해에 의한 '사망'이 아닌 경우라면 상해보험계약의 체결을 금지할 이유가 없다. 사망보험계약을 체결하는 이유는 보험수익자가 누구이든지 상관없이 그들 스스로를 보호할 능력이 없다는 것인데, 상해보험계약의 경우에는 오히려 보험계약의 체결이 그들을 보호할 수도 있게 된다. 다만 보험수익자를 그들로 지정하도록 하여야 한다.

5. 서면동의의 철회

(1) 서면동의

타인의 상해를 보험사고로 하는 보험계약에서 피보험자가 보험수익자로 지정될 때에는 타인의 서면에 의한 동의가 필요 없도록 하는 것이 옳다. 따라서 보험계약자가 보험수익자기 되는 등의 경우에는 피보험자의 서면에 의한 동의가 필요하다. 이런 경우라면 타인의 사망보험과 같이 피보험자의 동의를 얻지 못하는 한, 보험계약자의 의도가 피보험자에게 지급할 퇴직금의 적립을 위하는 등의 순수한 것이었다 하더라도 보험계약은 무효이다.[69)] 상법 제731조는 당사자 간의 약정으로 배제할 수 없는 강행규정이다. 판례도 "타인의 사망을 보험사고로 하는 보험계

67) 장덕조, "정신장애인의 보험과 상법 제732조", 「아세아여성법학」 제8호, 2005, 223면.

68) 양승규, 앞의 책, 452면; 김문환, "생명보험계약에 있어서의 피보험이익", 「손주찬선생기념논문; 상사법의 현대적 과제」, 1993, 366면.

69) 대법원 1992. 11. 24. 선고 91다47109 판결(피보험자의 동의가 없는 타인의 생명보험계약은 무효이고, 보험계약이 피보험자에게 지급할 퇴직금의 적립을 위하여 체결된 것이라 하여 사정이 달라지지 아니한다).

약에는 피보험자의 동의를 얻어야 함은 상법 제731조 제1항에 의하여 명백한 바이 규정은 강행법규로 보아야 하므로 피보험자의 동의는 방식이야 어떻든 당해 보험계약의 효력발생 요건이 되는 것이다"고 한다.[70] 그 결과 피보험자의 동의가 없는 타인의 사망보험계약은 처음부터 당연히 또 그 누구나 무효를 주장할 수 있는 절대적인 무효이다.[71]

보험자가 타인의 사망보험계약에 관한 규정을 위반하여 보험계약을 체결한 이후 무효임을 주장하지 않다가, 보험사고 발생 이후 보험금을 지급청구하는 시점에서야 보험계약의 무효를 주장하는 것이 신의칙에 반한다는 반론도 있으나, 이를 받아들인다면 그 입법취지가 몰각되는 결과가 되어 보험자의 행위가 신의칙에 반하는 것은 아니라고 본다.[72]

(2) 동의의 철회에 관한 학설과 판례

피보험자의 동의는 보험계약의 성립 전에는 가능하나, 그 계약의 효력이 발생한 때에는 임의로 철회할 수 없고 보험수익자나 보험계약자의 동의가 있어야 한다는 견해,[73] 이에 대하여 피보험자가 보험수익자에 의한 생명침해의 위험, 혼인관계의 해소 등 정당한 사유를 입증한 경우 계약성립 이후에도 철회를 허용하자는 견해가 있다.[74]

판례는 기초사정에 중대한 변경이 있는 경우 동의를 철회할 수 있다고 본다. 판례는 피보험자가 서면동의를 할 때 기초로 한 사정에 중대한 변경이 있는 경우에는 보험계약자 또는 보험수익자의 동의나 승낙 여부에 관계없이 피보험자는 그 동의를 철회할 수 있다고 본다.[75] 그리고 중대한 변경이 있는지는 보험계약자 또는 피보험자가 보험계약을 체결하거나 서면동의를 하게 된 동기나 경위, 보험계약이나 서면동의를 통하여 달성하려는 목적, 보험계약 체결을 전후로 한 보험계약자 또는 보험수익자와 피보험자 사이의 관계, 보험계약자 또는 보험수익자가 고의로 피보험자를 해치려고 하는 등으로 피보험자의 보험계약자 또는 보험수익자에 대

70) 대법원 1989. 11. 28. 선고 88다카33367 판결.
71) 대법원 1996. 11. 22. 선고 96다37084 판결(타인의 사망을 보험사고로 하는 보험계약에는 보험계약 체결시에 그 타인의 서면에 의한 동의를 얻어야 한다는 상법 제731조 제1항의 규정은 강행법규로서 이에 위반하여 체결된 보험계약은 무효이다); 대법원 2004. 4. 23. 선고 2003다62125 판결 등 참조.
72) 대법원 1999. 12. 7. 선고 99다39999 판결.
73) 양승규, 앞의 책, 455면; 최기원, 앞의 책, 593면 등.
74) 김성태, 앞의 책, 840면; 박세민, 앞의 책, 918면 등.
75) 대법원 2013. 11. 14. 선고 2011다101520 판결.

한 신뢰가 손상되었는지 등의 제반 사정을 종합하여 사회통념에 비추어 개별적·구체적으로 판단하여야 한다고 본다.[76)]

(3) 비교법

동의주의를 취하고 있어 우리법과 비교할 수 있는 일본법을 살핀다. 일본법도 이 부분에 관하여 최근 개정이 있었다. 과거 일본에서는 동의 철회와 관련하여 종전에는 그것을 부정하는 것이 통설이었고, 일본 보험법 하에서도 동의를 철회할 수 없는 것으로 해석되었지만, 개정된 보험법에서는 피보험자가 보험계약자에 대한 해제를 청구할 수 있는 청구권이 신설되었다. 일본 보험법 제58조, 제87조는 사망보험계약이나 상해질병정액보험계약에서 피보험자가 사망보험계약이나 상해질병정액보험계약의 당사자가 아닌 경우 일정한 사유에 해당하면 피보험자가 보험계약자에 대하여 보험계약의 해제를 청구하고 그러한 청구를 받은 보험계약자는 당해 사망보험계약이나 상해질병정액보험계약을 해제할 수 있도록 하고 있다. 일본 보험법은 중대한 사유에 의해 해제가 인정되는 경우 등 일정한 사유에 해당하면 피보험자가 보험자가 아니라 보험계약자에 대하여 보험계약의 해제를 청구할 수 있도록 하여, 최종적인 해제는 보험계약자의 이행 여부에 달려있게 된다.

이같이 피보험자의 해제청구의 효과가 그 즉시 효력이 발생하는 것이 아니라, 그 청구를 받은 보험계약자가 당해 보험계약을 해제하여야만 보험계약이 해제된다. 따라서 보험계약자가 해제청구에 응하지 않는 경우 피보험자는 보험계약자를 피고로 하여 당해 보험계약의 해제의 의사표시를 구하는 소송을 제기하여 승소하여야 하고, 승소하여 당해 판결이 확정된 때에 보험계약자가 당해 보험계약을 해제하는 의사표시를 한 것으로 의제되고, 당해 판결의 정본 또는 등본이 보험자에게 송달되거나 제시된 때에 당해 보험계약은 비로소 해제된다. 이러한 해제의 방식은 상당히 우회적인 것이어서 시간과 비용을 요하게 된다. 이러한 방식이 실익이 있을지 의문이다.[77)]

〈일본 보험법〉

> **제58조 (피보험자에 의한 해제 청구)** ① 사망보험계약의 피보험자가 해당사망보험계약의 당사자 이외의 사람일 경우에, 다음에 언급하는 때는, 해당피보험자는, 보험계약자에 대해, 해당사망보험계약을 해제하는 것을 청구할 수 있다.

76) 대법원 2013. 11. 14. 선고 2011다101520 판결.
77) 노일석, 앞의 논문, 81면 이하.

> 1. 전조 제1호 또는 제2호에 언급하는 사유가 있을 경우.
> 2. 전호에 언급하는 것 외에, 피보험자의 보험계약자 또는 보험금 수취인에 대한 신뢰를 깨뜨리고, 해당사망보험계약의 존속을 곤란하게 하는 중대한 사유가 있을 경우.
> 3. 보험계약자와 피보험자와의 사이의 친족관계의 종료 그 외의 사정에 의해, 피보험자가 제38조의 동의를 할 때 기초로 한 사정이 현저하게 변경한 경우.
>
> ② 보험계약자는, 전항의 규정에 의해 사망보험계약을 해제 하는 것의 청구를 받았을 때는, 해당사망보험계약을 해제할 수 있다.

(4) 철회의 허용

타인의 사망보험에서 피보험자가 서면동의를 할 때 기초로 한 사정에 중대한 변경이 있는 경우에는 보험계약자 또는 보험수익자의 동의나 승낙 여부에 관계없이 피보험자는 그 동의를 철회할 수 있도록 하는 것이 타당하다. 일본법은 지나치게 우회적이고 그 효과 면에서도 비용과 시간이 소요되는 것이어서, 피보험자의 철회는 보험자에 대하여 직접 의사표시를 하는 것만으로 효력이 발생하도록 하여야 한다.

결론적으로, 피보험자의 서면에 의한 동의를 요구하는 입법취지상 계약 성립 이후에도 철회를 허용하는 것이 바람직하다. 그 철회 사유로는 피보험자가 보험계약자나 보험수익자에 의하여 생명의 위협을 받는 등 신뢰관계에 현저한 손상이 생긴 때, 피보험자와 그들 사이의 친족관계가 종료되거나 기타 계약체결시의 기초되었던 사정이 변경된 경우에는 피보험자가 동의의 철회를 할 수 있도록 하여야 한다.[78] 그리고 동의 자체에 하자가 있는 경우라면, 민법의 일반원칙(민법 제107조 내지 110조)에 의하여 그 동의의 무효 또는 취소를 주장할 수 있음은 물론이다.

Ⅱ. 타인을 위한 상해보험

1. 의 의

타인을 위한 상해보험계약의 체결도 가능하다. 따라서 보험계약자가 보험수익

78) 일본 보험법은 이러한 입장이다. 2008년 개정된 일본 보험법은 다음과 같은 일정한 경우에, 피보험자가 동의한 이후라도 보험계약자에 대하여 보험계약의 해제를 청구할 수 있는 것으로 하였다(동법 제57조, 제58조). ① 보험계약자 등이 보험금취득의 목적으로 고의로 보험사고를 발생시키거나 또는 발생시키려 한 경우와, 보험수익자가 보험금청구에 대하여 사기를 행하거나 또는 행하려고 한 경우(동법 제58조 제1항 1호), ② 피보험자의 보험계약자 또는 보험수익자에 대한 신뢰를 손상하여, 보험계약의 존속을 곤란하게 한 중대한 사유가 있는 경우(동법 제58조 제1항 2호), ③ 보험계약자와 피보험자와의 사이의 친족관계의 종료 기타의 사유에 의하여 피보험자가 동의함에 있어서 기초로 한 사정이 현저하게 변경된 경우(동법 제58조 제1항 3호) 등이다.

자가 되는 것이 아니라 제3자를 보험수익자로 지정하는 보험계약이 가능하다. 그런데 이에 관하여는 상법에 규정이 없고 생명보험 규정을 준용하다고만 하고 있어 상법 제733조의 보험수익자의 지정 또는 변경의 권리와 제734조의 보험수익자 지정권 등의 통지의 규정 등도 상해보험에 적용된다. 그런데 이 규정들이 상해보험에도 준용되는 것이 타당한지 여부가 문제된다. 보험계약자와 보험수익자가 서로 다른 타인을 위한 상해보험이 허용된다는 점에 대하여는 의문이 없다. 다만 타인을 위한 상해보험의 경우 피보험자와 보험수익자가 다른 경우의 계약에 대하여는 견해가 나뉜다.

2. 연 구

(1) 학설과 판례

타인을 위한 상해보험의 경우 피보험자와 보험수익자가 다른 경우의 계약에 대하여는 견해가 나뉜다. 유효설은 피보험자의 동의가 있으면 보험수익자와 피보험자가 다른 상해보험도 유효라고 해석한다.[79] 그 반면 상해를 입은 당사자인 피보험자가 아니라 다른 당사자가 보험수익자가 되는 것은 비인도적이고 도덕적 위험이 크기 때문에, 피보험자의 동의가 있더라도 피보험자와 보험수익자가 다른 상해보험은 무효로 보아야 한다는 견해가[80] 있다. 유사한 취지의 주장으로서, 피보험자의 동의가 있더라도 피보험자와 보험수익자가 다른 상해보험은 무효를 원칙으로 하지만 피보험자의 상해에 대해 경제적 이해관계가 있는 자가 보험수익자가 되는 경우에는 예외적으로 피보험자의 동의가 있으면 유효라는 견해도 있다.[81]

판례는[82] "인보험과 손해보험에 모두 적용되는 통칙 규정인 상법 제639조에 의하면 보험계약자는 특정 또는 불특정의 타인을 위하여 보험계약을 체결할 수 있고, 타인을 위한 생명보험에 있어서 보험수익자의 지정 또는 변경에 관한 상법 제733조는 상법 제739조에 의하여 상해보험에도 준용되므로, 상해보험계약을 체결하는 보험계약자는 자유롭게 특정 또는 불특정의 타인을 수익자로 지정할 수 있다. 또한, 정액보험형 상해보험의 경우 보험계약자가 보험수익자를 지정한 결과 피보험자와 보험수익자가 일치하지 않게 되었다고 하더라도, 특단의 사정이 없는

79) 양승규, 앞의 책, 484면; 박세민, 앞의 책, 944면.
80) 김성태, 앞의 책, 860면; 최기원, 「보험법」 제3판, 박영사, 2002, 629면.
81) 한기정, 앞의 책, 776면.
82) 대법원 2006. 11. 9. 선고 2005다55817 판결.

한, 그러한 이유만으로 보험수익자 지정행위가 무효로 될 수는 없다"고 하여, 피보험자와 보험수익자가 서로 다른 타인을 위한 상해보험계약을 허용한다.

(2) 비교법적 검토

일본법은 보험수익자를 보험사고 발생전까지는 변경할 수 있도록 하면서도 그 변경은 피보험자의 동의가 없으면 효력이 생기지 않는 것으로 정한다. 다만 변경 후의 보험수익자가 피보험자인 경우에는 동의가 필요 없다고 정한다.

〈일본 보험법〉

第72条 (보험금 수취인의 변경) ① 보험계약자는, 급부사유가 발생하기까지는, 보험금 수취인의 변경을 할 수 있다.
② 보험금 수취인의 변경은, 보험자에 대한 의사표시에 의해야 한다.
③ 전항의 의사표시는, 그 통지가 보험자에게 도달 했을 때는, 해당통지를 공표한 때로 거슬러 올라가 그 효력을 발생한다. 단, 도달 전에 행해진 보험급부의 효력을 방해하지 않는다.

第73条 (유언에 의한 보험금 수취인의 변경) ① 보험금 수취인의 변경은, 유언에 의해서도, 할 수 있다.
② 유언에 의한 보험금 수취인의 변경은, 그 유언이 효력을 발생한 후, 보험계약자의 상속인이 그 뜻을 보험자에게 통지하지 않으면, 이것을 가지고 보험자에게 대항할 수 없다.

第74条 (보험금 수취인의 변경에 대한 피보험자의 동의) ① 보험금 수취인의 변경은, 피보험자의 동의가 없으면, 그 효력은 생기지 않는다. 단, 변경후의 보험금 수취인이 피보험자(피보험자의 사망에 관한 보험급부에 있어서는, 피보험자 또는 그 상속인)인 경우에는, 이 제한은 아니다.
② 전항 단 서류의 규정은, 급부사유가 상해질병에 의한 사망만인 상해질병정액보험계약에 대해서는, 적용하지 않는다.

(3) 약관 규정

실무상 약관은 대법원 판례의 입장에 따라 보험수익자와 피보험자가 서로 다른 타인을 위한 상해보험계약을 허용한다. 질병・상해보험 표준약관과 손보상해약관, 생보상해약관에는 보험수익자를 지정하지 않은 때에 보험수익자를 '만기보험금'은 보험계약자, '사망보험금'은 피보험자의 상속인, '후유장해보험금'과 '입원보험금' 등은 피보험자로 한다고 규정하고, 생명보험표준약관도 동일하게 규정한다. 이는 상해보험에도 상법 제739조에 따라 보험계약자의 보험수익자 지정 또는 변경권을 인정하고 보험계약자가 보험수익자를 지정하지 않은 경우에 대비하여 규정한 것으로 보인다. 또한 보험계약자가 피보험자가 아닌 제3자를 보험수익자로 지정하지 못하도록 하는 규정이 없으므로 약관상으로도 제3자를 보험수익자로 지정할 수 있다. 다만, 타인의 상해사망을 보험사고로 하는 경우에는 그 타인의 동의를 얻도록 하고 있다.

〈질병 · 상해보험 표준약관〉

> **제12조 (보험수익자의 지정)** 보험수익자를 지정하지 않은 때에는 보험수익자를 제9조(만기환급금의 지급) 제1항의 경우는 계약자로 하고, 제3조(보험금의 지급사유) 제1호의 경우는 피보험자의 법정상속인, 같은 조 제2호 및 제3호의 경우는 피보험자로 한다.
> *제3조 제1호: 사망보험금, 제2호: 후유장해보험금, 제3호: 입원보험금 등

〈생명보험 표준약관〉

> **제11조 (보험수익자의 지정)** 이 계약에서 계약자가 보험수익자를 지정하지 않은 때에는 보험수익자를 제3조(만기환급금의 지급) 제1호 및 제2호의 경우는 계약자로 하고, 같은 조 제3호는 피보험자의 법정상속인, 제4호 및 제5호는 피보험자로 한다.
> *제3조 제3호: 사망보험금, 제4호: 장해보험금, 제5호: 입원보험금 등

3. 평가 및 제안

타인의 생명보험에 관한 제731조는 타인의 상해 '사망'을 보험사고로 하는 경우 준용될 것이나, 상해만을 보험사고로 하는 경우에는 피보험자의 서면에 의한 동의가 없다 하더라도 무효로 할 것은 아니다. 오히려 보험수익자가 피보험자로 지정되어 있는 경우를 유효라 한다면 이 규정의 준용은 의문이다. 하급심 판결이기는 하지만 같은 입장을 취한 것이 있다. 그 법원은 타인의 상해보험계약에서는 타인의 사망보험계약과는 달리 피보험자의 서면동의가 요구되지 않는다고 판시하였다.[83)]

보험계약자와 보험수익자가 서로 다른 타인을 위한 상해보험계약은 유효하다. 다만, 타인을 위한 생명보험계약에 관한 상법 제733조(보험수익자의 지정 또는 변경의 권리)와 제734조(보험수익자지정권 등의 통지)는 준용되어서는 안 된다고 본다. 보험수익자가 동시에 피보험자가 되는 경우는 문제 없으나, 피보험자 아닌 제3자

83) 서울중앙지방법원 2014. 7. 8. 선고 2013나43894 판결. 상법 제731조 제1항을 상해보험에 준용하는 제739조를 제한적으로 해석했다.

가 보험수익자가 되는 것은 도덕적 위험의 소지가 있다. 피보험자 상해의 결과 그 치료비나 후유장해비 등을 피보험자 아닌 제3자가 보험수익자가 되어 수령하는 것은 상해보험의 성격에 비추어 보더라도 수긍하기가 쉽지 않기 때문이다. 보험수익자를 지정하지 않은 때 보험계약자가 만기보험금의 보험수익자가 된다는 약관 규정은 개정이 필요하다. 즉 만기보험금도 후유장해보험금과 입원보험금과 마찬가지로 피보험자가 보험수익자가 되는 것으로 정하여야 한다. 결국, 상해사망의 경우를 제외하고는 피보험자가 보험수익자가 되는 것으로 규정하는 것이 바람직하고, 상법도 관련 규정을 두는 방향으로의 입법을 제안한다.

Ⅲ. 개정안

위 논의에 기초하여 상법개정안을 제안하면 아래와 같다.

제731조 (타인의 생명의 보험) ③ 피보험자는 다음 각호의 경우 동의를 철회할 수 있다.

1. 보험수익자 등이 보험금취득의 목적으로 고의로 보험사고를 발생시키거나 발생시키려 한 경우, 또는 보험계약자 또는 보험수익자가 피보험자의 신뢰를 손상하여 보험계약의 존속을 위태롭게 할 중대한 사유가 발생한 경우
2. 친족관계의 종료 기타의 사유에 의하여 피보험자가 동의함에 있어서 기초로 한 사정이 현저하게 변경된 경우

상법 제738조의2 (타인의 상해의 보험) 타인의 상해를 보험사고로 하는 보험계약에서 보험계약자가 피보험자를 보험수익자로 지정할 때에는 타인의 서면에 의한 동의가 필요 없다. 그러나 계약체결 이후 보험계약자가 보험수익자를 변경하거나, 또는 타인의 상해에 의한 사망을 보험사고로 하는 경우에는 제731조를 적용한다.

상법 제738조의3 (15세 미만자 등에 대한 상해의 보험) 15세미만자, 심신상실자 또는 심신박약자의 상해를 보험사고로 한 보험계약은 그들이 보험수익자가 될 때에는 유효하다. 다만, 상해에 의한 사망을 보험사고로 하는 경우에는 제732조를 적용한다.

상법 제739조 (준용규정) 상해보험에 관하여는 제733조와 제734조를 제외하고 그 성질에 반하지 않는 한 생명보험에 관한 규정을 준용한다.

상법 제739조의4 (고의로 인한 보험사고와 계약해지) 보험사고가 보험계약자 또는 피보험자나 보험수익자의 고의로 인하여 발생한 경우 보험자는 그 사실을 안 날로부터 1월내에 계약을 해지할 수 있다.

제4절 상해보험계약의 소멸

Ⅰ. 중대사유로 인한 해지

1. 의의 및 약관 규정

(1) 의 의

보험계약은 선의계약이자 장기계약으로서의 성질을 가진다.

첫째, 보험계약의 선의계약성을 보면 보험계약은 우연한 사고에 기초하는 사행계약이라는 점 때문에 선의계약성이 더욱 강조된다. 고지의무(상법 제651조), 위험변경증가의 통지, 인위적 사고의 면책(상법 제659조) 등은 모두 선의계약성을 반영한 것으로 볼 수 있다. 기원이 되는 영국해상보험법 제17조는 "해상보험은 최대선의를 기초로 하는 계약이다(A contract of marine insurance is a contract based upon the utmost good faith)"고 규정하고 있고, 이는 해상보험뿐 아니라 모든 보험계약에서의 지도원리로 삼고 있다. 우리 대법원이 영국법에서의 선의의무에 관하여, "영국 해상보험법상 최대선의의무는 해상보험계약의 체결 · 이행 · 사고 발생 후 보험금청구의 모든 단계에서 적용된다. 특히 계약의 체결 단계에서 가장 엄격하게 요구된다"고 하면서 이 의무는 계약 전반에 있어서 준수되어야 하지만, 계약체결 이후의 계약의 이행 단계에서는 광범위한 일반적 의무로 적용되는 것은 아니고 상대방에게 손해를 일으키거나 계약관계를 해치지 않을 의무로 완화된다고 판시한 바 있다.[84)]

둘째, 계속계약성으로서 보험계약은 일정한 기간에 생기는 보험사고를 예정하고 있고 그 기간은 각종의 보험계약에 따라 정도의 차이가 있으나 일정한 기간 동안 계속하는 계속적 계약의 성질을 가진다. 여기서의 일정한 기간을 '보험기간'

---

84) 일본 보험법은 이러한 입장이다. 2008년 개정된 일본 보험법은 다음과 같은 일정한 경우에, 피보험자가 동의한 이후라도 보험계약자에 대하여 보험계약의 해제를 청구할 수 있는 것으로 하였다(동법 제57조, 제58조). ① 보험계약자 등이 보험금취득의 목적으로 고의로 보험사고를 발생시키거나 또는 발생시키려 한 경우와, 보험수익자가 보험금청구에 대하여 사기를 행하거나 또는 행하려고 한 경우(동법 제58조 제1항 1호), ② 피보험자의 보험계약자 또는 보험수익자에 대한 신뢰를 손상하여, 보험계약의 존속을 곤란하게 한 중대한 사유가 있는 경우(동법 제58조 제1항 2호), ③ 보험계약자와 피보험자와의 사이의 친족관계의 종료 기타의 사유에 의하여 피보험자가 동의함에 있어서 기초로 한 사정이 현저하게 변경된 경우(동법 제58조 제1항 3호) 등이다.

또는 '위험기간'이라 하고 손해보험의 경우는 보통 1년이고, 생명보험은 보다 장기인 것이 보통이다. 보험기간이 통상 장기인 까닭에 보험계약자 등은 통지의무를 부담하며(상법 제652조) 소급효가 없는 해지제도가 존재한다(상법 제649조 제2항).

따라서 장기간의 보험기간 중 선의성을 위반하여 신뢰관계를 해친 경우 해지권을 인정할 필요가 있게 된다. 현재는 고지의무위반의 경우 보험자의 해지권만 규정되어 있다(상법 제651조).

(2) 약관 규정

> **제32조 (중대사유로 인한 해지)** ① 회사는 아래와 같은 사실이 있을 경우에는 안 날부터 1개월 이내에 계약을 해지할 수 있습니다.
> 1. 계약자, 피보험자 또는 보험수익자가 고의로 보험금 지급사유를 발생시킨 경우
> 2. 계약자, 피보험자 또는 보험수익자가 보험금 청구에 관한 서류에 고의로 사실과 다른 것을 기재하였거나 그 서류 또는 증거를 위조 또는 변조한 경우. 다만, 이미 보험금 지급사유가 발생한 경우에는 보험금 지급에 영향을 미치지 않습니다.
>
> ② 회사가 제1항에 따라 계약을 해지한 경우 회사는 그 취지를 계약자에게 통지하고 제34조(해지환급금) 제1항에 따른 해지환급금을 지급합니다.

2. 연 구

(1) 비교법적 검토

일본 보험법은 최근 개정으로 관련 규정을 두었고 그 시사점을 살핀다. 일본 보험법 제30조, 제57조, 제86조는 손해보험계약, 생명보험계약, 상해질병정액보험계약의 각각의 경우에 있어 중대한 사유에 의한 해지[85]를 규정한다. 학설상 특별해약권이라고 불리던 것이다.[86] 이는 인위적 보험사고의 초래 등으로 기본적 신뢰관계를 훼손하게 되는 경우 보험자가 일방적 의사표시를 통하여 보험계약을 해지하고 보험계약상의 책임을 면하는 것을 인정하는 것이다. 즉, 보험계약의 성립 후 보험계약자 외에 피보험자, 보험수익자 등의 계약관계자가 고의로 보험사고를 초래하거나 그 사고의 발생을 시도하였거나 한 경우에는 최대선의의무 위반으로 도덕적 위험성이 있고 보험자로서는 그 신뢰관계가 훼손된 보험계약관계로부터 벗어나는 것을 허용하여 해지권을 인정한 것이다.

---

85) 일본 보험법에서는 解除로 규정하고 있으나, 우리 법에서의 解止에 해당한다.

86) 김선정, "중대사유에 의한 보험계약의 해지", 「상사법연구」 제37권 제2호, 한국상사법학회, 2018, 233면 이하; 노일석, 앞의 논문, 113면.

첫 번째 해지권의 행사사유로서, 인위적 사고초래의 경우로서 보험계약자 등이 고의로 사고를 초래한 경우 보험자는 면책되지만 그러한 행위를 한 경우 보험자가 계약을 해지할 수 있도록 명시한 것이다(일본 보험법 제30조 제1호). 고의로 사고를 초래한 행위 자체가 선의계약성을 위반하면서 신뢰관계를 훼손하여 계약을 존속시키기 어려운 요인이라는 것을 중시하여 그 미수행위도 해지사유로 하였다. 그리고 두 번째로 보험금취득을 위하여 사기행위를 실제로 행한 경우뿐만 아니라 사기를 하려고 한 경우도 해지사유로 하였다(일본 보험법 제30조 제2호).

특기할 것은 포괄적으로 규정하고 있는 일본 보험법 제30조 제3호이다. 일본 보험법은 해지권이 인정되는 경우를 광범위하게 규정하여 "보험자의 보험계약자 또는 피보험자에 대한 신뢰를 해치고 당해 손해보험계약의 존속을 곤란하게 하는 중대한 사유가 있는 때"라고 명시한다(일본 보험법 제30조 제3호). 그리고 손해보험계약 이외에도 생명보험계약이나 상해질병정액보험계약의 경우에도 이 해지권을 규정한다(일본 보험법 제57조, 제86조). 그런데, '그 밖의 중대한 사유'라는 포괄적인 사유는 어떠한 경우가 그에 해당하는지에 관한 견해의 대립이나 다툼을 유발하고 또한 해지권 남용을 초래할 여지가 있다. 이에 대하여는 같은 조항 신뢰관계의 위반으로 규정하고 있는 보험금취득목적에 의한 고의의 사고초래나 사기행위의 두 가지 예에 준하는 경우로 엄격하게 해석하여야 할 것이다. 특별해지권에 기한 효력은 장래효이지만 다만 소정의 중대사유가 발생한 때부터 해지제시까지 발생한 보험사고에 의한 손해에 관해서는 보험자는 책임을 지지 않는다. 이것은 고지의무위반이나 위험증가에 의한 해지의 경우 해지의 효력과 마찬가지이다.[87]

〈일본 보험법〉

제30조 (중대사유에 의한 해제) 보험자는, 다음에 언급하는 사유가 있을 경우에는, 손해보험계약을 해제할 수 있다.

1. 보험계약자 또는 피보험자가, 보험자에게 해당손해보험계약에 근거해 보험급부를 행하게 하는 것을 목적으로 손해를 생기게 하고, 생기게 하려고 했을 때
2. 피보험자가, 해당손해보험계약에 근거해 보험급부 청구에 대해서 사기를 행하고, 또는 하려고 했을 때
3. 전2호에 언급한 것 외에, 보험자의 보험계약자 또는 피보험자에 대한 신뢰를 깨뜨리고, 해당손해보험계약의 존속을 곤란하게 하는 중대한 사유

제57조 (중대사유에 의한 해제) 보험자는, 다음에 언급하는 사유가 있을 경우에는, 생명

87) 노일석, 앞의 논문, 116면.

> 보험계약을 해제할 수 있다.
> 1. 보험계약자 또는 보험금 수취인이, 보험자에게 보험급부를 행하게 하는 것을 목적으로써 고의로 피보험자를 사망시키거나, 또는 사망하게 하려고 했을 때
> 2. 보험금 수취인이, 해당생명보험계약에 근거해 보험급부 청구에 대해 사기를 하거나, 또는 하려고 했을 때
> 3. 전2호에 언급하는 것 외에, 보험자의 보험계약자, 피보험자 또는 보험금 수취인에 대한 신뢰를 깨뜨리고, 해당생명보험계약의 존속을 곤란하게 하는 중대한 사유

(2) 신뢰관계를 훼손하는 중대한 사유 발생 시 해지권 행사의 인정

우리 상법에는 일본법과 같은 규정을 두고 있지는 않으나 보험계약의 선의계약성과 계속계약성 등을 고려할 때 그 도입을 고려해 볼 만하다. 고의로 보험사고를 일으킨 경우 최대선의의무 위반으로 신뢰관계가 현저히 훼손된 상태가 되어 보험계약이 존속하도록 하는 것은 바람직하지 않다. 상법 보험편의 해석상 해지권을 인정할 여지도 있겠으나, 법문으로 명확하게 규정하는 것이 바람직하다. 그러나 기타 존속을 곤란하게 하는 중대한 사유의 경우라는 일본 보험법상의 규정은 지나치게 추상적이어서 그 해석을 둘러싼 논쟁을 유발할 수 있고, 보험자에 의한 남용도 우려되므로 상법 보험편에의 도입은 찬성하지 않는다.

상법 제659조에는 관련 규정을 두더라도, 상법 제732조의2에 규정을 두는 것은 요구되지 않는다. 생명보험에서 고의 살인이라는 사고가 발생한다면 보험계약관계는 종료되기 때문이다. 다만 상해보험의 경우 고의 상해시에는 관련 규정을 둘 필요가 있다.

Ⅱ. 보험금청구권의 상실: 사기적 보험금청구

1. 문제점

약관 제32조 제1항 제2호에서는 사기적 보험금청구에 관한 규정을 담고 있다. "계약자, 피보험자 또는 보험수익자가 보험금 청구에 관한 서류에 고의로 사실과 다른 것을 기재하였거나 그 서류 또는 증거를 위조 또는 변조한 경우. 다만, 이미 보험금 지급사유가 발생한 경우에는 보험금 지급에 영향을 미치지 않습니다"라는 것이 그것이다. 보험금청구권상실조항이라고도 부른다.

보험금청구권상실조항을 '사기적 보험금청구조항'이라고도 부른다. 이는 상법상 규정이 있는 것은 아니고 약관상 보험자의 면책사유로 규정하는 것으로 보험계약

의 최대선의성에 기초한 것이라고는 하나 그 유효성에 대하여 논란의 소지가 많다.

판례는 유효성을 인정하면서 그 약관의 취지에 대하여 피보험자 등이 서류를 위조하거나 증거를 조작하는 등 신의성실의 원칙에 반하는 사기적인 방법으로 과다한 보험금을 청구하는 경우에는 그에 대한 제재로서 보험금청구권을 상실하도록 하려는 데 있는 것으로 본다.[88]

보험금청구권상실조항이 보험약관에 등장하기 시작한 것은 19세기 화재보험에서 부터이나,[89] 각국의 논의 동향을 보면 그 내용이 일정치 않아 정의를 내리는 것도 쉽지 않다. 영국에서는 일반적으로 "if there appear fraud in the claim made, or false swearing or affirming in support thereof, the claimant shall forfeit all benefit under such policy"라는 문구가 사용되고,[90] 일본 보험법은 "보험급부청구에 대해서 사기를 행하고"라 한다.[91]

보험금청구권상실조항은 보험금청구의 과정에서 피보험자 등이 사기적인 방법으로 허위 과대청구하는 경우를 말하는 것으로 정의하기로 한다.

2. 효 과

그 효과에 있어서도 각국 입장이 서로 다르게 나타난다. (i) 우리의 약관과 영국과 같은 경우는 보험계약은 효력을 유지하나 당 청구로 인한 보험금청구권만을 상실하도록 한다. 즉 보험계약을 소급하여 취소하거나 해지할 수는 없고, 문제된 당 보험금청구권만을 상실하도록 한다. (ii) 호주법과 같은 입장으로 억지효과 등을 감안하여 법원에 재량권을 부여하여 사기의 행위가 있는 경우 보험금을 적절히 감액할 수 있도록 한다. (iii) 일본법과 같은 경우로 실제 발생한 손해에 대하여는 보상을 하나, 신뢰관계의 붕괴를 원인으로 향후의 보험계약을 해지할 수 있는 것으로 정한다.

88) 대법원 2007. 2. 22. 선고 2006다72093 판결 등.

89) Cf. Levy v. Baillie (1831) 7 Bing. Rep 349사건이 최초라고 한다. 이후 Goulstone v. Royal Insurance Co. (1858) 1 F&F 276와 Britton v. Royal Insurance Co. (1866) 4 F&F 905는 모두 화재보험사건이다.

90) James Davey, Unpicking the fraudulent claims jurisdiction in insurance contract law: sympathy for the evil?, [2006] LMCLQ 129–288, 223, 228.

91) 일본 보험법 제30조 제2호.

3. 학설과 판례

이 문제에 대하여는 판례도 비교적 최근에야 다루기 시작한 것이다.[92] 사기적 보험금청구조항이 최초로 언급된 판례는 대법원 2003. 5. 30. 선고 2003다15556 판결이다.[93] 그 판결은 사기적 보험금청구조항이 거래상 일반인들이 보험자의 설명 없이도 당연히 예상할 수 있었던 사항에 해당하여 설명의무의 대상이 아니라고 하였다. 하지만 사기적 보험금청구조항의 유효성을 정면으로 인정한 최초의 판결이 대법원 2006. 11. 23. 선고 2004다20227(본소), 2004다20234(반소) 판결이다.[94] 그리고 대법원 2007. 2. 22. 선고 2006다72093 판결은 그 조항의 유효성을 인정하긴 하였으나 제한적으로 해석한 또 다른 중요 판결이다. 그 판결은 모든 보험금청구권이 상실되는 것이 아니라 피보험자가 허위의 청구를 한 당해 보험목적물에 한하는 것으로 해석한다. 그리하여 동산에 관한 부분의 청구에 있어서만 사기적 청구가 있었다고 하여 동산 부분에 대하여만 무효로 하였다.[95] 이후 제한적인 효력만을 인정하는 판결들이 뒤를 따랐다.[96]

---

92) 장덕조, "사기적 보험금청구", 「인권과정의」 제386호, 2008, 50-69면.

93) 이 판결에서 "보험금청구권의 상실사유는 보험계약에 있어서 신의성실의 원칙에 반하는 사기적 보험금청구행위를 허용할 수 없다는 취지에서 규정된 것으로서 보험계약당사자의 윤리성이나 선의성을 요구하는 보험계약의 특징 및 보험의 투기화, 도박화를 막고 피보험자에게 실제의 피해 이상의 부당한 이득을 취하지 못하도록 하기 위하여 고의로 인한 보험사고의 경우에는 보험자의 면책을 인정하고, 사기초과보험의 경우 그 계약 자체를 무효로 규정하고 있는 점 등에 비추어 볼 때 이는 거래상 일반인들이 보험자의 설명 없이도 당연히 예상할 수 있었던 사항에 해당하여 설명의무의 대상이 아니다"라고 하였다.

94) "사기적 보험금청구 조항을 둔 취지는 보험자가 보험계약상의 보상책임 유무의 판정, 보상액의 확정 등을 위하여 보험사고의 원인, 상황, 손해의 정도 등을 알 필요가 있으나 이에 관한 자료들은 계약자 또는 피보험자의 지배·관리영역 안에 있는 것이 대부분이므로 피보험자로 하여금 이에 관한 정확한 정보를 제공하도록 할 필요성이 크고, 이와 같은 요청에 따라 피보험자가 이에 반하여 서류를 위조하거나 증거를 조작하는 등으로 신의성실의 원칙에 반하는 사기적인 방법으로 과다한 보험금을 청구하는 경우에는 그에 대한 제재로서 보험금청구권을 상실하도록 하려는 데 있는 것으로 보아야 할 것"이라고 하면서 그 유효성을 인정하였다.

95)

보험목적물	피보험자 청구 손해액	실제 손해액
건물	263,478,000원	118,864,362원
시설	251,621,971원	190,918,896원
동산	899,268,560원	534,077,160원
총 계	1,414,367,431원	843,860,358원

96) 대법원 2007. 6. 14. 선고 2007다10290 판결도 동일한 취지에서 조항의 유효성을 인정은 하였으나, 제한적 해석을 하였다. 또한 대법원 2007. 12. 27. 선고 2006다29105 판결도 그러하다. 그 사건에서는 실제 감정가는 153,000,000원인 물건에 대하여 165,000,000원으로 청구한 사건이었는데, "이

4. 평가 및 개정안

(1) 평 가

판례는 약관 조항을 문리 그대로 해석하여 조금이라도 그 조항에 해당하면 곧바로 보험금청구권을 상실시키는 것이 아니라 보험금청구권자의 청구와 관련한 부당행위의 정도 등과 보험의 사회적 효용 내지 경제적 기능을 비교·교량하여 종합적으로 판단한다는 입장이다.

생각건대, 일본이나 호주에서의 입법 등이 우리의 것으로 도입되기 이전이라면 판례의 이러한 입장이 타당하다. 다만 '보험목적물별'이라는 판례의 기준은 명확하지 못하여 재고를 요한다. 사견으로는, 수개의 보험목적물에 관하여 단일한 보험금액이 정하여진 경우라 하더라도, 보험업계의 통상적 인수관행에 의할 때 그 보험료와 보험금액의 책정에 있어 각개로 분리가능하고, 또한 당사자들이 계약체결을 할 당시 그 분리가능한 보험목적물에 대하여만으로도 유효한 계약을 체결하였으리라고 인정되는 경우로 그 기준을 설정하는 것이 바람직하다고 본다. 이런 관점에서 약관은 이미 발생한 보험사고에 대하여는 보험금지급을 한다고 규정하여 이 점에서는 타당하다고 본다.

(2) 상법개정안

> **제731조(타인의 생명의 보험)** ③ 피보험자는 다음 각호의 경우 동의를 철회할 수 있다.
> 1. 보험수익자 등이 보험금취득의 목적으로 고의로 보험사고를 발생시키거나 발생시키려 한 경우, 또는 보험계약자 또는 보험수익자가 피보험자의 신뢰를 손상하여 보험계약의 존속을 위태롭게 할 중대한 사유가 발생한 경우
> 2. 친족관계의 종료 기타의 사유에 의하여 피보험자가 동의함에 있어서 기초로 한 사정이 현저하게 변경된 경우

(3) 약 관

상법개정안에 맞추어 약관 규정을 개정하는 것이 바람직하다.

사건 약관조항에 의한 보험금청구권의 상실 여부는 이 사건 약관조항을 둔 취지를 감안하여 보험금청구권자의 청구와 관련한 부당행위의 정도 등과 보험의 사회적 효용 내지 경제적 기능을 종합적으로 비교·교량하여 결정하여야 할 것이다. 따라서 피보험자가 보험금을 청구하면서 실손해액에 관한 증빙서류 구비의 어려움 때문에 구체적인 내용이 일부 사실과 다른 서류를 제출하거나 보험목적물의 가치에 대한 견해 차이 등으로 보험목적물의 가치를 다소 높게 신고한 경우 등까지 이 사건 약관조항에 의하여 보험금청구권이 상실되는 것은 아니라고 해석함이 상당하다 할 것이다"라고 판시하였다.

Ⅲ. 보험계약의 소멸시효

1. 약관 규정

> **제24조 (계약의 소멸)** 피보험자의 사망으로 인하여 이 약관에서 규정하는 보험금 지급사유가 더 이상 발생할 수 없는 경우에는 이 계약은 그 때부터 효력이 없습니다. 이 때 사망을 보험금 지급사유로 하지 않는 경우에는 '보험료 및 책임준비금 산출방법서'에서 정하는 바에 따라 회사가 적립한 사망 당시의 책임준비금을 지급합니다.
>
> **제39조 (소멸시효)** 보험금청구권, 만기환급금청구권, 보험료 반환청구권, 해지환급금청구권, 책임준비금 반환청구권 및 배당금청구권은 3년간 행사하지 않으면 소멸시효가 완성됩니다.

2. 소멸시효의 문제점

보험금청구권은 민사소멸시효나 일반 상사소멸시효 보다도 단기시효로 규정되어 있다. 보험금청구권은 어떤 근거에서 일반 상사소멸시효인 5년보다도 짧은 단기의 시효로 규정되어야 하는지에 대한 의문이 있고, 그 기산점을 객관적 사고발생시점으로 엄격하게 판단하는 법원의 판결에 비추어 보면 더욱 그러하다. 그런데 비교법적 입법례는 단기의 소멸시효를 없애고 민법에 의한 일반의 민사시효로 단일화하는 추세이다. 보험금청구권이 단기의 소멸시효에 걸리도록 하는 상법 규정에 관한 기본적 문제 제기는 다음과 같다.

첫째, 왜 일반 상사소멸시효인 5년보다도 짧은 3년이 보험금청구권의 소멸시효인가? 보험금청구권의 소멸시효를 민사시효나 일반 상사시효에 의하도록 규정하는 경우 발생하는 문제는 무엇인가? 상법 제662조가 단기 소멸시효를 둔 근거에 대한 설명으로 보험제도의 특수성을 고려하여 신속한 결제와 보험관계의 종결을 통하여 보험사업의 원활을 도모하는 데 그 목적이 있다고 하는데,[97] 이는 타당한가? 보험사업의 원활을 위한다는 등의 추상적 사유만을 들어 소비자의 권리를 제한하는 것이 옳은가?

둘째, 소멸시효 기산점이 엄격한 것과 관련한 문제의 제기이다. 피보험자 등이 보험금청구권이 발생한 것도 알지 못하는 사이에 소멸시효가 기산하는 경우에 대한 입법적 해결책은 무엇인가? 최근 자살재해사망특약사건이나 즉시연금사건 등에서 보험금청구권의 소멸시효가 주요쟁점이었는데, 전자의 경우 대법원 2016. 9.

---

97) 최기원, 「상법학신론」 제14판, 박영사, 2005, 641면.

30. 선고 2016다268713, 2016다218720 판결에서 보험금청구권은 특별한 사정이 없는 한 보험사고 발생일로부터 2년(현재는 3년)이 경과함으로써 소멸시효의 완성으로 소멸하고, 보험회사가 자살재해사망보험금 지급의무가 있음에도 불구하고 그 지급을 거절하였다는 사정만으로는 보험회사의 소멸시효 항변이 권리남용에 해당하지 않는다고 하였다. 그리고, 후자의 경우 현재 법원에 소송이 제기되어 있고 대법원의 확정판결이 내려지기까지는 장기간이 소요될 것으로 예상되어, 설사 보험소비자가 승소판결을 받는다 하더라도 자살재해사건에서의 판례에 의하면 소송이나 금융감독원에의 분쟁조정신청을 제기하지 않은 소비자는 보험금을 지급받지 못하는 경우가 생겨날 수 있어 보험금청구권의 소멸시효와 관련한 법률적 검토가 필요한 실정이다. 아래에서 그 쟁점들에 대하여 차례로 살핀다.

3. 보험금청구권의 단기 소멸시효 제도 비판

(1) 소멸시효 의의에서의 비판

보험금청구권에 대하여는 3년이라는 단기의 소멸시효를 두고 있는 것에 대한 회의론 및 비판이다.

첫째, 시효제도의 가장 중요한 근거라 할 수 있는 오랜 기간 지속된 사실상태의 보존이라는 법적 안정성에서의 근거가 보험금청구권 사건에도 일반적으로 적용되는가? 각종 보험금지급을 둘러싼 분쟁사건에서는 보험금청구권의 발생여부가 자체가 다투어지고 각 약관 규정에 따라 판결이 엇갈리기도 하여, 심지어 법률가들조차 최종적 확정판결에 대한 견해가 나뉘고 있어 부동적(浮動的)인 상태에 있는 경우가 많다. 따라서 일정한 사실상태가 확정되어 있음을 전제로 그 일정한 사실관계의 유지가 사회질서의 안정에 이바지한다는 소멸시효의 존재의의는 보험금청구권 사건에서 타당하지 아니한 경우도 상당하다. 보험자는 단순히 보험금을 지급하지 않았을 뿐이고, 그에 대한 사회 일반의 신뢰가 형성될 여지도 없는 경우가 대다수에 이른다. 이러하다면, 법적 안정성의 보호라는 존재의의에서 3년이라는 단기시효의 존재의의가 있는 것인지 의문이다.

둘째, 입증곤란의 구제라는 의의에서 보면 보험금청구권은 그 발생원인인 보험사고에 해당하는지에 관하여 면책에 해당하는지 등의 지급여부를 둘러싼 논쟁이 대다수이고 그 청구의 과정에서 입증곤란의 문제가 대두되는 경우는 상당히 드물다. 더군다나 그 근거 자체에 대하여는 입증자료가 충분히 확보되어 현존하더라도, 여전히 소멸시효가 적용된다는 점에서 소멸시효제도를 지지하는 독자적 논거가 될 수 없다는 견해도 유력하다.[98)]

셋째, 시효제도의 이유로 들고 있는 권리행사의 태만에 대한 제재의 면에서 보더라도, 보험사건에서는 3년의 경과로 소멸시효가 완성된다는 것에 그 근거가 적용되기 어렵다. 보험금청구권을 행사하지 아니하는 권리행사의 태만이 문제가 아니라, 그 청구권을 행사하더라도 보험자가 지급을 거절하여, 보험금청구권이라는 권리의 발생 여부 자체가 법적으로 다투어지는 상황에서 단기의 소멸시효가 주로 문제되었기 때문이다.

넷째, 단시시효의 의의와 관련한 비판이다. 보험금청구권이 단기시효로 소멸되는 이유로는 기업거래에서의 권리관계의 조기확정, 보험사업을 정상적으로 운영하기 위한 보험자의 재산상태의 명료성 확보 등이 제시된다. 그런데 보험금청구권자는 물론이거니와 보험자 역시 보험사고 해당 여부를 확실히 알지 못하고 있었던 상태에서라면 그 권리관계를 조기에 확정한다는 등의 전제는 성립되기 어렵고 그 근거는 합리적이지 않을 수 있다.

(2) 구체적 타당성과 신속한 해결의 필요성

시효기간이 단기에 불과할 때에는, 권리자가 알지 못하는 사이 시효완성으로 인한 불이익이 보다 클 수 있어 더욱 가혹하다. 단기시효에 있어서는 이와 관련하여 주목할 점은 법원도 단기의 시효제도가 관련되는 경우, "신속한 해결"의 필요성이라는 별도의 기준을 제시하면서 구체적 타당성을 지향하는 태도를 취하는 것이 있다는 점이다. 자동차손해배상보장법 등에 의하여 피해자가 보험금을 이중으로 수령한 사건에서, 보험회사의 그 피해자에 대한 부당이득반환청구권은 신속한 해결이 주목적이 아니라는 근거에서 일방 당사자가 상인임에도 불구하고 상사시효 5년이 아니라 민사시효 10년을 적용하였다.[99)] 그 사건에서 차량사고로 인한 피해자에게 A보험회사가 3,700만원을 지급하였는데, B보험회사가 자동차손해배상보장법에 따라 정부의 자동차손해배상보장사업을 위탁받은 보험사업자로서 피해자에게 다시 3,900만원의 보험금을 지급하였다. 이후 B회사가 그 지급일로부터 5년이 경과한 이후 피해자에 대하여 부당이득반환청구권을 행사한 사건이다. 이에 피해자는 5년의 상사소멸시효기간의 경과로 B의 부당이득반환청구권은 근거가 없

98) 곽윤직 편집대표, 앞의 책, 389면.
99) 대법원 2010. 10. 14. 선고 2010다32276 판결.

는 것이라고 주장하였다. 그러나 법원은 일방 당사자가 상인인 경우라도'신속한'보상이 주목적이 아니기 때문에 민사시효가 적용된다고 하면서 10년이 경과하지 않아 부당이득반환청구권을 행사할 수 있다고 판시하였다. 이 판결은 단기시효의 적용에 의한 불합리를 '迅速性'이라는 기준에 의하여 극복한 판결이다.

그런데 보험금청구권자가 2중으로 보험금을 수령하는 경우라면 부당이득반환청구권이 되어 민사시효인 10년의 기간이 적용된다는 것이나, 기타 다른 사건에서는 보험자의 보험금지급채무가 소멸시효의 완성에 해당하면 법리상 부당이득도 되지 않아 결국 3년의 시효로 소멸한다는 결론은, 유사한 사건들을 당사자에 따라 서로 다르게 취급하게 되는 형평상 문제도 제기된다.

(3) 비교법적 검토 및 비판

보험의 정의가 각국에서 공통된다는 점, 보험이 자금의 공급이나 신용의 수단으로서 국가경제에서 주요한 역할을 하는 점, 각국에서 나타나는 보험의 폐단이 크게 다를 것이 없다는 점 등에서 보험제도는 국제적으로 공통점이 많은 제도이다.[100] 특히 보험은 위험분산이라는 기능과 함께 재보험을 통하여 국제적으로 거래된다는 점에서 국제적 정합성 또는 세계적 입법추세에 부응하는 것이 중요함을 알 수 있다. 다음에서는 각국의 입법례를 검토한다.

1) 독 일

2008년 1월 1일 발효된 개정 독일 보험계약법(VVG)은 종전 보험계약에 적용되던 소멸시효규정을 대폭 수정하였다. 이를 통하여 보험계약에 적용되던 2년의 소멸시효기간(구 독일 보험계약법 제12조 제1항)과 6개월 이내의 재판상 청구를 하지 않을 시 보험자를 면책하는 제소기간(구 독일 보험계약법 제12조 제3항)이 삭제되었으며, 동조 제2항에서 정하였던 소멸시효의 정지(Hemmung der Verjährung) 규정을 개정 보험계약법 제15조에 새롭게 규정하였다(아래 표 참조). 독일 채권법의 개정작업에서 소멸시효에 관한 개정 작업을 한 바 있던 Peters와 Zimmermann은 권리자가 중대한 과실 없이 의무자나 청구권의 대상 등을 알지 못하였을 때나 당사자 간에 교섭이 행하여지고 있을 때를 소멸시효의 정지사유로 할 것을 주장하였고,[101] 이것이 보험계약법에도 반영되었다.

---

100) 양승규, 앞의 책, 29면.

101) F. Peters/R. Zimmermann, Verjahrungsfristen, in: Gutachten und Vorschlage zur Uberarbeitung des Schuldrechts, Bd.1, 1981, S.316f.

구 보험계약법상 특별소멸시효규정의 삭제로 2008년 이후 체결된 보험계약으로부터 발생하는 청구권에 대하여 독일 민법에서 정한 일반적 소멸시효규정이 적용된다. 독일 민법은 2002년 개정을 통하여 20년 이상 등의 장기간 특별소멸시효가 적용되지 않는 모든 청구권에 대하여 3년의 일반적 소멸시효기간(§195 BGB)을 적용하고 있고, 이에 따라 보험계약에서 발생하는 보험금청구권에 대하여도 3년의 소멸시효가 적용된다.[102)]

객관적 요건으로 '청구권이 성립'한 때란 보험자의 보험금지급의 이행기가 도래한 때를 의미하며, 이는 곧 보험계약법 제14조에서 정한 지급기한이 도래한 때로 해석된다.[103)] 보험계약법 제14조에 따르면 보험자가 보험사고의 발생 및 보험금 지급 범위를 위한 조사 및 검증을 완료한 때 급부의 이행기가 도래하므로, 소멸시효 또한 이 시기에 객관적 요건을 갖추게 된다. 주관적 요건으로 보험금청구권자가 보험금청구권이 발생하는 사정과 채무자의 신원을 알았거나 또는 중대한 과실이 없었다면 알 수 있었을 때로 정하고 있다. 그런데 특별히 복잡한 법적 상황으로 인하여 채권자가 청구권의 유효성에 대하여 의심을 가지고 있는 경우 소멸시효의 개시는 이러한 상황이 명확해질 때까지 연기될 수 있다.[104)]

〈소멸시효에 관한 독일 보험계약법〉

<table>
<tr><th>구 보험계약법 제12조
(소멸시효, 제소기간)</th><th>현행 보험계약법 제15조
(소멸시효의 정지)</th></tr>
<tr><td>제1항
보험계약으로 인한 청구권은 2년으로 소멸시효가 완성한다. 생명보험의 경우에는 5년이다. 소멸시효는 보험급부를 청구할 수 있는 해의 말로부터 진행한다.</td><td rowspan="3">보험계약으로부터 발생하는 청구권이 보험자에게 신청된 경우에, 소멸시효는 보험자의 결정이 청구권자에게 문서형식으로 도달한 때까지 정지된다.</td></tr>
<tr><td>제2항
보험계약자의 청구권이 보험자에게 신청된 경우에는 소멸시효는 보험자의 서면에 의한 결정이 도달할 때까지 정지된다.</td></tr>
<tr><td>제3항
청구권이 6개월 이내에 법원에서 주장되지 않는 한 보험자는 면책된다. 이 기간은 보험자가 보험계약자에게 기간경과로 인한 법적 효과를 알려주면서 보험계약자의 청구권을 서면으로 거절한 때로부터 진행한다.</td></tr>
</table>

102) Langheid/Wandt, Münchener Kommentar zum VVG, §15 Rn. 20; Römer/Langheid, VVG, §15 Rn. 2.

103) Römer/Langheid, VVG, §15 Rn. 2.

104) Langheid/Wandt, Münchener Kommentar zum VVG, §15 Rn. 20; Römer/Langheid, VVG, §15 Rn. 26.

〈독일 민법〉

> **제199조 (일반소멸시효기간의 기산 및 최장기간)** ① 일반소멸시효기간은 다음의 연도가 끝나는 때로부터 진행한다.
> 1. 청구권이 성립하고, 또한
> 2. 채권자가 청구권을 발생시키는 사정 및 채무자의 신원을 알았거나 중대한 과실 없이 알았어야 했던 연도

2) 프랑스와 유럽계약법 원칙

프랑스도 독일과 유사한 입장이다. 다만 그 기간이 3년이 아니라 5년으로 되어 있다. 프랑스 민법 제2224조는 인적 소권 또는 동산에 관한 소권은 권리자가 이를 행사할 수 있다는 사실을 알았거나 알 수 있었을 날로부터 기산하여 5년이 경과하면 시효로 소멸한다고 규정하고, 프랑스 민법 제2234조는 법률, 합의 또는 불가항력으로 인한 방해사유로 권리행사가 불가능한 자에 대하여는 시효는 진행하지 아니하거나 정지된다고 규정한다. 유럽계약법 원칙도 이와 같은 입장에서 일반소멸시효기간을 3년으로 하되(PECL 14:201), 채무자의 신원 및 권리를 발생시키는 사실에 대한 인식이 결여된 경우에는 시효가 정지되는(PECL 14:301) 입장을 취함으로써, 주관적 체계에 기초하고 있다.

3) 일 본

현행 일본 보험계약법 제95조는 보험금청구권의 소멸시효를 3년으로 규정하고 있고 그 기산점도 일본 민법 제166조 제1항의 「권리를 행사할 있을 때」로부터 기산한다는 규정의 해석에 의존하는 점은 우리와 동일하다. 그런데 생명보험약관이 소멸시효에 관하여 법령보다 장기의 기간을 정해두면서 그 기산점을 「피보험자가 사망한 때」라고 정한 사건에서, 일본 최고재판소는 민법의 소멸시효 규정은 “그 권리의 행사가 현실적으로 기대할 수 있게 된 때로부터 소멸시효가 진행한다는 것”이라고 해석하면서, “이 사건 약관이 소멸시효의 기산점에 대해 상기와 같이 정하고 있는 것은 이 사건 각 보험계약에 기한 보험금청구권은 지급사유(피보험자의 사망)가 발생하면 통상 그 때로부터의 권리행사가 기대할 수 있다고 해석되는 점에 기인한 것이고, 당시의 객관적 상황 등에 비추어 그때로부터의 권리행사가 현실적으로 기대할 수 없는 것과 같은 특단의 사정이 존재하는 경우에 대해서까지, 상기 지급사유발생시로서 이 사건 소멸시효의 기산점으로 하는 취지가 아니라고 해석하는 것이 상당하다. 그리고 이 사건 약관은 이러한 특단의 사정이

존재하는 경우에는 그 권리행사가 현실적으로 기대할 수 있게 된 때 이후에 소멸시효가 진행한다는 취지로 해석하여야 한다"고 판시한다.[105)]

그런데 일본의 경우 일반적으로 생명보험사는 사망보험금이나 만기보험금과 같이 지급사유의 발생이 명확한 경우 법률의 규정과 달리 시효원용을 하지 않음이 관행이다. 보험사기가 의심되는 경우를 제외하면 생명보험사가 시효를 이유로 보험금 지급을 거절하는 경우가 없다는 것이고,[106)] 일본의 '간뽀생명보험사'의 홈페이지에서도 이를 확인할 수 있다.[107)] 그리고 일본이 우리와 다른 점은 지급유예기간의 경우 그 지급유예기간의 경과시부터 소멸시효가 기산한다는 점이다.[108)] 한편, 일본에서도 현재 주요국의 입법례와 궤를 같이하는 민법개정안이 국회에 계류중이고, 이 개정안이 통과되는 경우 보험금청구권에도 상당한 입법적 변화가 있게 된다. 일본 민법개정안 제166조에 의하면 채권자는 권리를 행사할 수 있음을 안 때로부터 5년, 권리발생일로부터 10년이 경과하면 소멸시효가 완성된다. 또한 단기시효도 독일이나 프랑스 등과 같이 모두 폐지된다.

4) 입법추세와 시사점

세계적 입법추세는 첫째 소멸시효의 기산점을 주관주의에 입각하고 있으며, 둘째로는 단시의 시효를 폐지하여 민법의 일반 채권과 동일하게 규정한다는 점이다.

첫째, 소멸시효 기산점이 주관주의에 의한다는 점을 본다. 기산점의 설정에 관한 입법주의로는 채권자의 인식 내지 인식가능성을 요건으로 하는 주관적 체계와, 이와 무관하게 권리발생 후 일정기간의 경과를 요건으로 하는 객관적 체계가 있고, 양 체계는 치열한 논란의 대상이 되어 왔다. 객관적 체계는 법적 안정성과 기준시점의 명확성 면에서는 우월하나, 권리발생의 인식가능성이 없었던 자의 권리마저도 시효완성의 대상으로 삼고 있어 권리박탈을 정당화하기 어렵다. 주관적 체계는 구체적 타당성의 측면에서는 우세하나, 기간의 계산을 단순화하려는 근본취지에 반할 수 있는 점, 채권자의 지배영역에 속하는 '안 때'의 증명이 어렵다는

---

105) 最高裁判決平成15(2003)年12月11日民集57巻11号2196頁.

106) 이러한 내용을 알아볼 수 있는 사이트로는 http://allabout.co.jp/gm/gc/11376/, http://ameblo.jp/hideshi-tateshita/entry-11475151656.html, http://hoken-tora.com/jiko.html.

107) http://www.jp-life.japanpost.jp/faq/faq_cat04.html#eid000205. '간뽀생명'회사 홈페이지상에 실린 글을 보면, 지급사유발생일로부터 5년이 청구기간으로 되어 있지만, 이자나 배당금 등은 발생하지 않기 때문에 조기에 청구할 것을 권합니다(5년이 경과하여도 청구하지 아니하면 약관상 청구권은 시효가 되지만, 지급하지 않은 것이 확인되면 청구를 받고 있습니다).

108) 김선정, "일본 보험법개정에서의 보험금지급채무의 이행기와 지급지체", 「보험학회지」 제85집, 2010, 181면.

점, 소멸시효기간은 무한정 늘어나게 되어 법적 안정성이라는 본래의 목적을 달성할 수 없게 된다는 점 등이 비판된다. 이러한 비판을 극복하기 위하여 주관적 체계를 택한 나라들도 채권자의 인식과는 무관한 최장기간을 설정하고 있다. 독일, 프랑스, 유럽연합, 그리고 일본 개정안도 소멸시효의 기산점에 대하여 주관적 체계를 취하여, 권리자가 그 자신의 권리발생을 안 때로부터 소멸시효가 진행한다. 또한 독일과 프랑스 등은 권리행사에 주관적 사실상 장애가 있는 경우 소멸시효 기산의 개시를 인정하지 않고, 객관적 사실상 장애가 있는 경우 포괄적인 정지사유 규정을 적용하여 해결하고 있다. 예컨대 독일법은 보험금청구를 정지사유의 하나로 규정한다(독일 보험계약법 제15조).

둘째 단기시효의 삭제이다. 세계적 입법추세로는 단기의 소멸시효를 없애고 있는데, 그 이유는 단기소멸시효의 특례를 인정할 합리적 이유가 없으며, 일반과 단기 등의 복잡한 소멸시효 체계로 인하여 국민의 법적 혼란과 소모적 법적 분쟁이 발생한다는 것이다. 따라서 이를 시정하여 소멸시효체계의 통일성과 법적 안정성을 증진시키기 위한다는 취지에서 단기시효를 없애고 있다.

셋째, 기타 소멸시효 정지사유의 확대도 비교법적 추세이다. 이 문제는 다음의 보험금지급시기의 쟁점으로 다룬다.

(4) 소멸시효 기산점에 대한 비판

1) 기산점에 관한 현재 법리

소멸시효의 기산점에 관하여는 다음의 학설들이 있다.[109] 첫째, 이행기설로서 "권리를 행사할 수 있는 때"의 의미를 "이행기"와 같은 의미로 보아, 보험사고발생 후 보험금청구권자 측에서 통지와 청구 등의 절차를 하고 또 소정의 유예기간을 경과한 날이 이행기가 되며, 그 날이 시효의 기산점이 된다는 견해이다. 일본에서는 이행기의 경과시로부터 소멸시효가 기산된다고 보고 있으나,[110] 우리의 경우는 그렇지 않다.[111] 이행기설에 대한 비판은 채권자가 이행을 청구하지 않는 한 언제까지나 소멸시효가 완성하지 않는다는 결과가 된다는 점이다. 둘째, 보험사고의 발생을 안 때로부터 기산된다는 견해이다. 보험사고의 발생에 대하여 보험금청

---

109) 장덕조, 앞의 책, 146면.

110) 김선정, "재해보험약관상 자살면책조항에 관한 최근 판례의 검토－면책기간 경과 후의 자살이 재해사고로 되는지 여부－", 「보험학회지」 제73집, 한국보험학회, 2006, 161면 이하 참조.

111) 지급유예기간의 경우에는 그 기간이 경과하기 전에도 보험금청구권자가 그 권리를 행사할 수 있고 다만 유예기간이 경과하기 전에는 채무자가 이행지체에 이르지 않는다는 점이 다르다. 유예에 관한 판결은 대법원 1993. 7. 13. 선고 92다39822 판결이 있다.

구권자가 그 발생을 모르는 경우도 많을 수 있는데, 그 모르는 사이에 권리의 소멸시효가 진행하는 것은 불합리하고, 보험금청구권자가 채권의 발생을 아직 모르고 있는 이상'권리 위에 잠자는 자'라고는 할 수 없으며, 이 경우에도 시효가 진행한다면 보험금청구권자에게 가혹하다는 것이다.[112] 후술하는 입법례에서와 같이, 최근 세계 각국의 추세는 이 견해에 입각하여 있고, 다만 보완적으로 사고발생일로부터는 최장시효기간을 두고 있다. 셋째, 보험사고발생시설이다. 이는 보험금청구권은 보험사고의 발생에 의해 구체적인 권리로서 확정되고, 그때로부터 행사할 수 있는 것이 되므로 특별한 사정이 없는 한 보험사고발생시로부터 소멸시효가 진행한다는 견해이다. 우리나라 판례의 기본적 입장이다.

2) 판례와 그 해석

① 보험사고 발생시

1993년 보험사건에 관한 첫 번째 판결이 나온 이후 확립된 판례의 입장은 보험금청구권의 소멸시효는 "원칙적으로 보험사고가 발생한 때부터 진행하고, 다만 보험사고가 발생한 것인지의 여부가 객관적으로 분명하지 아니하여 보험금청구권자가 과실 없이 보험사고의 발생을 알 수 없었던 특별한 사정이 있는 경우에는 그가 보험사고의 발생을 알았거나 알 수 있었을 때로부터 진행한다"는 것이다.[113] 보험에서는 보험금청구권자가 보험사고 발생을 알았거나 알 수 있었던 때를 기준으로 하면서 이에 관한 제한으로 객관적 인식가능성이라는 기준을 추가하고 있다. 그렇다면 판례는 보험금청구권에서는'사실상 장애'도 기산점에 영향을 미치는 것으로 보는가? 판례의 입장에 대한 해석이 일치되지는 않는다. 판례의 입장에 관한 해석들로는, 첫째, 사실상 장애가 있는 경우에도 소멸시효가 진행되지 않는 것이라고 보는 견해,[114] 둘째, 보험금청구권의 경우 불법행위와 같이 특수하게 기산점을 사고발생시로부터 뒤로 늦추어주고 있다는 평가를 하는 견해가 있다.[115] 이 견해는 보험사고발생의 부지라는 주관적 사정에 기한 사실상 장애를 보험사고 발생의 객관적 확인가능성 여하에 따라 신축적으로 운영함으로써 구체적 타당성을 확

112) 배기원, "소멸시효의 기산점－대법원판례를 중심으로－", 「사법논집」 제12집, 법원행정처, 1981, 250면; 오종근, "소멸시효에 관한 판례분석", 「사법연구」 제1집, 2003, 292면.

113) 대법원 1993. 7. 13. 선고 92다39822 판결; 대법원 2005. 12. 23. 선고 2005다59383 판결 등.

114) 김학동, "소멸시효의 기산점에 관한 판례분석", 「민법의 과제와 현대법의 조명」, 1997, 76면.

115) 이주현, "채권자의 권리행사가 객관적으로 불가능한 사실상의 장애사유가 있음에 불과한 경우 채무자의 소멸시효항변이 신의칙에 반한다는 이유로 허용하지 않을 수 있는지 여부", 「대법원판례해설」, 법원도서관, 2003, 558면.

보하는 판결이라고 한다.[116] 셋째, 일반적인 소멸시효의 기산점에 대한 명시적 예외를 인정했다고 하기 보다는 기존의 입장을 유지하면서 형평에 맞게 재해석했다는 견해이다.[117] 그런데 이후 판례들이 그 기산점을 적용하는 기준을 보면 보험금청구에서도 보험사고발생시라는 원칙을 유지하고 있어 가장 후자의 입장을 취하는 것으로 해석된다.

② 객관적으로 인식가능하지 않다고 보아 예외를 인정한 판례

첫째, 수사 또는 재판의 결과가 나중에 뒤집어진 경우이다.[118] 이 사건에서 실제 운전자가 아닌 다른 사람이 교통사고를 낸 것으로 공소가 제기되어 피해자들이 실제 운전자의 보험회사에 대하여 보험금청구를 하지 못하고 있다가, 나중에 무죄판결이 선고되어 보험금청구를 한 사례이다. 다만 비록 수사나 재판의 결과가 나중에 뒤집어졌다 하더라도 진실을 처음부터 알고 있었다고 볼 수밖에 없는 당사자에 대하여는 사고발생시부터이다.[119]

둘째, 신원보증보험에서의 보험사고, 즉 피보증인인 피용자의 불법행위에 대한 고용자의 인식에 관한 판결이다.[120] 피보증인의 횡령행위가 객관적으로 보아 그 발생여부가 분명하지 아니하여 증권회사가 과실 없이 그 사고의 발생을 알지 못한 때에 해당하지 않는다고 보았다.

셋째, 보험금청구에 필요한 절차가 마친 때부터 소멸시효가 진행한다고 한 판결이다.[121] 판례는 "보험금액청구권의 소멸시효의 기산점은 특별한 사정이 없는 한 보험사고가 발생한 때라고 할 것이지만, 약관 등에 의하여 보험금액청구권의 행사에 특별한 절차를 요구하는 때에는 그 절차를 마친 때, 또는 채권자가 그 책임 있는 사유로 그 절차를 마치지 못한 경우에는 그러한 절차를 마치는 데 소요되는 상당한 기간이 경과한 때로부터 진행한다고 보아야 할 것이므로, 보험금액청구금의 소멸시효기산점을 판단함에 있어서는 그 보험사고가 무엇인지와 보험금액청구권을 행사하는 데 특별한 제한이 있는지를 확정하는 것이 중요한 전제가 된

116) 이주현, 위의 논문, 559면.

117) 김홍엽, "보험금지급청구권의 소멸시효의 기산점", 「인권과정의」 제207호, 대한변호사협회, 1993, 106면.

118) 대법원 1993. 7. 13. 선고 92다39822 판결.

119) 대법원 2001. 4. 27. 선고 2000다31168 판결. 어느 쪽이 중앙선을 침범하여 교통사고가 발생하였는지 수사 결과가 번복되는 바람에 자차 및 자손 보험금 청구를 하지 않고 있다가 나중에 청구한 사례이다.

120) 대법원 1999. 2. 23. 선고 98다60613 판결.

121) 대법원 2006. 1. 26. 선고 2004다19104 판결.

다. (중략) 따라서 이 사건 보험금액청구권의 소멸시효는 앞서 본 법리에 따라 위 운영규정 소정의 절차를 마쳤거나, 채권자가 그 책임 있는 사유로 이를 마치지 못하였다면 운영규정에 정한 채권신고 마감절차를 거치는 데 필요하다고 볼 수 있는 시간이 경과한 때로부터 진행한다고 할 것이다"고 하였다.

판례의 기본적 입장은 법률상 장애와 사실상 장애의 이분론이다. 법률상·사실상 장애 이분론에 따른 민법 제166조 해석상 법률상 장애사유는 매우 한정적으로 보아 대부분의 경우 시효가 그대로 진행한다. 현행 소멸시효제도에서는 권리자가 사실상 장애로 인해 권리를 행사하지 못한 경우라도 그 권리가 시효기간 만료로 소멸하므로 권리자보호 관점에서 부당한 결과가 나타날 수 있어, 사실상 장애가 문제되는 경우 그 해결에 매우 취약하다. 그리고 보험금청구권에 대한 판례의 입장도 앞서 살핀 바와 같이 소멸시효의 기산점에 대한 명시적 예외를 인정했다고 하기보다는 기존 입장을 유지하면서 형평에 맞게 재해석했다는 견해가 유력하다.

3) 최근 판례에서 나타난 문제점

자살재해사건에 관한 판례로 대법원 2016. 9. 30. 선고 2016다268713, 2016다218720 판결에서 보험금청구권권은 특별한 사정이 없는 한 보험사고 발생일로부터 2년(현재는 3년)이 경과함으로써 소멸시효의 완성으로 소멸하고, 보험회사가 자살재해사망보험금 지급의무가 있음에도 불구하고 그 지급을 거절하였다는 사정만으로는 보험회사의 소멸시효 항변이 권리남용에 해당하지 않는다고 하였다. 즉 자살일로부터 시효가 기산된다고 보아 소멸시효가 완성되었고 보험금청구권을 행사할 수 없다고 하였다.

그런데 그 사건에서 사고가 발생하였다 하더라도 대다수의 보험금청구권자는 보험회사의 주계약에 따른 사망보험금만을 수령하였다. 보험금을 청구하고 수령하는 과정에서 보험자는 소비자에게 주계약에 따른 사망보험금만을 지급하면서 자살이 재해에 해당하지 않아 재해사망특약에 따른 보험금은 지급되지 않는다는 점을 알리지도 않아 다수는 알지도 못하였고, 설명 안다고 하더라도 보험자가 재해특약에 의한 보험금의 지급을 명시적으로 거절하여 소송으로까지 진행된 경우는 극히 드물었다. 그리고 보험금청구권자가 재해사망보험금을 지급받기 위하여 적극적으로 소제기 등을 한 경우라도, 그에 관한 최종적인 결론은 사법부의 최종 판단인 대법원 2016. 5. 12. 선고 2015다243347 판결에서 나온 것이다. 결국 2016. 5. 12. 이후에야 현실적으로 재해특약에 따른 보험금청구를 받을 수 있게 되었다.

4. 소비자보호와 현행 법리 비판

(1) 평 가

기산점에 대한 판단이 지나치게 엄격하다는 문제점이다. 자살재해사건 등에서 대법원 확정판결 이전에는 보험자들이 일괄적으로 보험금지급을 거절하고 있었던 상황이고, 결과적으로 재해사망보험금청구권이라는 권리가 법제도적 측면에서도 그 확정판결 이후에야 가능하게 된 것이고 보면, 법률상 장애사유에 준하여 처리하는 것이 비합리적이라고 볼 이유가 없다.

첫째, 법률상 장애와 사실상 장애의 구분은 법률에서 명시적으로 규정한 것이 아니라 민법 제166조 제1항의 해석론에서 나온 것이라는 점이다. 조건의 불성취로 법률상 장애사유가 된다는 것과 권리의 발생에 대하여 알 것을 객관적으로 기대할 수 없어 사실상 권리를 행사할 수 없는 경우인 사실상 장애를 달리 취급하여야 할 필연적인 이유는 없지 않은가? 객관적으로 그 권리를 행사할 것을 기대할 수 없는 장애가 있고 그 장애의 정도가 기존에 분류해 둔 법률상 장애에 이른다고 평가할 수 있다면 그러한 장애도 법률상 장애와 동등한 취급을 받아야 함이 합리적이다.

둘째, 보험금청구권자뿐 아니라 보험자와 심지어 법률전문가들조차도 대법원 2016. 5. 선고된 확정판결 이전에는 그 지급여부에 대한 최종적 결론을 알기 어려운 상황[122]에 있었다. 대법원 판결 이전의 하급심 판결들에서 재해보상금의 지급 여부가 각 사건마다 달랐고, 약관의 규정 형식 등에 따라 지급을 인정한 경우와 부정한 경우가 혼재하는 등 그 확정판결이 있기 전까지는 권리발생 여부를 객관적으로 알기도 어려웠다. 결국 보험전문가인 보험자마저도 재해사망보험금을 지급하여야 한다는 점을 명확하게 알 수 없었다고 한다면 시효의 기산점은 그 대법원 확정판결시가 아닌가?[123]

---

122) 당시 대법원 확정판결이 있기 이전에 많은 글이 발표되었다. 대표적으로 재해사망보험금지급의 약관이 유효하지 않아 재해사망보험금을 지급할 필요가 없다는 주장으로는 양창수, "자살면책제한조항에 의한'보험사고'의 확장", 「법률신문」, 2015. 10. 19.자 판례평석; 최병규, "자살의 경우 면책기간 경과 후의 부책과 예문해석에 대한 고찰", 「경영법률」 제25집 제4호, 2015; 박세민, "자살에 대한 재해사망보험금 지급에 관한 문제-재해사망특약의 면책제한사유 해석-", 「고려법학」 제80호, 2016 등이 있다.

123) 불법행위에 관한 판례이긴 하나 상고심 판결이 있은 때로부터 비로소 위법성과 그로 인한 손해의 발생사실을 인식하게 되었다고 한 것이 있다. 대법원 1989. 9. 26. 선고 88다카32371 판결(관련 형사사건에서도 위의 경우에 은행과의 예금계약이 성립한 것으로 보았다가 일부 고객이 은행을 상

셋째, 책임보험에서의 기산점에 관한 판례의 입장을 고려할 있다. 판례는 책임보험에서 보험금청구권의 발생시점과 그 기산점을 보험사고의 발생시점이 아니라 배상책임액이 확정된 때부터로 본다.[124)] 판례는 "원칙적으로 책임보험의 보험금청구권의 소멸시효는 피보험자의 제3자에 대한 법률상의 손해배상책임이 상법 제723조 제1항이 정하고 있는 변제, 승인, 화해 또는 재판의 방법 등에 의하여 확정됨으로써 그 보험금청구권을 행사할 수 있는 때로부터 진행된다고 봄이 상당하다"고 한다.[125)] 피보험자의 제3자에 대한 손해배상책임액이 확정되어야 피보험자 또는 피해자인 제3자의 보험금청구권 행사가 가능하다는 근거에서이다. 그리고 이는 피해자가 가해자를 상대로 한 손해배상청구사건의 판결이 사고발생일로부터 2년이 지난 후에 확정되었을 경우라도, 피보험자로서는 그러한 책임의 확정 전에는 보험자에 대하여 보험금청구권을 행사하지 못하는 반면, 보험자는 언제나 시효소멸을 주장할 수 있는 것은 타당하지 못하므로 책임보험에 있어서 소멸시효의 기산점을 보험사고의 발생시로 볼 수는 없다고 한 것이다. 그런데 보험권리자를 보호하여야 하는 문제가 책임보험에 국한되는 것은 아니다.

넷째, 보험소비자 보호라는 좌표에서도 기산 문제를 살펴야 한다. 보험은 금융의 한 분야로서 소비자보호가 강조되며, 특히 상법 제663조에서도 거래당사자의 비대칭적 관계에 기초한 상대적 강행규정을 두어 이러한 뜻을 밝히고 있다. 일반의 보험계약에서 보험금청구권자는 보험에 관한 전문지식이 없는 평균인이어서 보험계약의 체결과 유지, 보험금청구의 절차에 있어서도 보호가 필요하고 법률 또한 그러한 방향인 것이다(보험업법 제95조의2).

(2) 국내에서의 기존 논의 - 2013년 법무부 민법 개정시안

2013년 발표된 법무부 민법 개정시안은 최근의 세계적 추세에 발맞춘 것이다. 과거 우리의 소멸시효제도에 대하여도 상당한 비판이 있어 왔고 그 개정의 필요성이 주장되고 있었다.[126)] 그 비판의 요지는 법률상 장애에 해당하는 것이 극히

대로 제기한 예금반환청구의 상고심에서 비로소 고객들은 위 담당대리의 진의 아닌 행위를 알 수 있었다고 인정하여 예금계약의 성립을 부인하기에 이르렀다면, 위와 같은 특수한 사정 아래에서는 고객들은 다른 특별한 사유가 없는 한 위 상고심판결이 있은 때로부터 비로소 위 담당대리의 행위에 대한 위법성 및 그로 인한 손해의 발생사실을 인식하게 되었다고 할 것이다).

124) 대법원 1988. 6. 14. 선고 87다카2276 판결; 김상준, "책임보험적 성격을 갖는 신원보증보험금 청구권의 소멸시효의 기산점", 「대법원 판례해설」 제42호, 2002, 670면; 고영태, "신원보증보험계약의 성질과 보험금청구권의 발생시기 및 소멸시효의 기산점", 「판례연구」 제15집, 부산판례연구회, 2003, 774면.

125) 대법원 2002. 9. 6. 선고 2002다30206 판결; 대법원 2012. 1. 12. 선고 2009다8581 판결.

제한적이며, 권리자가 사실상 장애로 인해 권리를 행사할 수 없는 경우에도 시효제도 내의 규정들로 해결될 수 없는 경우가 많아 권리자보호 관점에서 매우 부당한 결과가 생겨날 수 있다는 것이었다. 법무부 민법 개정시안은 권리자보호의 취지에서 주관적 기산점 체제를 취하는 등 세계적 추세를 따랐다. 동 개정시안 제162조에서는 일반소멸시효기간을 현행 10년에서 5년으로 단축하는 한편, 그 기산점을 "채권자가 권리를 행사할 수 있다는 사실과 채무자를 안 때부터"5년으로 조정하되 이로 인하여 시효기간이 무한정 연장되는 것을 방지하기 위하여 채권자의 인식과 상관없이 10년이 경과하면 소멸시효가 완성되도록 하는 최장기간제도를 도입하였다. 또한 단기소멸시효의 특례를 인정할 합리적 이유가 없다고 보아 일반소멸시효기간으로 일원화하면서,[127] 상사채권소멸시효의 폐지도 제안하고 있다.[128]

5. 개정안

(1) 단기시효의 폐지

현행 우리 상법과 판례의 입장은 국제적 정합성과는 거리가 멀다. 비교법적 검토의 결과 세계적으로는 단기소멸시효를 폐지하면서 주관적 체계를 강화하는 입법추세이기 때문이다. 더군다나, 소멸시효의 기산점과 관련하여서도 독일법 등에 의하면 소멸시효의 기산점 자체에서도 주관주의에 의하여 소비자보호가 두터울 뿐 아니라, 일본법에 의하여도, 권리의 행사를 현실적으로 기대하기 어려운 사정에 해당하면 소멸시효가 기산되지 않고, 법적 분쟁의 지속으로 그 지급여부가 확정되기 이전인 지급유예에 해당하여 시효가 정지된다. 물론 법원은 법률을 창조하는 것이 아니라 현존하는 법률을 해석하고 적용하는 것이 임무이므로, 입법적 개선이 선행되어야 한다. 보험약관을 둘러싼 만연(蔓衍)한 보험금지급의 거절에 대하여 단기시효로 인한 채무면제의 선물을 한다면, 향후 정당한 보험금청구에 대하여도 일단 그 지급을 거절하게 될 유인을 보험자에게 제공한다. 결국 소멸시효를 법적으로 중단시키기 위하여 보험소비자들은 소송을 제기할 수밖에 없어 그로 인한 부담을 떠안게 되고, 그 소모적인 사회적 비용이 증대하는 부작용이 초래될 것이다. 그런 상황이라면 보험법 분야에서도 징벌적 손해배상(Punitive Damage) 등의 도입을 구체적으로 준비하지 않을 수 없다.[129] 미국 대다수의 주는 보험금지

126) 임건면, "소멸시효기간과 기산점", 「민사법학」, 한국민사법학회, 2009, 53면 이하.
127) 법무부, 「2013년 법무부 민법개정시안 총칙편」, 법무부 민법개정자료발간팀, 2013, 386면.
128) 법무부, 위의 책, 404면.

급시 손해사정을 비롯한 협의절차 위반, 보험금지급의무의 위반, 계약이행과정 등에서 악의(bad faith)의 보험자에게 징벌적 손해배상을 부과하고 있으며,[130] 관련된 수많은 판례가 존재한다.[131] 그런 점에서 현재 상법에 도입이 추진되고 있는 징벌적 손해배상제도는 긍정적으로 평가할 수 있겠다.

단계적으로는 두 가지의 방안이 있다. 첫째로는 보험금청구권의 3년이라는 소멸시효를 없애고 상법 제64조의 일반 상사소멸시효에 의하도록 하는 방안, 둘째로는 상사소멸시효뿐 아니라 상법에 있는 일체의 단기 소멸시효를 없애고 민사시효에 의하도록 하는 방안이다. 둘째의 방안이 독일 등이 택한 것이나, 일단 점진적인 개선을 택한다는 차원에서 전자의 방안을 제시한다.

(2) 상법개정안

상법 제662조 (소멸시효) 삭제

129) 현재 우리나라에 도입된 법률은 2개가 있다.「기간제및단시간근로자보호등에관한법률」제13조 제2항의 "제1항에 따른 배상액은 차별적 처우로 인하여 기간제근로자 또는 단시간근로자에게 발생한 손해액을 기준으로 정한다. 다만, 노동위원회는 사용자의 차별적 처우에 명백한 고의가 인정되거나 차별적 처우가 반복되는 경우에는 손해액을 기준으로 3배를 넘지 아니하는 범위에서 배상을 명령할 수 있다"는 규정이다.「하도급거래공정화에관한법률」제35조에서도 이를 도입하였다.

130) Allan D. Windt, Bad faith and punitive damages, Insurance Claims & Disputes Representation of Insurance Companies & Insureds, 6th ed., 2006, §9:26.

131) Pistorius v. Prudential Insurance Co., 123 Cal. App. 3d 541, 176 Cal. Rptr. 660, 667 (3d Dist. 1981); Ali v. Jefferson Ins. Co., 5 Ohio App. 3d 105, 449 N.E.2d 495, 498 (6th Dist. Williams County 1982); Mize v. Harford Ins. Co., 567 F. Supp. 550, 555-56 (W.D. Va. 1982); Reserve Life Ins. Co. v. McGee, 444 So. 2d 803(Miss. 1983).

제4장

개선 방안

제4장

개선 방안

제1절 상해보험 관련 개선안

1. 약관의 설명의무

(1) 상법 개정

판례 및 통설은 설명되지 않은 약관의 내용이 계약에 편입되지 않는다는 것이므로, 그에 따른 규정을 상법에 명시적으로 두는 것이다.

> 상법 제638조의3 (보험약관의 교부 · 설명의무) ① 보험자는 보험계약을 체결할 때에 보험계약자에게 보험약관을 교부하고 보험자 면책사유, 계약해지사유, 고지와 통지의 대상과 위반의 효과 등 그 약관의 중요한 내용을 설명하여야 한다. 중요한 내용에 대하여는 대통령령으로 정한다.
> ② 보험자가 제1항을 위반한 경우 보험계약자는 보험계약이 성립한 날부터 3개월 이내에 그 계약을 취소할 수 있고, 약관규제법 제3조의 규정을 준용한다.

(2) 약 관

약관상 의무위반의 효과도 상법 규정과 별반 다르지 않다. 3개월의 기간을 정한 것도 상법과 같으며, 약관규제법의 적용 여부 등에 대하여는 규정이 없으나 그 해석은 위에서와 같은 결과가 될 것이다. 다만 추가된 것으로 계약자가 자필서명을 하지 않은 경우에도 3개월 이내에 계약을 취소할 수 있다고 규정하여 보험소비자 보호를 강화하고 있고 그 유효성을 인정함에 문제가 없다. 다만 위 상법 규정에 맞춘 개정이 필요하다.

2. 고지의무

(1) 상법 개정

고지의무를 시급히 수동화하는 개정이 요구된다. 다만 고지의무를 수동화하는 경우 보험청약서의 추상적·포괄적 질문의 문제가 대두될 수 있는바, 이에 대한 대책이 필요하다. 그 대응책으로는 별다른 법령상의 규정을 두지 않더라도 제651조의2의 삭제와 고의와 중과실의 문제로 해결이 가능하다는 점도 검토하였다. 다음이 개정안이다.

> **상법 제651조 (고지의무위반으로 인한 계약해지)** 보험계약당시에 보험계약자 또는 피보험자가 고의 또는 중대한 과실로 인하여 중요한 사항 중에서 보험자가 서면으로 질문한 사항에 대하여 고지하지 아니하거나 부실의 고지를 한 때에는 보험자는 그 사실을 안 날로부터 1월내에, 계약을 체결한 날로부터 3년내에 한하여 계약을 해지할 수 있다. 그러나 보험자가 계약당시에 그 사실을 알았거나 중대한 과실로 인하여 알지 못한 때에는 그러하지 아니하다.
>
> **상법 제651조의2 (서면에 의한 질문의 효력)** 삭제

(2) 약 관

약관 규정은 세계적 추세에 맞추어 이미 수동화의 형태로 고지의무가 규정되어 있기는 하다. 하지만 이같은 형태의 개선만으로는 연구에서 지적한 바와 같은 구체적 추상적 질문의 문제가 존재하고, 이 문제는 상법 제651조의2의 삭제로 해결이 된다고 판단된다.

3. 청약철회

국가 전체적인 입법체계상 보험계약의 청약철회권은 금융소비자보호법의 규율대상으로 하고, 상법에는 개정안을 두지 않는 것이 바람직하다. 현재 금융소비자보호법이 보험소비자 보호에 보다 부합하는 방향으로 나아갈 수 있도록 점검하고 지원하며 그 실태를 연구하는 것을 제안한다.

4. 보험료지급지체

현행 약관 제28조 제1항 2호의 "납입최고(독촉)기간이 끝나는 날까지 보험료를

납입하지 않을 경우 납입최고(독촉)기간이 끝나는 날의 다음날에 계약이 해지된다는 내용(이 경우 계약이 해지되는 때에는 즉시 해지환급금에서 보험계약대출원금과 이자가 차감된다는 내용을 포함합니다)"를 삭제하는 것이 옳다. 이 약관은 최고의 의사표시만 있고, 해지의 의사표시를 별도로 하지 않아 제650조에 반하고 결과적으로 제663조에 의하여 무효라 할 여지도 있다. 해지예고부최고약관의 유효성을 인정하는 판례[1]에 의한다면 현 약관의 유효성을 인정할 수 있겠으나, 상법 제650조를 문리적으로 해석하면 제663조에 의하여 무효라 할 여지도 있다. 이 약관 규정은 삭제하고 이론과 판례의 동향에 맡겨 두는 것이 옳다.

5. 보험금지급 기한

(1) 상법 개정

> **상법 제658조(보험금의 지급)** ① 보험자는 보험금액의 지급에 관하여 약정기간이 있는 경우에는 그 기간 내에 피보험자 또는 보험수익자에게 보험금액을 지급하여야 한다. 다만 그 약정기간이 보험사고 등의 확인을 위한 상당한 기간을 초과할 때에는 상당한 기간 내에 지급하여야 한다.
> ② 보험금액의 지급에 관하여 약정기간이 없는 경우에는 보험자는 제657조 제1항의 통지를 받은 후 1월 이내에 피보험자 또는 보험수익자에게 보험금액을 지급하여야 한다. 다만 보험사고 등의 확인을 위한 상당한 기간이 1월을 초과하는 때에는 그 상당한 기간 내에 보험금액을 지급하여야 한다.
> ③ 보험자가 제1항과 제2항을 위반하는 경우 계약위반으로 인한 지체책임을 지고 그 이율은 상사법정이율에 따른다. 다만, 보험자가 보험사고 등의 확인을 위하여 필요한 조사와 처리를 함에 있어 보험계약자, 피보험자 또는 보험수익자가 정당한 이유 없이 조사를 방해하는 경우에는 보험자는 이로 인해 보험급부를 지연한 기간에 대하여 지체책임을 지지 아니한다.
> ④ 보험자가 보험금을 지급하지 않고 그 청구에 대하여 소 또는 소 이외의 방법으로 다투는 경우에도, 그 근거에 대한 합리성을 증명하지 못하면 제3항에 따른 지체책임을 진다.

(2) 약 관

약관도 위 상법 규정에 따라 개선되는 것을 제안한다. 특히 그 청구에 대하여 소송 또는 소 이외의 방법으로 다투는 경우에도, 그 근거에 대한 합리성을 증명

---

1) 보험료의 납입을 최고하면서 보험료가 납입되지 않고 납입유예기간을 경과하면 별도의 의사표시 없이 보험계약이 해지된다는 취지의 통지(해지예고부 납입최고)를 하는 약관이 사용되고, 대법원 2003. 4. 11. 선고 2002다69419(본소), 2002다69426(반소) 판결에서는 이 약관을 유효하다고 한다.

하지 못하면 제3항에 따른 지체책임을 지도록 하는 것이 옳다.

6. 면책사유 등

(1) 상법 개정

> **상법 제659조 (보험자의 면책사유)** ② 전항의 경우 보험자는 그 사실을 안 날로부터 1월 내에 계약을 해지할 수 있다.
>
> **상법 제739조의4 (고의로 인한 보험사고와 계약해지)** 보험사고가 보험계약자 또는 피보험자나 보험수익자의 고의로 인하여 발생한 경우 보험자는 그 사실을 안 날로부터 1월내에 계약을 해지할 수 있다.

(2) 약 관

약관은 상법개정안과 맞추어 개정하고, 또한 사기적 보험금청구에 관한 조항은 삭제하는 것이 타당하다고 본다. 그리고 기왕증기여도 감액약관이 더 이상 사용되지 않는 점은 다행이다. 그리고 현재 사용되는 자동삭감 약관에 대하여는 여러 의문들이 있으나, 과거의 기왕증기여도 감액약관에 비하여는 긍정적이다.

7. 타인의 상해보험

(1) 상법 개정

> **제731조 (타인의 생명의 보험)** ③ 피보험자는 다음 각호의 경우 동의를 철회할 수 있다.
> 1. 보험수익자 등이 보험금취득의 목적으로 고의로 보험사고를 발생시키거나 발생시키려 한 경우, 또는 보험계약자 또는 보험수익자가 피보험자의 신뢰를 손상하여 보험계약의 존속을 위태롭게 할 중대한 사유가 발생한 경우
> 2. 친족관계의 종료 기타의 사유에 의하여 피보험자가 동의함에 있어서 기초로 한 사정이 현저하게 변경된 경우
>
> **상법 제738조의2 (타인의 상해의 보험)** 타인의 상해를 보험사고로 하는 보험계약에서 보험계약자가 피보험자를 보험수익자로 지정할 때에는 타인의 서면에 의한 동의가 필요 없다. 그러나 계약체결 이후 보험계약자가 보험수익자를 변경하거나, 또는 타인의 상해에 의한 사망을 보험사고로 하는 경우에는 제731조를 적용한다.
>
> **상법 제738조의3 (15세 미만자 등에 대한 상해의 보험)** 15세미만자, 심신상실자 또는 심신박약자의 상해를 보험사고로 한 보험계약은 그들이 보험수익자가 될 때에는 유효하다. 다만, 상해에 의한 사망을 보험사고로 하는 경우에는 제732조를 적용한다.
>
> **상법 제739조 (준용규정)** 상해보험에 관하여는 제733조와 제734조를 제외하고 그 성질에 반하지 않는 한 생명보험에 관한 규정을 준용한다.

> **상법 제739조의4 (고의로 인한 보험사고와 계약해지)** 보험사고가 보험계약자 또는 피보험자나 보험수익자의 고의로 인하여 발생한 경우 보험자는 그 사실을 안 날로부터 1월내에 계약을 해지할 수 있다.

(2) 약 관

위 상법 개정에 맞추어 개정하는 것이 필요하다.

8. 중대사유로 인한 해지

(1) 상법 개정

우리 상법에도 고의로 보험사고를 일으킨 경우 최대선의의무 위반으로 신뢰관계가 현저히 훼손된 상태가 되어 보험계약이 존속하도록 하는 것은 바람직하지 않다. 상법 보험편의 해석상 해지권을 인정할 여지도 있겠으나, 법문으로 명확하게 규정하는 것이 바람직하다.

> **제731조 (타인의 생명의 보험)** ③ 피보험자는 다음 각호의 경우 동의를 철회할 수 있다.
> 1. 보험수익자 등이 보험금취득의 목적으로 고의로 보험사고를 발생시키거나 발생시키려 한 경우, 또는 보험계약자 또는 보험수익자가 피보험자의 신뢰를 손상하여 보험계약의 존속을 위태롭게 할 중대한 사유가 발생한 경우
> 2. 친족관계의 종료 기타의 사유에 의하여 피보험자가 동의함에 있어서 기초로 한 사정이 현저하게 변경된 경우

(2) 약 관

상법개정안에 맞추어 약관 규정을 개정하는 것이 바람직하다.

9. 보험계약의 소멸

(1) 상법 개정

상법 제662조의 보험금청구권의 3년이라는 소멸시효를 없애고 상법 제64조의 일반 상사소멸시효에 의하도록 하는 방안을 제안한다.

> **상법 제662조 (소멸시효)** 삭제

(2) 약 관

약관도 상법개정안에 따라 개정하는 것을 제안한다.

제2절 상법 일부개정법률안

1. 상법 일부개정안의 제안

○ 상법 제638조의3을 다음과 같이 한다.

① 보험자는 보험계약을 체결할 때에 보험계약자에게 보험약관을 교부하고 보험자 면책사유, 계약해지사유, 고지와 통지의 대상과 위반의 효과 등 그 약관의 중요한 내용을 설명하여야 한다. 중요한 내용에 대하여는 대통령령으로 정한다.

② 보험자가 제1항을 위반한 경우 보험계약자는 보험계약이 성립한 날부터 3개월 이내에 그 계약을 취소할 수 있고, 약관규제법 제3조의 규정을 준용한다.

○ 상법 제651조를 다음과 같이 한다.

보험계약당시에 보험계약자 또는 피보험자가 고의 또는 중대한 과실로 인하여 중요한 사항 중에서 보험자가 서면으로 질문한 사항에 대하여 고지하지 아니하거나 부실의 고지를 한 때에는 보험자는 그 사실을 안 날로부터 1월내에, 계약을 체결한 날로부터 3년 내에 한하여 계약을 해지할 수 있다. 그러나 보험자가 계약당시에 그 사실을 알았거나 중대한 과실로 인하여 알지 못한 때에는 그러하지 아니하다.

○ 상법 제651조의2를 삭제한다.

○ 상법 제658조를 다음과 같이 한다.

① 보험자는 보험금액의 지급에 관하여 약정기간이 있는 경우에는 그 기간 내에 피보험자 또는 보험수익자에게 보험금액을 지급하여야 한다. 다만 그 약정기간이 보험사고 등의 확인을 위한 상당한 기간을 초과할 때에는 상당한 기간 내에 지급하여야 한다.

② 보험금액의 지급에 관하여 약정기간이 없는 경우에는 보험자는 제657조 제1항의 통지를 받은 후 1월 이내에 피보험자 또는 보험수익자에게 보험금액을 지급하여야 한다. 다만 보험사고 등의 확인을 위한 상당한 기간이 1월을 초과하는

때에는 그 상당한 기간 내에 보험금액을 지급하여야 한다.

③ 보험자가 제1항과 제2항을 위반하는 경우 계약위반으로 인한 지체책임을 지고 그 이율은 상사법정이율에 따른다. 다만, 보험자가 보험사고 등의 확인을 위하여 필요한 조사와 처리를 함에 있어 보험계약자, 피보험자 또는 보험수익자가 정당한 이유 없이 조사를 방해하는 경우에는 보험자는 이로 인해 보험급부를 지연한 기간에 대하여 지체책임을 지지 아니한다.

④ 보험자가 보험금을 지급하지 않고 그 청구에 대하여 소 또는 소 이외의 방법으로 다투는 경우에도, 그 근거에 대한 합리성을 증명하지 못하면 제3항에 따른 지체책임을 진다.

○ 상법 제659조 제2항을 다음과 같이 신설한다.

○ 상법 제659조(보험자의 면책사유) ② 전항의 경우 보험자는 그 사실을 안 날로부터 1월내에 계약을 해지할 수 있다.

○ 상법 제662조를 삭제한다.

○ 상법 제726조를 삭제한다.

○ 제731조 제3항을 다음과 같이 신설한다.

제731조(타인의 생명의 보험) ③ 피보험자는 다음 각호의 경우 동의를 철회할 수 있다.

1. 보험수익자 등이 보험금취득의 목적으로 고의로 보험사고를 발생시키거나 발생시키려 한 경우, 또는 보험계약자 또는 보험수익자가 피보험자의 신뢰를 손상하여 보험계약의 존속을 위태롭게 할 중대한 사유가 발생한 경우

2. 친족관계의 종료 기타의 사유에 의하여 피보험자가 동의함에 있어서 기초로 한 사정이 현저하게 변경된 경우

○ 상법 제738조의2를 다음가 같이 신설한다.

상법 제738조의2 (타인의 상해의 보험) 타인의 상해를 보험사고로 하는 보험계약에서 보험계약자가 피보험자를 보험수익자로 지정할 때에는 타인의 서면에 의한 동의가 필요 없다. 그러나 계약체결 이후 보험계약자가 보험수익자를 변경하거나, 또는 타인의 상해에 의한 사망을 보험사고로 하는 경우에는 제731조를 적용

한다.

○ 상법 제738조의3를 다음과 같이 신설한다.

상법 제738조의3(15세 미만자 등에 대한 상해의 보험) 15세미만자, 심신상실자 또는 심신박약자의 상해를 보험사고로 한 보험계약은 그들이 보험수익자가 될 때에는 유효하다. 다만, 상해에 의한 사망을 보험사고로 하는 경우에는 제732조를 적용한다.

○ 상법 제739조를 다음과 같이 한다.

상법 제739조(준용규정) 상해보험에 관하여는 제733조와 제734조를 제외하고 그 성질에 반하지 않는 한 생명보험에 관한 규정을 준용한다.

○ 상법 제739조의3를 다음과 같이 한다.

질병보험에 관하여는 그 성질에 반하지 아니하는 범위에서 상해보험에 관한 규정을 준용한다.

○ 상법 제739조의4를 다음과 같이 신설한다.

상법 제739조의4(고의로 인한 보험사고와 계약해지)보험사고가 보험계약자 또는 피보험자나 보험수익자의 고의로 인하여 발생한 경우 보험자는 그 사실을 안 날로부터 1월내에 계약을 해지할 수 있다.

2. 신·구조문대비표

〈신·구조문대비표〉

현 행	개 정 안
상법 제638조의3 (보험약관의 교부·설명의무) ① 보험자는 보험계약을 체결할 때에 보험계약자에게 보험약관을 교부하고 그 약관의 중요한 내용을 설명하여야 한다. 중요한 내용에 대하여는 대통령령으로 정한다.	상법 제638조의3 (보험약관의 교부·설명의무) ① 보험자는 보험계약을 체결할 때에 보험계약자에게 보험약관을 교부하고 보험자 면책사유, 계약해지사유, 고지와 통지의 대상과 위반의 효과 등 그 약관의 중요한 내용을 설명하여야 한다. 중요한 내용에 대하여는 대통령령령으로 정한다.

② 보험자가 제1항을 위반한 경우 보험계약자는 보험계약이 성립한 날부터 3개월 이내에 그 계약을 취소할 수 있다.	② 보험자가 제1항을 위반한 경우 보험계약자는 보험계약이 성립한 날부터 3개월 이내에 그 계약을 취소할 수 있고, 약관규제법 제3조의 규정을 준용한다.
상법 제651조 (고지의무위반으로 인한 계약해지) 보험계약당시에 보험계약자 또는 피보험자가 고의 또는 중대한 과실로 인하여 중요한 사항을 고지하지 아니하거나 부실의 고지를 한 때에는 보험자는 그 사실을 안 날로부터 1월내에, 계약을 체결한 날로부터 3년내에 한하여 계약을 해지할 수 있다. 그러나 보험자가 계약당시에 그 사실을 알았거나 중대한 과실로 인하여 알지 못한 때에는 그러하지 아니하다.	상법 제651조 (고지의무위반으로 인한 계약해지) 보험계약당시에 보험계약자 또는 피보험자가 고의 또는 중대한 과실로 인하여 중요한 사항 중에서 보험자가 서면으로 질문한 사항에 대하여 고지하지 아니하거나 부실의 고지를 한 때에는 보험자는 그 사실을 안 날로부터 1월내에, 계약을 체결한 날로부터 3년내에 한하여 계약을 해지할 수 있다. 그러나 보험자가 계약당시에 그 사실을 알았거나 중대한 과실로 인하여 알지 못한 때에는 그러하지 아니하다.
상법 제651조의2 (서면에 의한 질문의 효력) 보험자가 서면으로 질문한 사항은 중요한 사항으로 추정한다.	삭제
상법 제658조 (보험금액의 지급) 보험자는 보험금액의 지급에 관하여 약정기간이 있는 경우에는 그 기간 내에 약정기간이 없는 경우에는 제657조 제1항의 통지를 받은 후 지체없이 지급할 보험금액을 정하고 그 정하여진 날부터 10일내에 피보험자 또는 보험수익자에게 보험금액을 지급하여야 한다.	상법 제658조 (보험금의 지급) ① 보험자는 보험금액의 지급에 관하여 약정기간이 있는 경우에는 그 기간 내에 피보험자 또는 보험수익자에게 보험금액을 지급하여야 한다. 다만 그 약정기간이 보험사고 등의 확인을 위한 상당한 기간을 초과할 때에는 상당한 기간 내에 지급하여야 한다. ② 보험금액의 지급에 관하여 약정기간이 없는 경우에는 보험자는 제657조 제1항의 통지를 받은 후 1월 이내에 피보험자 또는 보험수익자에게 보험금액을 지

	급하여야 한다. 다만 보험사고 등의 확인을 위한 상당한 기간이 1월을 초과하는 때에는 그 상당한 기간 내에 보험금액을 지급하여야 한다. ③ 보험자가 제1항과 제2항을 위반하는 경우 계약위반으로 인한 지체책임을 지고 그 이율은 상사법정이율에 따른다. 다만, 보험자가 보험사고 등의 확인을 위하여 필요한 조사와 처리를 함에 있어 보험계약자, 피보험자 또는 보험수익자가 정당한 이유 없이 조사를 방해하는 경우에는 보험자는 이로 인해 보험급부를 지연한 기간에 대하여 지체책임을 지지 아니한다. ④ 보험자가 보험금을 지급하지 않고 그 청구에 대하여 소 또는 소 이외의 방법으로 다투는 경우에도, 그 근거에 대한 합리성을 증명하지 못하면 제3항에 따른 지체책임을 진다.
신설	상법 제659조 (보험자의 면책사유) ② 전항의 경우 보험자는 그 사실을 안 날로부터 1월내에 계약을 해지할 수 있다.
상법 제662조 (소멸시효) 보험금청구권은 3년간, 보험료 또는 적립금의 반환청구권은 3년간 보험료 청구권은 2년간 행하지 아니하면 시효의 완성으로 소멸한다.	삭제
상법 제726조 (재보험에의 준용) 이 절의 규정은 그 성질에 반하지 아니하는 범위에서 재보험계약에 준용한다.	삭제

신설	제731조 (타인의 생명의 보험) ③ 피보험자는 다음 각호의 경우 동의를 철회할 수 있다. 1. 보험수익자 등이 보험금취득의 목적으로 고의로 보험사고를 발생시키거나 발생시키려 한 경우, 또는 보험계약자 또는 보험수익자가 피보험자의 신뢰를 손상하여 보험계약의 존속을 위태롭게 할 중대한 사유가 발생한 경우 2. 친족관계의 종료 기타의 사유에 의하여 피보험자가 동의함에 있어서 기초로 한 사정이 현저하게 변경된 경우
신설	상법 제738조의2 (타인의 상해의 보험) 타인의 상해를 보험사고로 하는 보험계약에서 보험계약자가 피보험자를 보험수익자로 지정할 때에는 타인의 서면에 의한 동의가 필요 없다. 그러나 계약체결 이후 보험계약자가 보험수익자를 변경하거나, 또는 타인의 상해에 의한 사망을 보험사고로 하는 경우에는 제731조를 적용한다.
신설	상법 제738조의3 (15세 미만자 등에 대한 상해의 보험) 15세미만자, 심신상실자 또는 심신박약자의 상해를 보험사고로 한 보험계약은 그들이 보험수익자가 될 때에는 유효하다. 다만, 상해에 의한 사망을 보험사고로 하는 경우에는 제732조를 적용한다.
상법 제739조 (준용규정) 상해보험에 관하여는 제732조를 제외하고 생명보험에 관한 규정을 준용한다.	상법 제739조 (준용규정) 상해보험에 관하여는 제733조와 제734조를 제외하고 그 성질에 반하지 않는 한 생명보험에 관한 규정을 준용한다.

상법 제739조의3 (질병보험에 대한 준용규정) 질병보험에 관하여는 그 성질에 반하지 아니하는 범위에서 생명보험 및 상해보험에 관한 규정을 준용한다.	상법 제739조의3 (질병보험에 대한 준용규정) 질병보험에 관하여는 그 성질에 반하지 아니하는 범위에서 상해보험에 관한 규정을 준용한다.
신설	상법 제739조의4 (고의로 인한 보험사고와 계약해지) 보험사고가 보험계약자 또는 피보험자나 보험수익자의 고의로 인하여 발생한 경우 보험자는 그 사실을 안 날로부터 1월 내에 계약을 해지할 수 있다.

참고문헌

1. 국내문헌

강민규, "청약철회권 도입 등 보험업법 일부개정법률안 검토", 「KiRi Weekly」 제64호, 2013.

강위두, "보험법 개정시안의 문제점", 「법학연구」 제31권 1호(39號), 부산대학교, 1989.

고명규, "해상보험에서 최대선의의무에 관한 연구", 「법학연구」 통권 제41집, 전북대학교 법학연구소, 2014.

고영태, "신원보증보험계약의 성질과 보험금청구권의 발생시기 및 소멸시효의 기산점", 「판례연구」 제15집, 부산판례연구회, 2003.

고형석, "소비자의 개념에 관한 연구", 「법학논문집」 제40집 제1호, 2016.

______, "전자상거래를 통한 콘텐츠거래에 있어서 이용자보호에 관한 연구", 「한양법학」 제34호, 2011.

곽윤직, 「민법주해 I」, 박영사, 2010.

금융감독원・생명보험협회・손해보험협회, 「실손의료보험 길라잡이」, 2015.

김광태, "상해보험에서 기왕증에 의한 사망보험금의 감액", 「대법원판례해설」 제42권, 법원도서관, 2002.

김도년, "청약철회권의 입법형태의 일고찰 – 일본과 독일의 청약철회권 입법형태 비교를 중심으로 –", 「소비자문제연구」 제39호, 2011.

김문재, "생명보험계약자 지위의 양도–대상판결: 東京高判 平成17(ネ)5613號, 平18. 3.22, 民17部 判決," 「상사판례연구」 제21권 제4호, 한국상사판례학회, 2008.

김문환, "생명보험계약에 있어서의 피보험이익", 「손주찬선생기념논문: 상사법의 현대적 과제」, 1993.

김상수, "보험금청구사건에서의 우연성의 입증책임", 「금융법연구」 제6권 제1호, 한국금융법학회, 2009.

김상준, "책임보험에 있어서의 손해방지비용 및 방어비용", 「대법원판례해설」 제40호, 법원도서관, 2002.

______, "책임보험적 성격을 갖는 신원보증보험금 청구권의 소멸시효의 기산점", 「대법원판례해설」 제42호, 2002.

김선정, "보험계약자변경," 「상사판례연구」 제21집 제4권, 한국상사판례학회, 2008.

______, "상해보험계약에서 기왕장해부분 자동삭감 조항의 유효성", 「월간생명보험」, 생명보험협회, 2013.

______, "생명보험약관상 자살면책기간경과후의 자살– 최근 일본 판례의 동향을 중심으로, 「保險學會誌」 제69집, 2004. 12.

______, "일본 보험법개정에서의 보험금지급채무의 이행기와 지급지체", 「보험학회지」

제85집, 2010.
______, "일본의 보험법개정과 시사점", 「상사법연구」 제28권 제4호, 2010.
______, "재해보험약관상 자살면책조항에 관한 최근 판례의 검토 – 면책기간 경과 후의 자살이 재해사고로 되는지 여부 –", 「보험학회지」 제73집, 한국보험학회, 2006.
______, "중대사유에 의한 보험계약의 해지", 「상사법연구」 제37권 제2호, 2018.
______, 일본 보험법개정에서의 보험금지급채무의 이행기와 지급지체, 「보험학회지」 제85집, 2010.
김성수, "개정 일본민법(2017년)의 '소멸시효' – 주요개정내용의 소개를 중심으로", 「아주법학」 제12권 제1호, 2018.
김성욱, "일본의 소멸시효제도에 관한 민사법적 고찰", 「법학연구」 제48권, 2012.
김성천, "계약청약의 구속력에 관한 고찰", 「외법논집」 제12집, 2002.
김성탁, "일반상사소멸시효에 관한 상법 제64조의 입법취지와 그 적용대상에 관한 소고", 「법학연구」 제13집 제3호, 2010.
김성태, "무면허운전 · 음주운전 면책조항의 효력" 「*判例實務硏究*」 Ⅱ권, 박영사, 1998.
______, "보험자의 약관설명의무", 「민사판례연구」 XXII권, 민사판례연구회, 2000.
______, "직접청구권의 성질과 시효," 「민사판례연구」 제16권, 민사판례연구회, 1994.
______, "프랑스 보험법전(Code des Assurances, 1976)의 성립경위와 기본체제", 「보험학회지」 제19집, 1981.
______, 「보험법강론」, 법문사, 2000.
김은경, "독일보험계약법 개혁과 그 시사점", 「상사법연구」 제25권 4호, 한국상사법학회, 2007.
______, "독일보험계약법상 보험자의 정보제공의무 등에 대한 고찰", 「기업법연구」 제23권 제2호, 2009.
______, "보험계약법상 철회의 법리", 「상사판례연구」 제24집 제2권, 2011.
______, "보험계약상 고지의무 및 설명의무에 대한 비교법적 고찰", 「경영법률」 제19집 제3호, 2009.
______, "보험약관내용구성의 책임 – 자살면책제한조항과 재해사망의 이해", 「아주법학」 제10권 제1호, 2016.
______, "유럽보험계약법에 관한 CFR보고서와 선택적 제도", 「외법논집」 제33권 제3호, 2009.
김주석, "보험계약 체결전 정보제공의무와 우리의 보험영업실무", 「고려법학」 제81호, 고려대학교 법학연구원, 2016.
김진우, "소비자와 사업자 개념에 관한 연구", 「가천법학」 제5권 제2호, 2012.
김하늘, "가. 무보험자동차에 의한 상해담보특약에도 중복보험에 관한 상법 제672조 제1항이 준용되는지 여부 [등]", 「대법원판례해설」 제63호, 법원도서관, 2007.

김학동, "소멸시효의 기산점에 관한 판례분석", 「민법의 과제와 현대법의 조명」, 1997.
김형기, "미국 · 일본에 있어 생명보험전매 추세 및 규제현황," 「보험학회지」 제80집, 한국보험학회, 2008.
______, "일본 새 보험법의 전문번역과 우리 보험계약법 개정안에 반영할 조항의 고찰", 「2009년 추계학술발표회 자료집」, 한국보험법학회, 2009.
김홍엽, "보험금지급청구권의 소멸시효의 기산점", 「인권과정의」 제207호, 대한변호사협회, 1993.
남효순, "전자거래입법상의 전자(상)거래법리의 현황", 「인터넷과 법률(Ⅱ)」, 2005.
노병열, "채권자를 피보험자로 하는 보험약관", 「보험학회지」 제23집, 한국보험학회, 1984.
노일석, "일본보험법과 우리 상법 개정", 「보험법연구」 제3권 2호, 2008.
맹수석, "보험계약상 청약철회제도의 법적 쟁점과 개선 방안 – 일본 보험업법의 검토를 중심으로 –", 「보험학회지」 제87집, 2010.
______, "보험약관의 법적 쟁점과 최근 대법원 판례의 검토–보험약관의 설명의무와 객관적 해석의 원칙을 중심으로", 「법학연구」 제27권 제1호, 2016.
______, "상법 보험편 개정안에 있어서 새로운 유형의 보험계약: 보증보험 및 질병보험에 관한 규정을 중심으로", 「법조」 제56권 10호, 법조협회, 2007.
______, "일본개정보험법의 주요내용", 「생명보험」 2009년 2월호, 생명보험협회.
문영화, "손해보험계약에 있어서 중복보험계약의 체결사실이 상법 제651조 소정의 고지의무의 대상이 되는 '중요한 사항'인지 여부", 「대법원판례해설」 제47호, 2004.
박 준, "우리나라 상사법 교육의 방향과 과제", 「상사법연구」 제30권 제1호, 한국상사법학회, 2010.
박기억, "상해보험계약과 생명보험계약의 구분", 「변호사」 제43집, 2013.
______, "정액보험계약에 관한 소고", 「법조」 제52권 제4호, 법조협회, 2003.
박세민, "보험법개정방향에 대한 연구", 「법조」 제55권 5호, 2006.
______, "보험자 설명의무 및 약관설명의무의 내용분석과 개정방향에 관한 연구", 「상사판례연구」 제28집 제1권, 2015.
______, "보험자의 정보제공의무에 관한 영국, 독일 및 유럽보험계약법 준칙의 비교 분석에 관한 연구", 「안암법학」 제47권, 2015.
______, "자살에 대한 재해사망보험금 지급에 관한 문제–재해사망특약의 면책제한사유 해석–", 「고려법학」 제80호, 2016.
______, 「보험법」 제5판, 박영사, 2019.
______, 「영국보험법과 고지의무」, 세창출판사, 2004.
______, "보험자의 정보제공의무에 관한 영국, 독일 및 유럽보험계약법 준칙의 비교분석에 관한 연구–우리상법상의 약관설명의무를 비교대상으로 하여", 「안암법

학」 제47호, 2015.

박원선, "고지의무의 위반", 「法曹」 제16권 2호, 법조협회, 1967.

______, "책임보험", 「법정」 제17권 9호(147호), 법정사, 1962.

______, "초과보험과 중복보험", 「法政」 제17권 2호(140號), 법정사, 1962.

______, "他人의 生命의 保險契約과 他人을 위한 生命保險契約", 「법제월보」 제5권 6호, 법제처, 1963.

박은경, "보험금청구권 소멸시효제도 개선을 위한 상법개정안 연구", 「금융법연구」 제15권 제1호, 2018.

배기원, "소멸시효의 기산점－대법원판례를 중심으로－", 「사법논집」 제12집, 법원행정처, 1981.

법무부, 「2013년 법무부 민법개정시안 총칙편」, 법무부 민법개정자료발간팀, 2013.

보험연구원, 「보험상품 변천과 개발방향」, 2018. 12, 30면.

______, 「해외보험동향」 2020년 봄호, 2020.

서돈각, "신보험 해상법의 특색", 「저스티스」 제6권 2호, 한국법학원, 1962.

______, "피보험이익", 「法政」 제21권 8호(194號), 법정사, 1966.

서희석, "소비자 개념의 재정립", 「소비자법연구」 제3권 제2호, 2017.

손주찬 · 정동윤 편, 「주석상법[보험]」, 한국사법행정학회, 2001.

손지열, "보험외판원의 잘못된 설명과 개별약정의 성립", 「민사판례연구」 제12집, 1990.

신건훈, "영국 해상보험법의 주요 개혁동향", 「무역보험연구」 제12권 제3호, 2011.

신건훈 · 이병문, "영국보험법상 보험자의 보험금지급의무와 관련한 주요쟁점－2015년 보험법상 개정내용을 중심으로", 「무역상무연구」 제76권, 2017.

신영수, "소비자기본법상 소비자 개념", 「소비자문제연구」 제48권 제2호, 2017.

심상무, "無免許運轉免責條項의 保險契約的 意味", 「判例月報」 제251호, 판례월보사, 1991.

______, "상법 제663조에 관한 연구", 회명 박길준교수 고희기념논문집 「전환기상사법 과제의 재조명」, 2008.

양승규 · 장덕조 · 한창희, 「보험법개정의 관점－상법 보험편 개정안에 대한 비판적 검토－」, 청목출판사, 2009.

양승규, "고지의무에 관한 연구", 「서울대학교 법학」 제26권 제1호, 1985.

______, "기왕증과 상해의 인과관계", 「손해보험」 414호, 대한손해보험협회, 2003.

______, "다른 보험계약의 존재사실에 대한 고지의무", 「보험법연구」 4, 삼지원, 2002.

______, "보통보험약관", 「법제월보」 제6권 7호, 법제처, 1964.

______, "보험거래는 금융거래인가?", 「보험법연구」 제4권 2호, 한국보험법학회, 2010.

______, "보험계약법에 있어서의 피보험이익", 「보험학회지」 창간호, 한국보험학회, 1964.

______, "보험계약에서의 危險의 變更 · 增加", 「法政」 제2권 1호, 한국사법행정학회,

1972.
______, "보험계약의 본질", 「보험학회지」 제3집, 한국보험학회, 1966.
______, "保險募集人에 대한 告知의 效力", 「보험학회지」 제17집, 한국보험학회, 1980.
______, "분납보험료 지급지체와 실효약관의 효력", 「손해보험」 제326호, 대한손해보험협회, 1995.
______, "상해보험계약에 관한 특칙", 「월간손해보험」 제84호, 1975.
______, "傷害保險에 關한 法的考察", 「法曹」 제25권 10호, 법조협회, 1976.
______, 「보험법」, 삼지원, 2005.
양진태, "미국의 상해보험약관상 담보위험에 관한 법리(下)", 「손해보험」 448호, 대한손해보험협회, 2006.
양창수 외, 「민법주해(1)」, 박영사, 2002.
양창수, "자살면책제한조항에 의한 '보험사고'의 확장", 「법률신문」, 2015. 10. 19.자 판례평석.
오종근, "소멸시효에 관한 판례분석", 「사법연구」 제1집, 2003.
원용수, "프랑스 상사법의 개별입법화 동향", 2009년도 한국기업법학회 추계학술대회 자료집 「상법 편별 개별입법화를 위한 법적 과제」, 2009.
유관우 · 이현열, 「인보험약관해석」, 앨림G&P, 2016, 250면.
유주선, "보험금청구권의 소멸시효와 시효기간의 정지－독일 보험계약법을 중심으로－", 「경영법률」 제21권 제4호, 한국경영법률학회, 2011.
______, "보험법상 철회권의 입법화와 입법 시 고려사항", 「선진상사법률연구」 제55호, 법무부, 2011.
______, "보험자의 정보제공의무, 「보험학회지」 제79집, 2008.
이경룡 · 김사영, "생명보험의 자살 면 · 부책조항의 문제점과 개선방안에 관한연구", 「保險學會誌」 제78집, 2007. 12.
이균성, "告知義務의 違反과 因果關係", 「民事判例研究」 제17권, 민사판례연구회, 1995.
______, "상해보험계약에 있어서 입증책임", 「대법원판례해설」 제38호, 2002.
이상영, "한국입법연구의 동향과 전망", 「입법학연구」 제3집, 한국입법학회, 2006.
이상훈, "고지의무위반의 효과", 「보험법의 쟁점」, 법문사, 2000.
이성남, "보험업법상 보험계약의 철회제도에 관한 고찰", 「금융법연구」 제11권 제1호, 금융법학회, 2014.
이시환, 「신무역보험론」, 대왕사, 2009.
이영종, "로스쿨과 학부에서의 상법학 및 사회법학 교육", 「가톨릭대학교 법학연구소 법학연구」 제4호, 2009.
이원정, "반선지연으로 인한 손해배상액의 산정", 「한국해법학회지」 제32권 제1호, 한국해법학회, 2010.

______, "영국법상 보험금의 지급지체에 대한 보험자의 책임", 「한국해법학회지」 제37권 2호, 2016.

이원정 · 김태우, "정기용선계약상 손해배상액 약정의 효력에 관한 연구: The Paragon 사건에서 영국 항소법원 판결을 중심으로", 「해운물류연구」 제26권 제3호, 2010.

이은영, 「약관규제법」, 박영사, 1994.

이정원, "2012년 영국소비자보험(고지의무)법에 관한 고찰", 「저스티스」 통권 133호, 2012.

이종근, "보험계약법에 있어서 제3자의 Obliegenheit의 위반과 소위 「代表者責任」理論", 「법조」 제34권 9호, 법조협회, 1985.

이종훈, "보험금청구권과 보험금반환청구권의 소멸시효기간에 관한 연구", 「법과 정책연구」 제14집 제1호, 한국법정책학회, 2014.

이주현, "채권자의 권리행사가 객관적으로 불가능한 사실상의 장애사유가 있음에 불과한 경우 채무자의 소멸시효항변이 신의칙에 반한다는 이유로 허용하지 않을 수 있는지 여부", 「대법원판례해설」, 법원도서관, 2003.

이진수, "보험금지급지체의 손해와 보험자의 의무", 「상사판례연구」 제23권 제2호, 2010.

이철송, 「상법총칙 · 상행위」 제10판, 박영사, 2011.

이필규 · 최병규 · 김은경 역저, 「2009년 독일보험계약법(VVG)」, 세창출판사, 2009.

이현열, "상해보험에서 실손보상의 의미", 「월간생명보험」 제312호, 2005.

______, "개정 표준약관 개관", 「보험법연구」 4권 1호, 2010.

이홍권, "保險車輛의 讓受人이 自動車綜合保險約款상의 이른바 '承諾被保險者'에 해당하는가", 「법조」 제41권 6호, 법조협회, 1992.

임건면, "소멸시효기간과 기산점", 「민사법학」, 한국민사법학회, 2009.

장경천, "인터넷사이버몰이용표준약관의 검토", 「상사법연구」 제19권 제2호, 한국상사법학회, 2000.

장경환, "보험약관과 약관규제법", 「보험법연구」 제2호, 삼지원, 1998. 3.

______, 주제발표(1), 법무부, 「상법 보험편 개정시안 공청회 자료집」 2007, 법무부, 2007.

장덕조, "2009년도 보험법 판례의 동향과 그 연구", 「상사판례연구」 제23집 제3권, 2010.

______, "2014년 개정상법 보험편의 해설 및 연구", 「금융법연구」 제11권 제2호, 한국금융법학회, 2014.

______, "고지의무위반의 요건과 효과에 대한 체계적 해석", 「보험법연구」, 1999.

______, "다수의 손해보험계약과 고지통지의무", 「저스티스」 제81호, 2004.

______, "보험금청구권과 소멸시효", 「금융법연구」 제13권 제3호, 한국금융법학회,

2016.
______, “사기적 보험금청구”, 「인권과 정의」 제386호, 대한변호사협회, 2008.
______, “상법 보험편 개정안에 대한 검토의견”, 「상법 일부개정안에 관한 공청회 자료집」, 국회법제사법위훤회, 2009.
______, “영국의 보험계약법 개정동향과 최대선의”, 「보험학회지」 제82집, 한국보험학회, 2009.
______, “재해사망보험금지급약관의 유효성 – 대법원 2016. 5. 12. 선고 2015다243347 판결”, 「금융법연구」 제13권 제2호, 2016.
______, “정신장애인의 보험과 상법 제732조”, 「아세아여성법학」 제8호, 2005.
______, “즉시연금사건의 법적 쟁점에 관한 연구”, 「금융법연구」 제15권 3호, 2018.
______, “태아의 피보험자 적격성”, 「상사법연구」 제38권 제1호, 2019
______, “통합금융법논의에 대한 비판적 고찰”, 「금융법연구」 제2권 1호, 한국금융법학회, 2004.
______, 「보험법」 제5판, 법문사, 2020.
______, 「보험법쟁점연구 I」, 법영사, 2002.
전형배, “변호사시험과 상법교육 방법론”, 「저스티스」 제118호, 2010.
정동윤, “先日字手票에 의한 保險料支給과 承諾前 事故에 대한 保險者의 責任”, 「법조」 제40권 6호, 법조협회, 1991.
정찬형, “최근 한국 상법(보험법)의 개정내용에 관한 연구”, 「금융법연구」 제14권 제1호, 한국금융법학회, 2017.
______, 「상법강의(하)」 제14판, 박영사, 2012.
정호열, “名義移轉이 없는 車輛讓渡와 自動車保險關係의 承繼”, 「商事判例硏究: 保險・海商」 II권, 박영사, 1993.
______, 「경제법」, 박영사, 2006.
정희철, 「상법학(하)」, 박영사, 1990.
조성권, “교통재해로 신체상의 상해를 입었음을 이유로 지급된 보험금에 대한 지연손해금이 소득세 과세대상인지 여부”, 「재판자료 제121집: 조세법 실무연구 II (2010년 하)」, 법원도서관, 2010.
주기동, “중복체결된 보험과 공서양속”, 「법조」 제54권 제10호, 2005.
채이식, 「상법 IV(보험법・해상법)」, 2001.
최기원, 「보험법」 제3판, 박영사, 2002.
최병규, “고지의무에 관한 약관설명의무위반과 고지의무위반의 제재가능여부”, 「보험법연구」 제3권 제1호, 2009.
______, “기왕질병 부담보 조항에 대한 고찰”, 「보험법연구」 제11권 1호, 한국보험법학회, 2017.
______, “면책기간 후 자살과 지급보험금의 성격에 관한 연구”, 「기업법연구」 제30권

제1호, 2016.

______, "보험계약자의 철회권 도입에 관한 연구", 「기업법연구」 제25권 제3호, 한국기업법학회, 2011.

______, "약관설명의무에서 정보제공의무로의 발전방안－보험분야를 중심으로", 「경제법연구」 제11권 1호, 2012.

______, "외국의 개정 보험계약법과 고지의무의 나아갈 방향", 「경영법률」 제19집 제3호, 2009.

______, "자본시장통합법이 보험업에 미칠 영향", 「상사법연구」 제25권 2호, 한국상사법학회, 2006.

______, "자살의 경우 면책기간 경과후의 부책과 예문해석에 대한 고찰", 「경영법률」 제25집 4호, 2015.

______, "타인의 상해보험에서 피보험자 동의요부에 대한 고찰", 「재산법연구」 제32권 제1호, 2015.

최병수, "보험법의 改正方向 損害保險", 「민사판례연구」 제8권, 박영사, 1986.

최성근, "2010년 민법개정안과 현행 민법 · 상법 · 도산법 · 조세법의 소멸시효 비교연구 － 단기소멸시효 및 소멸시효의 중단 · 정지 · 완성유예를 중심으로", 「비교사법」 제17권 제3호, 2010.

최성호, "보험금청구권의 소멸시효에 관한 연구", 「국제금융위험관리」 제10권 제3호, 한국수출보험학회, 2009.

최완진, "로스쿨 체제하에서의 상사법분야의 개설과목과 교수방법에 관한 고찰", 「경북대학교 법학논고」 제28집, 2008.

최윤성, "상해보험약관상의 보험사고인 '급격하고 우연한 외래의 사고'의 의미와 그에 대한 입증책임의 소재", 「판례연구」 제14집, 부산판례연구회, 2001.

최준선, 「상법총칙 · 상행위법」 제10판, 삼영사, 2016.

최한준, "신원보증보험계약상 보험금청구권의 소멸시효의 기산점", 「상사판례연구」 제18집 제1권, 한국상사판례학회, 2005.

한기정, "고지의무의 수동화", 「비교사법」 제46권, 2009.

______, "보험계약의 단체성 · 개별성에 대한 고찰", 「21세기 한국상사법학의 과제와 전망」, 356면.

______, "상해보험의 법적 쟁점에 관한 연구", 「서울대학교 법학」 제55권 제2호, 2014.

______, 「보험법」, 박영사, 2018.

한창희, "보험계약에 있어서의 신의성실의 의무", 「보험학회지」 제80집, 한국보험학회, 2009.

______, "보험금 지급시기에 관한 영국의 2015년 보험법과 일본 보험법의 시사점", 「보험학회지」 제118집, 한국보험학회, 2019.

______, "보험약관의 해석원칙과 효력－자살재해사망특약을 중심으로", 「법학연구」 제

27권 제3호, 2016.

______, "상법보험편개정안(2007.08.31.법무부안) '손해보험'에 관한 검토", 「보험법연구」 제1권 제2호, 2007.

______, 「금융소비자보호법」, 고시아카데미, 2019.

______, 「보험법」, 국민대학교 출판부, 2017.

______, 「영국보험법」, 국민대학교 출판부, 2018.

현종찬, "보험약관의 교부명시의무와 그 이행입증", 「손해보험」 통권 제356호, 대한손해보험협회, 1999.

홍복기, "보통보험약관의 효력", 「상사판례연구」 제3집, 한국상사판례학회, 1989.

황진자・이조은, 「보험청약철회 문제점 및 개선방안」, 한국소비자원, 2012.

2. 서양문헌

A. A. Tarr and J. R. Tarr, "Utmost Good Faith in Insurance: Reform Over-due?"(2002) 10 「Asia Pacific Law Review」.

Abschlussbericht der Kommission zur Reform des Versicherungsvertragsrechts vom 19. April 2004, Karlsruhe, 2004.

Aday, Lu Ann, Ronald M. Andersen, Equity of Access to Medical Care: A Conceptual and Empirical Overview, 19 MedCare. 4, (1981) [Lu Ann Aday and Ronald M. Andersen(1981)]

Adlington K., Finn R., Ghafur S., Smith C.R., Zarkali A., Commissioning, Faculty of Medical Leadership and Management, 2014 [Adlington K et al.(2014)]

Alan Berg, "Promises to Negotiate in Good Faith" (2003) 119 L.Q.R. 357.

Alderwick, Huhg, Ruth Robertson, John Appleby, Phoebe Dunn, David Maguire, Better value in the NHS – The role ofchanges in clinical practice, The King's Fund, 2015 [Huhg Alderwick et al.(2015)]

American Academy of Actuaries, Risk Assessment and Risk Adjustment, American Academy of Actuaries Issue Brief, 2010. 5 [American Academy of Actuaries(2010)]

Angell, Marcia, Privatizing health care is not the answer: lessons from the United States, Canadian Medical Association, 2008 [Marcia Angell(2008)]

Annette Rid, Just health: meeting health needs fairly, Book and electonic media, Bulletin of World Health Organization, 2008. 8 [Annette Rid(2008)]

AO, John Menadue, Ian McAuley, Private Health Insurance: High in Cost and Low in Equity, Centre for Policy Development Policy Discussion Paper, 2012. 1 [John Menadue AO and Ian McAuley(2012)]

Armstrong, John, Francesco Paolucci, Heather McLeod, Wynand P.M.M. van de Ven, Risk equalisation in voluntary health insurance markets: A three country comparison, 98 Health Policy 39 (2010) [John Armstrong et al.(2010)]

Arrow, Kenneth J., Uncertainty and the Welfare Economics of Medical Care, 53 The American Economic Review 941 (1963) [Kenneth J. Arrow(1963)]

Austin, Anne, Victoria Wetle, The United States Health Care System, PEARSON Prentice Hall, 2008 [Anne Austin and Victoria Wetle(2008)]

Australia's Institute of Health and Welfare(AIHW), Australian Government, Health Expenditure Australia 2013−14, 2015 [AIHW(2015)]

Autorité de contrôle des assurances et des mutuelles: Rapport annuel (http://www.ccamip.fr).

Baker, Laurence, Managed Care, Health Economics(Edited by Sherry Glied and Peter C. Smith), OXFORD UNIVERSITY PRESS, 2011 [Laurence Baker (2011)]

Barigozzi, Francesca, Rosella Levaggi, Emotions in physician agency, 88 Health Policy 1 (2008) [Francesca Barigozzi and Rosella Levaggi(2008)]

Baris Soyer, Continuing duty of utmost good faith in insurance contracts: still alive?, [2003]LMCLQ, 385.

Birds, J., Birds' Modern Insurance Law, 9th Edition, Sweet & Maxwell, 2013.

British Insurance Law Association, 「Insurance Law Reform: the consumer case for review of insurance law」(1997), http://www.bila.org.uk

Bruck/Möller, Versicherungsvertragsgesetz, Bd. I, 9. Aufl., Berlin, 2008.

Bundesminister der Justiz (Hrsg.), Gutachten und Vorschläge zur Überarbeitung des Schuldrechts, Bd. I, 1981.

C. Brown, S. Pitel and J. Neyers, "The Impact of Recent Legal Developments on Liability Insurance", 2006, 17 Ins. L.J. 118, 127.

Cécile Biguenet−Maurel, Dictionnaire de la prescription civile, Éditions Francis Lefebvre, 2010.

Christopher Butch, "Good Faith In Insurance Law: A Redundant Concept", J.B.L, 2008.

Clarke, M., Compensation for failure to pay money due: a 'blot on English common law jurisprudence' partly removed, JBL, 2008.

______, The Law of Insurance Contract, 5th Edition, Informa, 2006.

Colin Ying, "Damages for Late Payment of Insurance Claims", L.Q.R. 2006, 205.

Colinvaux, The Law of Insurance, Sweet & Maxwell, 1984.

Comité consultatif de la législation et de la réglementation financière: Rapport Annuel (http://www.cclrfp.org).

Commission des clauses abusives: Recommandations et avis (http://www.clusesabusives. fr).

Corpus Juris Secundum, 2005.

Couch on Insurance, 2020.

D. Rhidian Thomas, "Fraudulent insurance claims: definition, consequence and limitations", [2006] LMCLQ 447.

D. Johnston, Prescription and Limitation, 2nd ed., Sweet and Maxwell, 2012.

D. Krajeski, Droit des assurances, Focus Droit, Montchrestien, 2010.

Davey, James, "Unpicking the fraudulent claims jurisdiction in insurance contract law: sympathy for devil?", LMCLQ, 2006.

David A. Fischer & Robert H. Jerry, Teaching Torts Without Insurance: A Second Best-Solution, 45 St. Louis U.L.J., 2001.

David Schwartz, Resolving the Disclosure Puzzle in Insurance Law, 6 Fla. St. U. Bus. Law Rev., 2007.

Dobbyn, Insurance Law, 3rd ed., West Publishing, 1989.

G. Mew, The Law of Limitations, Toronto: Butterworth, 1991.

Gesetzenentwurf der Bundesregierung, Entwurf eines Gesetzes zur Reform-VVG, 11. Oktober, 2006, Drucksache 16/3945, S.119.

Gregory Crespi, Agreements to alter the limitation period imposed by U.C.C. section 2-725: Some overlooked complications, ST. Mary's Law Journal, Vol. 46:199.

Groupement des entreprises mutuelles d'assurances, Actualité, revue mensuelle (http;//www.gema.fr/).

Guest, A. G. et al., Chitty on Contracts, 31th Edition, Sweet & Maxwell, 2012.

H. De Page, Traité élémentaire des droits des obligations, t. VII., Bruylant, 1943.

H. Groutel, Le contrat d'assurance, Dalloz, coll. Connaissance de droit, 1997.

Halm/Engelbrecht/Krahe, Handbuch des Fachanwalts Versicherungsrecht, 3. Aufl., Luchterhand, 2008.

J. Bonnard, Droit des assurances, Litec, 2007.

J. P. Galligan, M. S. Binks, C. Laframboise, Avoiding The Expiry Of Limitation Periods, (1989) 10 Advocates' Quarterly 465.

Jan M. Simits, The Right to change your mind? Rethinking the usefulness of mandatory rights of Withdrawal in Consumer Contract Law, FACULTY OF LAW MAASTRICHT UNIVERSITY, 2011.

Janan Al−Asady, "Damages, Late Payment and Indemnity Insurance", J.B.L. 2006.

Kai−Jochen Neuhaus, Andreas Kloth, Praxis des neuen VVG. Arbeitsbuch für Versicherer und Vermittler, 2. Aufl., LexisNexis, 2008.

Langheid/Wandt, Münchener Kommentar zum Versicherungsvertragsgesetz, Bd. I, München, 2010.

Larenz/Wolf, Allgemeiner Teil des Bürgerlichen Rechts, 9. Aufl., München, 2004.

Law Commission and Scottish Law Commission, Insurance Contract Law: Business Disclosure, Warranties, Remedies for Fraudulent Claims and Late Payment, Law Commission, No. 353, 2014.

______, 「A Joint Consultation Paper」, 2007.

______, 「A Summary of Responses to Consultation」, 2008.

______, 「Insurance Contract Law Analysis of Responses and Decisions on Scope」, 2006.

______, 「Issues Paper 4: Insurable Interest」, 2008.

______, 「Joint Paper on Scope: Analysis of Responses and Decisions on Scope」, 2006.

______, 「Policy Statement」, 2009.

______, 「A Summary of Responses on Consumer Insurance Reform」, 2007.

Law Commission, 「Insurance Law, Non−Disclosure and Breach of Warranty」, 1980, Law Com No. 104.

Law Reform Commission of Western Australia, Report on Limitation and Notice of Actions, Project No35, Part II, January 1997.

Loi n° 89−1014 du décembre 1989 portant adaptation du code des assurances à l'ouverture du marché européen JO 3 janvier 1990, JCP. 1990. III. 63477.

Looschelders/Pohlmann, Versicherungsvertragsgesetz, Köln, 2010.

Lowry, J. and P. Rawlings, "Insurers, Claims and Boundaries of Good Faith", MLR, 2005.

M. Marchandise, La prescription, Principes généraux et prescription libératoire, Bruylant, 2014.

M. Picard et A. Besson, Le contrat d'assurance, LGDJ, 1982.

M. Regout−Masson, La prescription libératoire en matière civile, Examen de la jurisprudence publiée de janvier 2007 à juin 2012, J.T., 2012/34.

Malcolm A. Clarke, 「The Law of Insurance Contracts」, Lloyd's of London Press Ltd., 2006.

Malcolm A. Clarke & Heisse, Towards a European Insurance Contract Law? Recent developments in Brussels, 2006.

Malcolm Clarke, Policies and Perceptions of Insurance Law in the Twenty－First Century, New Yok: Oxford University Press, 2007.

Marco B. M. Loos, Rights of Withdrawal, Working Paper Series No. 2009/04, Centre for the Study of European Contract Law, 2009.

Médiateur des mutuelles d'assurances du GEMA: Rapport annuel (http://www.gema.fr). Code des Assurances, Dalloz, 2011.

Nicholas Legh－Jones et al., MacGillivray on Insurance Law, Sweet & Maxwell, 2008.

Niederleithinger, Auf dem Weg zu einer VVR－Reform, VersR 2006, S. 440 ff. Palandt, Bürgerliches Gesetzbuch, 69. Aufl., München, 2010.

Oliver Meixner, René Steinbeck, Allgemeines Versicherungsvertragsrecht, 2. Aufl., C.H. Beck, 2011.

Pariente, La réforme du Code Les cahiers pratiques de l'Argus n 1991.

Prölss/Martin, Versicherungsvertragsgesetz, Kommentar, 29. Aufl., C.H. Beck, 2015.

Richtlinie 2002/92/EG des Europäischen Parlaments und des Rates vom 9. Dezember 2002 über Versicherungsvermittlung, ABl. L 9 vom 15.1.2003, S.3ff.

Robert E. Keeton & Alan I. Widiss, Insurance Law, West Group(1999).

Robert H. Jerry, Understanding Insurance Law, LexisNexis(1996).

Römer/Langheid, Versicherungsvertragsgesetz mit PflVG und KfzPFlVV, 2 Aufl., C.H. Beck, München(2003).

Rüffer/Halbach/Schimikowski, Versicherungsvertragsgesetz, Baden－Baden, 2009.

Russell S. Baldwin, "Insurance －Accidental Means & Accidental Death－ Harrell v. Minnesota Mutual Life Insurance: Tennessee's Emergence from the Serbonian Bog?" 27 University of Memphis Law Review, 1997.

S. Guinchard et Fr. Chapuisat, Pratique des assurances du particulier, personnes et biens, Juris－Compact, 2003.

Schwintowski/Brömmelmeyer, Praxiskommentar zum Versicherungsvertragsrecht, 2008.

Scottish Law Commission, Insurance Contracts Law: Analysis of Response and Decisions on Scope, 2006.

Treitel, G. H., The Law of Contract, 10th Edition, Sweet & Maxwell, 1999.

Wilfried Rüffer, Dirk Halbach, Peter Schimikowski (Hrsg.), Versicherungsvertragsgesetz, Handkommentar, 3. Aufl., Nomos, 2015.

Y. Lambert－Faivre, Droit du dommage corporel; sysèmes d'indemnisation,

Dalloz, 2009.

3. 일본문헌

甘利公人,「生命保険契約法の基礎理論」, 有斐閣, 2003.

高山崇彦,「速報 Q&A新保険法の要點解說」, 金融財政事情研究會, 2008.

吉田均, 保険業と共濟事業,「法律のひろば」Vol.61 No.8(2008).

大串淳子 / 日本生命保険生命保険研究會,「解說保険法」, 弘文堂, 2008.

大串淳子 / 和久田美嘉編, 圖解新保険法早わかりガイド, 日本實業出版社, 2009.

大澤康孝, 新保険業法における募集規制―新保険業法300條の検討―,「保険學雜誌」第556號(1997).

東京海上日動火災保険株式會社, 損害保険の法務と實務, 金融財政事情研究.

藤田友敬, 保険金受取人の法的地位(3),「法學論集」第109卷 第7号(1992).

木下孝治, 告知義務・通知義務,「ジュリスト」No.1346(2008).

尾島秀樹, クーリング・オフに關する規定の日英米獨比較,「クレジット研究」第24號(2000).

潘阿憲, 疾病保険契約における契約前發病不擔保條項,「生命保険論集」第167号(2009).

保険毎日新聞社, 保険業法 法規集－法律・施行令・施行規則・告示, 2015.

保険研究會編,「最新保険業法の解說」, 大成出版社, 1996.

濱田盛一, 生命保険契約とクーリング・オフ,「生命保険経營」第64卷 第3號(1996).

山野嘉朗,「保険契約と消費者保護の法理」, 成文堂, 2007.

山下友信, 告知義務・通知義務に關する立法論的課題の検討, 黑沼悅郎 / 藤田敬 編, 江頭憲治郎先生還曆記念「企業法の理論(下卷)」, 商事法務, 2007.

______,「保険法」, 有斐閣, 2005.

______, 保険法(上), 有斐閣, 2018.

______, 保険法制定の總括と重要解釋問題(生保版)－成立課程の回顧と今後に殘された課題,「生命保険論集」No.167(2009).

______, 新しい保険法－總論的事項および若干の共通事項,「ジュリスト」No. 1346(2008).

三上雅通, 訪問販賣におけるクーリング・オフ制度,「消費者保護の法律問題」(森泉章・池田眞朗編), 勁草書房, 1994.

上松公孝 / 北澤利文,「改正保険法早わかり」大藏財務協會, 2008.

生命保険法制研究會(第二次),「生命保険契約法改正試案」, 生命保険協會, 2005.

西嶋梅治, 商法678條に關する一考察,「文研論集」第91号(1990).

石山卓磨,「現代保険法」, 成文堂, 2011.

石田満,「保険業法」, 財団法人損害保険事業總合研究所, 2002.
石田成則, 保険契約法現代化の持つ經濟學的意味－告知義務法制をめぐって－,「保險學雜誌」第599号(2007).
石川正美, 口頭によるクーリング・オフ,「消費者法判例百選」, 有斐閣, 2010.
小松原章, "米國生保の保險約款簡明化への對応",「ニッセイ基礎研REPORT」(2007. 12).
松崎良, 保険業法における共濟の位置付け－共濟の獨自性を維持するために－,「保險學雜誌」第603号(2008).
宋原功, 新・保険法下の不正請求への對應,「金融法務事情」, No.1861 (2009).
______, 請求權の消滅,「金融法務事情」, No.1872(2009).
松村晴路編著,「消費者主權と消費者法」, 嵯峨野書院, 2001.
升田純, 遠隔地者間の連鎖販賣契約の締結に当たって,事業者から交付された書面が契約締結後にされたものではないとし約10か月後にされたクーリングオフが有効と認められた事例",「Lexis 判例速報」, No. 21(2007. 7).
新井修司・金岡京子共譯,「ドイツ保険契約法(2008年1月1日施行)」(日本損害保険協會・生命保険協會編), 2008.
岸田雅雄, 金融商品取引法, 新世社, 2010.
奥野健介, 新保険法ポイント,「生命保険經營」第76卷 第5号(2008).
遠山優治, 生命保険實務への影響,「法律のひろば」, Vol.61 No.8(2008).
______, 重大事由解除の效力と保険者の免責について－保険事故についての虛僞申告を中心に,「保險學雜誌」第606号(2009).
伊藤雄司, 告知義務違反解除の成否(主觀的要件),「保険事例研究會ルポート」第226号(2008).
李芝妍, 保険金支拂條項に基づく履行期と消滅時效の起算点, ジュリストNo.1375 (2009).
二澤一進, クーリング・オフの法律上および實務上の問題点,「生命保険經營」第42卷 第6號(1974).
長尾治助,「消費者私法の原理」, 有斐閣, 1992.
田口城, 生命保険契約のクーリング・オフ制度,「生命保険經營」第77卷 第1號 (2009).
______, 生命保険契約の告知義務に係るいわゆるプロ・ラタ主義の導入について,「生命保険論集」No.158(2007).
田裕康 / 大村敦志 / 道垣内弘人 / 冲野眞己, 講義債權法改正, 商事法務, 2017.
井上享, 保険給付の履行期に關する生命保険約款の改正,「保險學雜誌」第606号 (2009).
佐野誠, 新保険法における傷害保険約款規定,「生命保険論集」第166号(2009).

竹濱修, 保険金支給債務の履行遲滯",「立命館法學」第304号(2005).
_______, 保険法改正,「私法」第70号(2008).
_______, 保険法制定の背景と今後の課題,「法律のひろば」Vol.61 No.8(2008).
_______監修,「速報Q&A新保険法の要點解說」, 金融財政事情硏究會, 2008.
中西正明,「生命保険法入門」, 有斐閣, 2006.
_______監修, 保険金支給義務の履行期,「文硏生命保険判例集」第七卷(平成四年~平成六年), 生命保険文化硏究所, 1997.
池本誠司, 契約書面の記載不備とクーリング・オフの行使期間,「消費者法判例百選」, 有斐閣, 2010.
清水 巖, "クーリング・オフ制度の37年と課題",「月刊國民生活」, 2010.
村田敏一, 新保険法における保険金受取人に關する規律について,「生命保険論集」No.166(2009).
村千鶴子, 消費者への改正の影響,「法律のひろば」Vol.61 No.8(2008).
萩本修 / 坂本三郞 / 富田寬 / 嶋寺基 / 仁科秀隆, "保険法の解說(4)",「NBL」No.887(2008).
萩本修 編,「保険法立案關係資料」, 商事法務, 2008.
萩本修, 新保険法 －立案者の入場から,「生命保険論集」No.165(2008).
坂本三郞外,「保険法の見直しに關する要綱」の概要,「旬刊金融法務事情」No. 1830(2008).
編集部, 保険法の改正檢討事項の概要,「金融法務事情」No. 1806(2007).
河森計二, 他保険契約の告知義務・通知義務に關する一考察,「生命保険論集」No. 156(2006).
胡健芳, 保険業における募集制度の適正化(1),「上智法學論集」第48卷 第1號(2004).

4. 인터넷사이트

http://restatement.info/cfr/Draft－CFR－Insurance－Contract－17122007－FINAL.pdf).
http://www.mt.co.kr/view/mtview.php?type＝1&no＝2011072323390451788&outlink＝1.
http://www.fsa.gov.uk/pubs/plan/pb2002_03.pdf.
http://www.fsa.gov.uk/pubs/speeches/sp151.html
http://www.iaisweb.org/133_ENU_HTML.asp.
http://www.fsa.go.uk/aproach/PSB.htlm
http://fsahandbook.info/FSA/html/handbook/ICOB
http://fsahandbook.info/FSA/html/handbook/INSPRU
http://econ.worldbank.org/files/28404－wps3096.pdf

http://www.cabinetoffice.gov.uk/media/409088/pfg_coalition.pdf
http://www.hm-treasury.gov.uk/speech_chx_160610.htm
http://scaleplus.law.gov.au/
http://www.fntimes.com/sub/list_view.asp?num=0220100121039.

판례색인

저자약력

>>> 학력 및 주요 경력

서울대학교 법과대학 졸업
서울대학교 대학원 법학박사
한국연구재단 선정 우수학자(국가석학)
현 서강대학교 법학전문대학원 교수

>>> 주요 저서 및 논문

보험법(제5판, 법문사, 2020)
회사법(제5판, 법문사, 2020)
상법강의(제3판, 법문사, 2019)
상법판례백선(제7판, 공저, 법문사, 2019)
즉시연금사건의 법적쟁점에 관한 연구(금융법연구, 2018)
상법학방법론 소고(비교사법, 2015)
기업의 사회적 책임(상사법연구, 2010, 한국상사법학회 우수논문상 수상논문)
전환사채의 저가발행과 회사의 손해(법조, 2009)
손해방지비용에 관한 연구(보험학회지, 2007, 한국보험학회 우수논문상 수상논문) 외 다수

상해보험의 운영실태 및 관련 법제도 정비에 관한 연구 – 비교법적 연구를 바탕으로 –

2021년 3월 25일 초판 인쇄
2021년 3월 30일 초판 발행

저 자 장 덕 조
발행인 배 효 선
발행처 도서출판 法 文 社

주 소 10881 경기도 파주시 회동길 37-29
등 록 1957년 12월 12일/제2-76호(윤)
전 화 (031)955-6500~6 FAX (031)955-6525
E-mail (영업) bms@bobmunsa.co.kr
(편집) edit66@bobmunsa.co.kr
홈페이지 http://www.bobmunsa.co.kr
조 판 법 문 사 전 산 실

정가 19,000원 ISBN 978-89-18-91191-5

불법복사는 지적재산을 훔치는 범죄행위입니다.
이 책의 무단전재 또는 복제행위는 저작권법 제136조 제1항에 의거, 5년 이하의 징역 또는 5,000만원 이하의 벌금에 처하게 됩니다.

※ 저자와 협의하여 인지를 생략합니다.